International Trade

Professor Issam AW Mohamed

All rights reserved for Phantom Publisher, 32212 Kifune, Meito.-ku, Nagoya-Japan

ISBN: 1497599709
ISBN-13: 9781497599703

DEDICATION

The book is dedicated to my late father, the Great Abdel Wahab Bob the Lawyer.
We departed at the 28th of April 2013
I shall always miss you
Sleep well, we shall meet again
Though not yet

التجارة الدولية

بروفيسور عصام عبد الوهاب بوب

المحتويات

1. جدول الأشكال

2. الجداول

3. Preface

Although I have been teaching the subject of International Economics and Trade for the past 10 years, I did not attempt to publish a book on it because my student chooses to study and read only in Arabic. I tried to convince them to receive their lectures and study in English language but found unconquerable resistance which compelled me to revert to Arabic lectures and presentations. Thus, I am subjected to write this book in Arabic to convey whatever thoughts and theories to my students and other interested readers. Another aim is to look into why most underdeveloped countries do not understand the basics on international trade?? They wait and expect only to receive goods from the world with little contributions to the global society. They do not produce enough commodities in many cases even to satisfy their domestic consumption. In oil producing countries they export the crude and kill their productive sectors. In non-oil producing developing countries, they destroy their economies by bad administration and corruption and end up by begging for aid from the international society. They become a burden to the world though they have the potential to contribute to food security and human advancement.

Many researchers write about the effects of the political regimes. However, I draw my conclusions about the bad performance of many developing countries that it is because of their production and trading practices. It is the utility of economic resources, contributions to humanity through literature, economics and trade that can change the current situation.

4. مقدمة

يمثل علم الاقتصاد الدولي الإطار الذي يجمع المعاملات الاقتصادية بين دول العالم، فيهتم بالعلاقات التجارية بين البلدان، وتطورات أسعار الصرف والقدرة التنافسية الاقتصادية. ويسعى علم الاقتصاد الدولي لتوضيح الأنماط والنتائج المترتبة على المعاملات والتفاعلات بين السكان من مختلف البلدان، بما في ذلك التجارة والاستثمار وتحركات عوامل الإنتاج. ويمكن القول انه يهتم بدراسة العولمة بمفهومها الاقتصادي[1].

أهم فروع علم الاقتصاد الدولي

1. التجارة الدولية وتتمثل في نظرية التجارة الدولية والتي تهتم بدراسة تدفقات السلع والخدمات عبر الحدود الدولية وعوامل العرض والطلب والتكامل أو الاندماج الاقتصادي ومتغيرات السياسة التجارية مثل معدلات الرسوم الجمركية والحصص التجارية.
2. النظرية النقدية الدولية وتهتم بالسياسات النقدية وأسعار الصرف
3. التمويل الدولي ويدرس تدفقات رؤوس الأموال عبر الأسواق المالية العالمية، وآثارها على أسعار الصرف.

أما التِّجارة الدولية فهي عملية تبادل السلع والخدمات بين الدول وتختلف عن التجارة المحلية التي تتم كلية داخل البلد الواحد. وتسمى التجارة الدولية أحيانًا بالتجارة العالمية أو التجارة الخارجية[2].

تسمح التجارة الدولية للدول بالتخصص في إنتاج المواد التي يتناسب صنعها مع الموارد الموجودة في تلك الدول.

[1] The international economic represents the framework that combines economic transactions between the countries of the world and trade relations between the countries, the developments of exchange rates and economic competitiveness. It seeks to clarify the international economic patterns, the consequences of the transactions and interactions between people from different countries, including trade, investment and the movements of factors of production between countries. Recently, it could be argued that it is interested in studying the economic concept of globalization.

[2] International trade is the exchange of goods and services between countries. It differs from local trade, which is entirely within the same country. International trade is sometimes called the global trade or foreign trade.

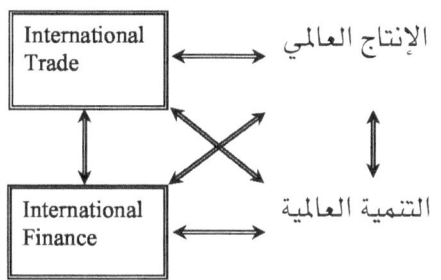

شكل 1: العلاقة بين التجارة والتمويل الدولي والإنتاج والتنمية في العالم

وتستفيد الدول من التجارة الدولية عن طريق إنتاج السلع التي تستطيع إنتاجها بتكلفة أقل، وشراء السلع الرخيصة التي ينتجها الآخرون. وتُمكّن التجارة الدولية من إنتاج سلع أكثر وإشباع رغبات إنسانية بطريقة أفضل مما لو حاول قطر ما، إنتاج كل ما يحتاجه داخل حدوده الخاصة.

بحلول أوائل التسعينيات من القرن العشرين، بلغت التجارة الدولية ـ والتي تقاس بالصادرات Exports، حوالي ثلاثة تريليونات ونصف التريليون دولار أمريكي في السنة. كانت أهم الأقطار المصدِّرة آنذاك ألمانيا والولايات المتحدة واليابان وفرنسا والمملكة المتحدة. تُنفّذ معظم التجارة الدولية بوساطة المصدرين والمستوردين غير الحكوميين، ويدار جزء صغير بوساطة الحكومات. وكانت معظم التجارة الدولية في دول المعسكر الشرقي تدار بواسطة الحكومة.

أما لماذا تتبادل الدول تجارتها. تقوم التجارة بين الدول لنفس أسباب قيامها داخل الدولة الواحدة. فعلى سبيل المثال، التجارة بين أستراليا واليابان تشابه التجارة بين الولايات المختلفة في الولايات المتحدة الأمريكية، مثل ولايتي ويومينج ورود آيلاند. في كلتا الحالتين تتخصّص الأقاليم بسبب وجود موارد معيّنة لدى بعضها غير موجودة لدى البعض الآخر، مما يجعل مثل هذا التخصّص معقولاً ومربحًا. تمتلك كل من أستراليا وويومينج مساحة كبيرة من الأرض وعددًا قليلاً من السكان نسبيًا. ويعتبر هذا أفضل مزيج من الموارد الإنتاجية اللازمة للتربية المثلى للأبقار. تمتلك اليابان ورود آيلاند أراضي قليلة، بينما تمتلكان كثيرًا من العمال المهرة ورأس المال. ومثل هذا المزيج يحقق إنتاجا صناعيًا أفضل. تتخصص أستراليا وويومينج في إنتاج الأبقار وبيع اللحوم لليابان ورود آيلاند. وفي المقابل تتخصص اليابان ورود آيلاند في المنتجات الصناعية وبيعها

إلى أستراليا وغيرها. تُشترى السلع وتُباع بناء على أسعارها، حيث يريد الناس دومًا شراء أرخص سلع متوفرة. وتنتج هذه السلع في الدول التي تكون تكلفة إنتاجها منخفضة، ولهذا السبب فإنّ أسعار السلع الصناعية اليابانية أقل من مثيلاتها في أستراليا.

تفيد التجارة الدولية الناس من طريقين رئيسيين: أحدهما، يستطيع المستهلكون الحصول على سلع أكثر وبتكلفة أقل من خلال التخصص والتبادل بدلاً من محاولة كل قطر الاكتفاء الذاتي وإنتاج كل شيء يحتاجه بنفسه. والآخر يجعل من الممكن أن تستخدم الموارد النادرة بكفاءة أعلى، إذا كان كل قطر يركز على السلع التي يستطيع إنتاجها بكفاءة أكبر من الأقطار الأخرى. يقرر المبدأ الاقتصادي للمزايا النسبية أن كل دولة يجب أن تركّز على السلع التي تستطيع إنتاجها بكفاءة عالية وتشتري من الدول الأخرى السلع التي لا تستطيع إنتاجها بكفاءة مماثلة. ويتم تبادل القدر الأكبر من التجارة الدولية بين الدول الصناعية المتقدمة. وتحدث هذه التجارة لأن دخل معظم الناس في تلك الدول، يسمح لهم بشراء كميات كبيرة من السلع، وكذلك لأن تلك الدول تمتلك معظم الصناعات المتخصصة. على سبيل المثال تصدر الولايات المتحدة الأمريكية الطائرات ومعدات الحواسيب لليابان، وفي المقابل تستورد السيارات ومعدات التسجيل والتلفاز الملون من اليابان.

تؤثر سياسات التجارة الحكومية علي حجم التجارة بين الدول حيث يمكن أن تنتقل السلع في التجارة المحلية من مكان إلى آخر بحرية. أما في التجارة الدولية، فتضع الحكومات غالبًا عقبات مصطنعة ضد حرية التجارة من دولة إلى أخرى. إحدى هذه العقبات التعريفة الجمركية ونظام رسوم الاستيراد التي تُفرض على السلع القادمة إلى البلد. تجعل التَّعريفة هذه السلع أكثر غلاء ومن ثم تشجع المستهلكين على شراء سلع الشركات المحلية. وهناك حاجز تجاري آخر وهي الحصص Quotas التي يتم بموجبها تحديد كميات الواردات Permissible Imports المسموح بها. وطبقًا لهذا النظام يجب على المستورد الحصول على ترخيص حكومي قبل إحضار السلع إلى البلد.

تقلِّص الحواجز التجارية غالبًا حجم التجارة الدولية، وترفع الأسعار للمستهلكين، وتحرم الدول من الاستفادة الكاملة من التخصّص. ومع هذا تضع جميع الدول مثل هذه العقبات

لأسباب متعددة، منها عدم قدرة المنتجين والعمال المحليين على منافسة منتجي الدول الأخرى ذات الكفاءة العالية، ومن ثم يضغطون على حكوماتهم لتحميهم من المنافسة الأجنبية. وفي بعض الأحوال تفضّل الدول عدم الاعتماد على مصادر العرض الأجنبي خاصة في حالة حدوث حرب. وتحمي الدول غالبًا الصناعات التي تعتبر أساسية للمصلحة الوطنية، على الرغم من أن هذه السلع يمكن استيرادها من دول أخرى بأسعار أقل في وقت السِّلم.

تفرض الدول الأقل نموًا قيودًا تجارية لتشجيع النمو الصناعي لديها، بدلاً من الاعتماد على الزراعة أو المعادن، وتحمي هذه الدول الصناعات الحديثة من مواجهة الصناعات القائمة في الدول الأكثر تطورًا، وذلك لأنهم يعتقدون أن هذه الصناعة هي المفتاح للتقنية الحديثة وللمؤسسات الاجتماعية وحتى للقوة العسكرية.

أما تمويل التجارة الدولية فهو معلم اقتصادي هام حيث تمتلك الدول المختلفة أنظمة نقدية مختلفة. ونتيجة لهذا يجب أن يكون المستوردون قادرين على مبادلة نقودهم بنقود الدول التي يشترون منها السلع. على سبيل المثال، يجب أن يدفع المستورد الماليزي الذي يشتري سلعًا من المصدر البريطاني بالجنيه الأسترليني. ويمكن أن يحصل بنك المستورد الماليزي على الجنيه من سوق الصرف الأجنبي التي تُباع فيها العملة الأجنبية وتُشترى، ويُعرّف معدل الصرف الأجنبي بأنه سعر وحدة العملة الأجنبية معبرًا عنها بالعملة المحلية.

تحتفظ معظم الدول بسجلات لمعاملاتها مع الدول الأخرى. وتسمى هذه السجلات بميزان المدفوعات. وإلى جانب الصادرات والواردات يشتمل ميزان المدفوعات على بنود أخرى مثل المساعدات الأجنبية والاستثمارات الخارجية والدخل الناتج عن الاستثمارات ونفقات السياحة. وإذا كان على الدولة أن تدفع إلى الدول الأخرى أكثر مما تسلَّمته منها، فإنها تواجه عجزًا في ميزان مدفوعاتها.

تمكن التجارة الدولية الفرد من إشباع حاجات ما كان من الممكن إشباعها لو لم يتم تبادل تجاري فيما بين الدول ذلك لأن دول العالم تختلف اختلافاً كبيراً مـــن حيث مواردهـا الطبيعية مثل التربة والمناخ، أو المكتسبة مثل المعرفة الفنية والخبرة. وهنـــاك محـــددات

هامة للتجارة الخارجية وأهمها هو التكاليف النسبية بين الدول نتيجــة لتفــاوت المزايــا الطبيعية أو المكتسبة. وهذه ينجم عنها اختلاف في تكاليف الإنتاج بحيث يمكن لدولة مــا أن تنتج إحدى السلع بتكلفة نسبية أقل من غيرها من الدول. وعلى ضوء ذلك تستطيع بلد معين استغلال موارده بأكبر قدر ممكن من الكفاءة للحصول على أكبر ناتج ممكن.

من وسائل قياس أهمية التجارة الدولية في الاقتصاد القومي ما يلي:

1. نصيب الفرد من التجارة الخارجية:

وهذا المعدل يدل على مدى مساهمة التجارة الخارجية في حياة الفرد ومستوى معيشته.

شكل 2: مساهمة الفرد ونصيبه من التجارة الخارجية

$$\text{نصيب الفرد} = \frac{\text{قيمة الصادرات} + \text{قيمة الواردات}}{\text{عدد السكان}}$$

2. حجم استيراد هذه الدول وقيمة دخلها القومي وهو ما يعرف بمتوسط الميل للإستيراد. هذا يوضح مدى اعتماد الدولة على الإنتاج العالمي للمساهمة في تكملة احتياجاتها المحلية أي مدى تبعية الاقتصاد القومي للاقتصاد العالمي.

4. نسبة التبادل (شروط التبادل التجاري) والتي توضح علاقة الـصادرات بــالواردات وتعتبر أهم عامل يؤثر على توزيع المكاسب من التجارة الخارجية بين الــدول كمــا يأتي في التفاصيل.

شكل 3: متوسط الميل للاستيراد

$$\text{متوسط الميل للإستيراد} = \frac{\text{قيمة الواردات}}{\text{الدخل القومى}} \times 100$$

5. الإختلاف بين التجارة الداخلية والتجارة الخارجية

لا يختلف التبادل التجاري الدولي في جوهره عن التبادل الداخلي حيث أن محور التبادل الذي يتم بين طرفي التعاقد بين البائع والمشتري في كليهما هو السلعة أو الخدمة وفقاً لشروط معينة متفق عليها من حيث السعر والمواصفات وطرق الدفع والتسليم إلا أن هناك بعض أوجه الاختلاف تتمثل في الآتي:

1. اختلاف الوحدات السياسية التي يتم في إطارها النشاط التجاري إذ أن لكل دولة نظمها وقوانينها التي تحكم هذا النشاط وما يتبع ذلك من تباين فــي الــسياسات الاقتــصادية القومية التي تراعي المصالح الوطنية لكل دولة.

2. اختلاف النظم النقدية: يتم التبادل داخل الدول بعملة واحدة (العملة الوطنية) بينما تختلف العملات من دولة إلى أخرى والتي يتم على أساسها تبادل السلع والخدمات ومقابلة الالتزامات الأخرى الناتجة عن المعاملات الخارجية، بالإضافة إلى أن لكل دولة نظامها المصرفي وسياستها النقدية.

3. الاختلاف في خصائص الأسواق العالمية ويتمثل هذا الاختلاف في الآتي:

a. بعد الأسواق عن بعضها البعض نتيجة لوجود بعض الحواجز الطبيعية والسياسية والإدارية.

b. وجود درجة من المنافسة أكثر مما هو عليه الحال في الأسواق الداخلية مما يؤدي إلى ضرورة وضع سياسة سعرية للمنتجات المحلية تتناسب وظروف السوق العالمي.

c. أنماط وتفضيلات المستهلكين تختلف من دولة إلى أخرى.

d. عدم قابلية عناصر الإنتاج للإنتقال بسهولة بين الدول بينما تتسم هذه العوامل بالقدرة النسبية على الانتقال من نشاط إلى آخر داخل الدولة المعينة مما يؤثر على أسعار السلع المتبادلة.

6. عائد التجارة الدولية

حققت التجارة العالمية توسعاً هائلاً مما يعد في حد ذاته دليلاً واضحاً على العوائد التي تتحصل عليها الدول من قيام التجارة الخارجية فيما بينها ويمكن إيجاز العوائد من التجارة الخارجية على النحو التالي:

1. تفسح التجارة الدولية المجال للتخصص على نطاق واسع بسبب توسع الــسوق لأن تقسيم العمل يتحدد بسعة حجم السوق كما أن كبر حجم السوق يعمل علــى تحقيــق وفورات الحجم ويشجع على قيام الاستثمارات.

2. التخصص الدولي ووفورات الإنتاج (الاقتصاد في النفقات) يعملان على عرض السلع بأسعار رخيصة نسبياً.

معدل الصرف

التغير في سعر صرف العملة الوطنية

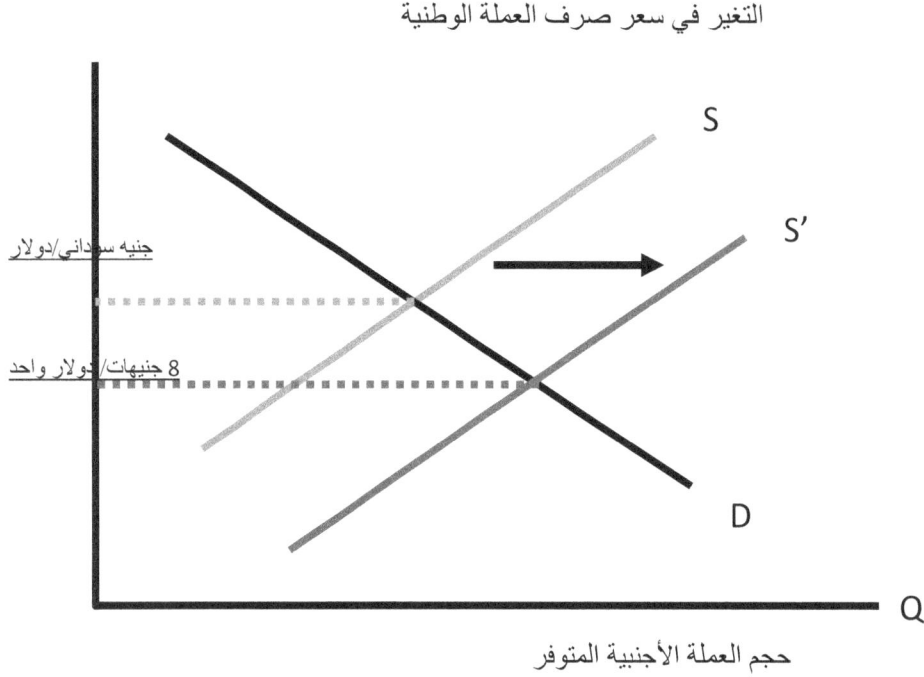

شكل 4: أثر حجم احتياطيات العملة الأجنبية علي سعر العملة الوطنية

3. تتيح التجارة العالمية القائمة على نطاق واسع للدول الحصول على السلع التي لا تستطيع إنتاجها محلياً اعتماداً على مبدأ التخصص الدولي.

4. يساعد التبادل التجاري الدولي يساعد الدول على أن تحتفظ بمواردها النادرة طالما يمكنها استيراد السلع التي تحتوي على تلك الموارد من الدول الأخرى التي تتوفر لديها تلك الموارد.

18

من المفترض أن يتم توزيع المكاسب الناتجة من التبادل التجاري الدولي بصورة متساوية بين الأطراف المشاركة في التجارة الدولية. لكننا نجد أن بعض الأقطار قد تكسب أكثر من غيرها، وأهم عامل يحدد توزيع هذه المكاسب هو ما يعرف بشروط التبادل التجاري Terms of Trade أي النسبة أو السعر الذي يتم بموجبه إستبدال الواردات بصادرات القطر. وهذه النسبة تبين علاقة الصادرات بالواردات أي كيف تتحكم صادرات الدولة في وارداتها أي بمعنى كم وحدة من السلع المستوردة يمكن الحصول عليها مقابل كل وحدة من السلع المصدرة.

شروط التبادل التجاري (نسبة التبادل) = مستوى أسعار الصادرات
مستوى أسعار الواردات

هذه النسبة تكون في غير صالح الدولة إذا كانت أقل من الواحد الصحيح (أسعار الصادرات أقل من أسعار الواردات).

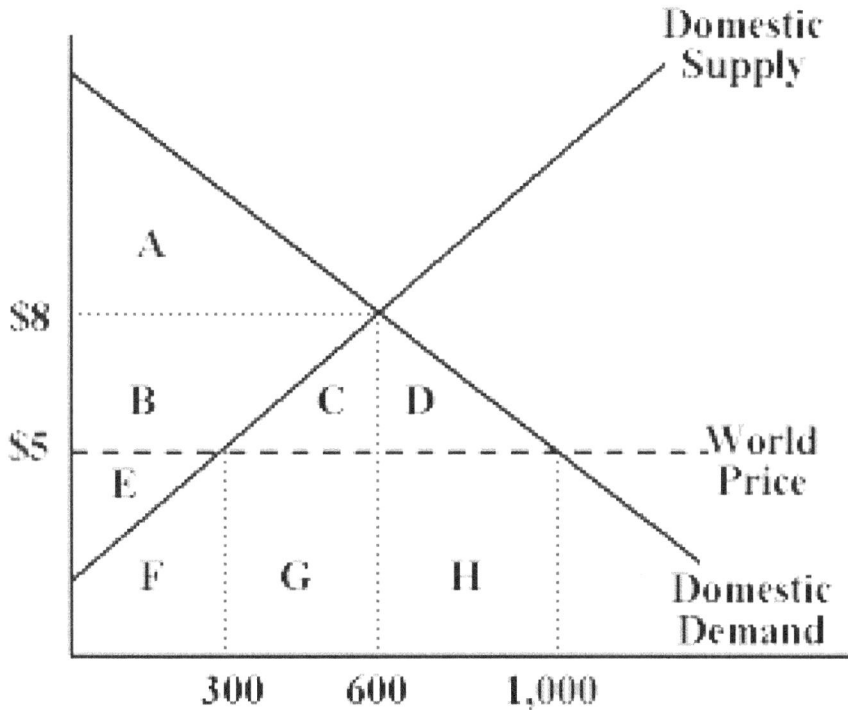

شكل 5: العرض والطلب المحلي مقابل السعر العالمي

7. العوامل المؤثرة في شروط التبادل التجاري

هناك عوامل أساسية تؤثر علي شروط التبادل التجاري بين أطراف التعاقد ونذكر منهــا التالي:

1. مرونة الطلب والعرض Elasticity of Supply and Demand، فإذا كان الطلب على صادرات الدولة أقل مرونة سعرية بالقياس إلى وارداتها فإن شروط التبادل التجاري تميل إلى صالح الدولة.

2. في هذه الحالة يكون في امكان الصادرات الحصول على أسعار أعلى نسبياً مما تحصل عليه الواردات.

3. إذا كان الطلب على الواردات أقل مرونة مما هو عليه في الصادرات فإن شروط التبادل التجاري تميل إلى غير صالح الدولة.

4. إذا كان العرض للصادرات أكثر مرونة من الواردات فإن شروط التبادل التجاري تكون ملائمة وذلك لإمكانية تخفيض أو زيادة العرض من الصادرات تبعاً لظروف السوق Market Conditions.

5. المنافسة في السوق العالمي Competition، فقد توجد سلطة احتكارية لبعض السلع (منظمة الأوبك مثلاً) أو وجود أو غياب بدائل للسلع مما يؤثر على شروط التبادل التجاري.

6. الذوق والتفضيل.

7. سعر الصرف (التغيير في سعر صرف العملة المحلية).

8. فرض رسوم جمركية ونظام الحصص.

9. عملية التنمية الاقتصادية.

10. أثر كل من الطلب والعرض، ويقصد بذلك أثر الطلب على الواردات نتيجة لزيادة الدخل المتولد من النشاط التنموي. أما أثر العرض فهو عبارة عن الزيادة في عرض السلع المنافسة المستوردة أو السلع البديلة عن الاستيراد.

يرى بعض الاقتصاديين أن المكاسب من التجارة الخارجية تذهب على العموم لمصحة الأقطار الصناعية المتقدمة إذ أن الدول النامية في معظمها تصدر المواد الأولية وتعاني تدهوراً طويل الأمد في شروط تجارته.

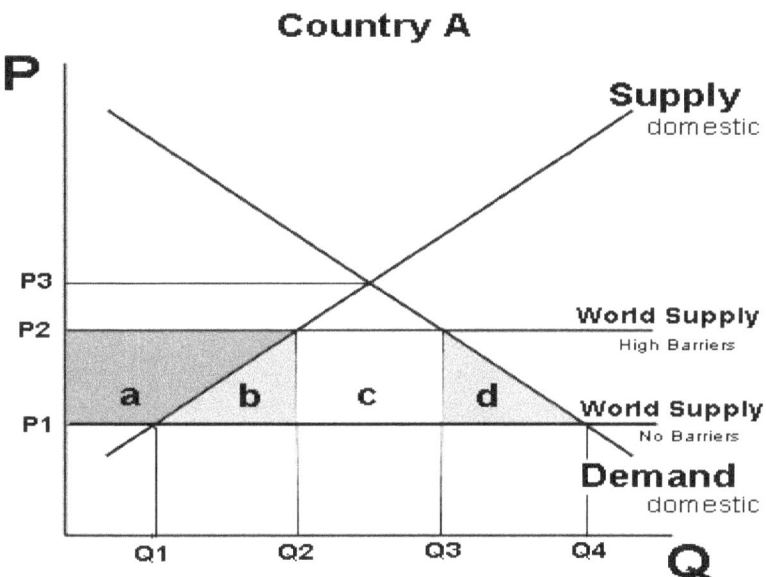

شكل 5: شروط التبادل التجاري

وضحت بعض الدراسات أن شروط التبادل التجاري للدول النامية قد تدهورت في الفترة من أواخر القرن التاسع عشر وحتى أواخر الثلاثينيات من القرن العشرين. هذا نسبة لإنخفاض أسعار المواد الأولية بالقياس إلي أسعار السلع المصنعة خلال الفترة 1955–1975م. هذا مقابل أن شروط التبادل التجاري للدول المتقدمة ثابتة تقريباً في حين أنها قد انخفضت أكثر 20% بالنسبة لدول العالم الثالث. يرجع هذا التدهور في شروط التبادل التجاري للدول التي تصدر المواد الأولية أي الأقطار النامية عموماً، إلي عدة أسباب منها الاختلاف في معدلات الطلب الداخلية نسبياً. هذا بالإضافة إلي التغير التكنولوجي الذي يمكن من الاقتصاد في استخدام المواد الأولية أو إلي إنتاج مواد بديلة. هذا مما يتسبب في انخفاض الطلب على المواد الأولية وهبوط أسعارها.

تشير إحصائيات صندوق النقد الدولي للعام 1987 إلي أن الأسعار الحقيقية للمواد الخام الزراعية والتعدينية والتي تمثل معظم صادرات الدول النامية قد شهدت هبوطاً حاد في منتصف الثمانينيات من القرن الماضي حيث كانت أسعار الصادرات في عام 1985 أقل

بحوالي 30% من متوسط أسعار الثلاثين عاماً السابقة لعام 1985م. وبذلك لا تستطيع الدول النامية تحقيق المكاسب من تحرير التجارة الدولية على الوجه الذي تم بالنسبة للدول المتقدمة. وذلك لعدة عوامل منها ما هو على المستوى الداخلي منها تحرك عناصر الإنتاج بمرونة تبعاً للميزات النسبية ومستوى مرتفع من التوظيف والتقدم التقني والعالمي. وهذه غير متوفرة إلي درجة كبيرة تبعا لظروف البلاد النامية. أما على المستوى الخارجي فهناك الفجوة في المجالين الاقتصادي والتقني بين الدول النامية والدول المتقدمة صناعياً بالإضافة إلي القيود المختلفة على السلع الأجنبية والتي تصب في معظمها على صادرات الدول النامية.

8. تطور الاقتصاد الدولي

مع التطور في العلاقات الاقتصادية والانفتاح الحتمي بين دول العالم وانتقال عوامل الإنتاج بين دول العالم، تطور الاقتصاد الدولي إلي مرحلة متقدمة. ويتميز الاقتصاد الدولي بالخصائص التالية:

1. وجود حواجز تعريفية بين مختلف الاقتصاديات مما يعيق التبادل التجاري بين الدول.

2. وجود معوقات لحرية تنقل رؤوس الأموال

3. انغلاق اقتصادي نسبي لمختلف الدول تجاه الخارج مما يعطيها نوعا من الاستقلالية في مجال التدبير الاقتصادي.

4. الدور المهيمن لبعض الدول في مجال تدبير الاقتصاد الدولي.

لكن الاختفاء التدريجي لهذه الخصائص أفضي إلي تغيرات اقتصادية جديدة منذ بداية الثمانينات سميت بالاقتصاد العالمي وأصبحت له مميزات جديدة تتمثل في:

1. الاتجاه نحو إزالة الحواجز التجارية بين الدول مما ساعد في بروز سوق كونية.

2. الاتجاه نحو تحرير تنقل رؤوس الأموال مما ساهم في تدويل الإنتاج وفي العولمة المالية.

شكل 6: أطراف ومتغيرات التجارة الدولية

يمكن تعريف الاقتصاد العالمي على أنه إتجاه نحو التبعية المتبادلة بين مختلف الدول. هذه التبعية تزداد تحت تأثير التجارة العالمية وحركة الأموال والتقنية. أما المظاهر الاقتصادية للعولمة فتتجلى في عملية نزوح الإنتاج نحو دول أقل تكلفة والخصخصة وفك التقنين وتحرير القطاع المالي.

وهناك سؤال عادة ما يطرح ويتعلق بمعرفة ما إذا كان الاقتصاد العالمي الحالي ظاهرة جديدة أم أنه ظاهرة قديمة يعاد تكرارها. وهناك مجموعة من الباحثين لا يعتبرون أن العولمة ظاهرة جديدة بل هي استمرار لمسلسل ابتدأ في أواخر القرن 19 وتوقف خلال الحربين وخلال الحرب الباردة. لكن آخرون يؤكدون، على عكس الرأي الأول بأن تدويل المعلومة والمعرفة يقحم العالم في عهد جديد يصبح ولوج الكون كله السمة الرئيسية لعملية الإنتاج والاستهلاك. ويؤكد هؤلاء بأن السنين الأخيرة حملت معها تغييرا بنيويا ميز التاريخ المعاصر.

لإعطاء نظرة عن الاقتصاد العالمي نتناول في النقطة الأولى مميزات الاقتصاد العالمي أما الثانية فنخصصها لأهم المؤثرين فيه. وبعد ذلك تأتي النقطة الثالثة التي سنركز فيها عن الاتفاقيات التي تهيكل الاقتصاد العالمي متبوعة بالنقطة الرابعة المعدة للحديث عن آثار الاقتصاد العالمي.

9. خصائص الاقتصاد العالمي

آثارت العولمة تحولات تدل علي أن الاقتصاد العالمي يتضمن خصوصيات جديدة تجعله يختلف عن المراحل التاريخية الماضية خاصة فترة بداية القرن العشرين. وتتجلى هذه الخصوصيات في مجالات ثلاث: المجال التجاري، المجال المالي ومجال تقنية التواصل والمعلومات.

على المستوى التجاري يمكن التركيز على أربع اتجاهات أساسية: النمو السريع في حجم التبادل التجاري، والتوزيع الأقليمي للتجارة الدولية والتغيير في بنية هذه التجارة وصعود حصة الخدمات في التبادل الدولي. وقد عرفت التجارة الدولية نموا متسارعا في معدلات التبادل التجاري منذ الحرب العالمية الثانية. ورغم أزمة السبعينيات التي قلصت من حجم النمو السنوي فإن التجارة الدولية قد حافظت على نسب نمو مرتفعة. لكن المميز لهذا النمو هو أنه كانت وثيرته أكبر من وتيرة نمو الإنتاج والناتج الداخلي الإجمالي في نفس الفترة.

جدول 1: تطور النمو السنوي المتوسط للتجارة الدولية للبضائع

1980-90	1990-00	2000	2001	2002	2003	2004	2005
6.0 %	6.7	13	-4.0	4.0	16	10	6

المصدر: المنظمة العالمية للتجارة (2007)

جدول 2: نسبة النمو والصادرات والإنتاج والناتج الداخلي الإجمالي

1995-	2000	2001	2002	2003	2004	2005	
7.0	11.0	-0.5	3.0	5	9.5	6	الصادرات
4.0	5.0	-0.5	1.0	4.5	4	2	الإنتاج
3.0	4.0	1.5	2.0	2.5	4	3.5	النسبة%

المصدر: المنظمة العالمية للتجارة، إحصائيات الاقتصاد الدولي (2006)

يظهر من هذا الجدول أن نمو التجارة الدولية كانت نسبته دائما تتجاوز نمو الإنتاج والناتج الداخلي الإجمالي. أما إذا أخذنا فترة 67-97 فإننا سنلاحظ أن التجارة العالمية قد ازدادت. ويمكن تفسير أسباب هذا النمو بعدة عوامل منها:

1. انفتاح معظم الاقتصاديات على الخارج بحيث أصبحت تصدر أكثر وتستورد أكثر.
2. اتجاه الشركات نحو التدويل عوضاً عن أن تبقى محلية اتجهت معظم الشركات نحو الخارج إما بالتصدير والاستيراد أو بإنشاء شركات تابعة لها، هذا التوجه لا يمس فقط الدول المتقدمة بل يطال الدول النامية.
3. صعود الدول الجديدة التصنيع منها دول جنوب شرق آسيا ودول أمريكا اللاتينية.
4. صعود دور الصين في التجارة العالمية. صادرات هذه الدولة انتقلت من 18 مليار دولار سنة 1980إلي 249 مليار سنة 2000 ثم احتلت المركز الأول في التجارة العالمية عام 2010.

وبما أن نمو التبادل بين الدول كان أسرع من نمو الإنتاج فقد ترتبت عنه عدة انعكاسات منها:

1. ارتفاع حدة التبعية المتبادلة بين مختلف الدول، وهذه التبعية تسهل انتقال الآثار الإيجابية للنمو بين الدول لكنها أيضا تسهل انتقال الآثار السلبية للأزمات. كما أنه في إطار هذه التبعية يصعب تبني إستراتيجية معينة لأنه في هذه الحالة لا يجب الاعتماد فقط على معطيات المحيط المحلي بل علي المحيط الدولي.
2. ارتفاع حدة الضغوط التنافسية على مستوى كل الأسواق ومن المحتمل أن تؤدي هذه المنافسة إلي تدني الأسعار الشيء الذي ينتج عنه انخفاض في حجم أرباح الشركات المتنافسة. ولذلك نلاحظ لجوء الشركات الكبرى من حين لآخر إعادة الهيكلة الشيء الذي يترتب عنه تسريح العمال أو الاندماج أو التعاون مع الشركات الأخرى.

10.التوزيع الأقليمي للتبادل الدولي

يتميز التوزيع الأقليمي للتجارة العالمية بعدم التوازن إذا أخذنا بعين الاعتبار مساهمة كل منطقة.

جدول 3: التوزيع الأقليمي للتجارة الدولية

	الواردات	الصادرات
أمريكا الشمالية الولايات المتحدة	21.7 16.5	14.5 8.9
أوربا	43.2	3

الاتحاد الأوربي	39.3	39.4
آسيا	24.7	27.4
اليابان	4.9	5.9
الصين	6.3	7.5
جنوب شرق أسيا	8.6	9.7
أفريقيا	2.4	2.9
جنوب أفريقيا	0.6	0.5

المصدر : المنطقة العالمية للتجارة 2006، إحصائيات التجارة الدولية

نلاحظ من هذا الجدول أن هناك نوعين من المناطق إذا أخذنا بعين الاعتبار المساهمة في التجارة العالمية: المناطق المهيمنة والمناطق المهمشة

المجموعة الأولي تتكون دول الثالوث المهيمن وهي:

1. أمريكا الشمالية التي تسيطر فيها الولايات المتحدة التي تمثل 76% و83% من صادرات وواردات المنطقة.
2. أوربا الغربية التي يمثل فيها الاتحاد الأوربي 15 دولة و92% من الصادرات والواردات. والاتحاد الأوربي يساهم بنسبة كبيرة في التجارة الدولية 39% من الصادرات و37,6 من الواردات ويمكن تفسير ارتفاع هذه الحصة بالحجم الكبير للتجارة الداخلية لدول الاتحاد الأوربي.
3. اليابان والصين ودول جنوب شرق آسيا هذه الدول المطلة على المحيط الهادي تمثل 21,4% و18% من الصادرات والواردات العالمية هذه الدول وحدها تهيمن على مساهمة آسيا في التبادل الدولي بنسبة 83%

المجموعة الثانية تتكون من المناطق ذات مساهمة أقل وهي:

1. أمريكا اللاتينية: مساهمتها في التجارة العالمية تمثل 3,5 و5,3 من الصادرات والواردات العالمية
2. أوربا الوسطى والشرقية، دول البلطيق ومجموعة الدول المستقلة ومساهمتها في التجارة الدولية تصل 5% و4,6% من الصادرات والواردات.

3. أفريقيا تمثل أضعف مساهمة في التبادل الدولي 2,2% و2% من الصادرات والواردات.

لكن هذه الصورة تختلف قليلا إذا حاولنا أن ننظر إلى تطور هذه المساهمة. هذا التطور سيمكننا من معرفة المناطق التي تزداد مساهمتها والمناطق التي تتراجع حصتها. وبذلك يمكن أن نميز بين مجموعة الرابحين ومجموعة الخاسرين كما يوضحه الجدول التالي:

جدول 4: تطور نسبة المشاركة في التجارة العالمية

1953	1963	1973	1983	1993	2002	2005	
24.2	19.3	16.9	15.4	16.6	15.1	14.5	أمريكا الشمالية
34.9	41.4	45.4	38.9	44.0	42.2	43	أوربا الغربية
6.5	5.7	4.8	4.4	2.5	2.2	2.9	أفريقيا
13.1	12.4	14.9	19.1	26.1	25.8	27.4	آسيا
1.5	3.5	6.4	8.0	9.9	6.6	5.9	اليابان
1.2	1.3	1.0	1.2	2.5	5.2	7.5	الصين
20.7	2.4	3.4	5.8	9.7	9.6	9.7	جنوب شرق آسيا

مصدر: المنظمة العالمية للتجارة 2005. إحصائيات التجارة الدولية

من بين الدول والمناطق التي تفقد مكانتها في التجارة العالمية يمكن الحديث عن:

1. أمريكا الشمالية التي كانت مساهمتها 27% سنة 48 ثم نزلت 15% سنة 2002. ويفسر هذا الهبوط أساسا بتراجع حصة الولايات المتحدة في الصادرات.

2. أوربا الغربية التي تحسنت حصتها في التجارة الدولية بعد الحرب العالمية II لكنها بدأت في التراجع منذ 1973.

3. افريقيا، حيث تعتبر منطقة إفريقيا الخاسر الكبير في التجارة العالمية بحيث تراجعت حصتها من 7.3% سنة 98 2.2% سنة 2002.

4. اليابان، وقد ازدادت حصتها في الصادرات العالمية من 1.5% سنة 1953 إلي 10% سنة 1993. لكن مساهمة اليابان عرفت منذ ذلك تراجعا مستمرا حيث وصلت سنة 2005 5.9%.

وهناك تحولات في دول أخري تغير فيها نشاطها الاقتصادي مثل:

1. جنوب شرق آسيا حيث نجد أن حصة الدول الست التي تمثل هذه المنطقة ارتفعت من 2.4% سنة 63 ما يقارب 10% سنة 2002.

2. الصين التي حققت في وقت وجيز نجاحا باهرا فاق كل التوقعات فحصتها في الصادرات العالمية ارتفعت من 2.5% سنة 93 5.2% سنة 2002.

11.تطور بنية التجارة العالمية

عرفت بنية التجارة الدولية تطورا نوعيا غير معالمها الأساسية ويتعلق الأمر بالتالي:

1. انخفاض حصة المواد الأولية. على المستوى الفلاحي نلاحظ أن مستوى المواد الفلاحية في الصادرات العالمية لهذا القطاع قد تراجعت بنسبة 50% سنة 90. أما على الصعيد المعدني فحصة المعادن في الصادرات العالمية تراجعت من 19% سنة 85 ما يقارب 10% سنة 2002.

2. ارتفاع نسبة المواد المصنعة. عرفت حصة المواد المصنعة في التجارة العالمية نموا متسارعا وصل نسب مئوية تعادل 15، 9 و5 % خلال الفترات 85-90، 90-95، 95-2000. أما خلال 2002 فتجاوزت حصة المواد المصنعة في الصادرات الدولية 75%. ويمكن تفسير هذا التطور بتوجه مجموعة من الدول للتصنيع مثل جنوب شرق آسيا وبدول أمريكا اللاتينية وبالصين. كما أن مساهمة المواد الصناعية في التجارة الخارجية تختلف من منطقة لأخرى ومن دولة لأخرى.

جدول 5: نسبة المواد الصناعية في التجارة الخارجية

المنطقة الجغرافية	الصادرات	الواردات
أمريكا الشمالية	76.9	79.8
أمريكا اللاتينية	59.5	76.3
أوربا الغربية	80.7	75.5
أفريقيا	25.2	79.9
آسيا	83.6	71.11
الشرق الأوسط	23.8	78.1

المصدر المنظمة العالمية للتجارة 2003.

يلاحظ من هذا الجدول أن معظم مناطق العالم قد حققت تقدما مهما في مجال التصنيع إلا منطقتين وهما إفريقيا والشرق الأوسط حيث أن معظم صادراتهما تتكون من المواد الأولية. هذا بالإضافة ارتفاع نسبة المواد نصف مصنعة. بعض الإحصائيات تقدر نسبة المواد نصف المصنعة في التجارة الدولية بالثلث. ويمكن تفسير هذه الظاهرة الجديدة في التجارة العالمية بعاملين:

1. الأول هو التفكك الدولي للإنتاج عوضاً عن أن تستقر العمليات الإنتاجية المرتبطة بمنتج واحد في بلد واحد. هذه العمليات توزعت عبر عدد من الدول وهذا التوزيع يتم على أساس الاستفادة من التكاليف المنخفضة لكل منطقة لذلك فإن التفكك عادة ما تقوم به الشركات العبر وطنية.
2. الثاني هو تطور منظومة الإنتاج الدولية عوضا عن القيام بإنتاج كل مكونات المنتوج فإن معظم الشركات تكتفي بإنتاج عدد محدود من المكونات ثم تحيل إنتاج الباقي على شركات متعاملة معها خارج البلد. وهذا من شأنه أن يؤدي ارتفاع نسبة المواد نصف مصنعة في التجارة الدولية.

12.ارتفاع مساهمة الخدمات

وصلت نسبة مساهمة الخدمات في التجارة العالمية سنة 2002 إلي 20% على الرغم من كون الخدمات تمثل ثلثي الناتج الداخلي الإجمالي لمعظم الدول المتقدمة. لكن هذه النسبة قابلة للارتفاع خاصة مع مفاوضات حول تحرير تجارة الخدمات. فمنذ سنة 2001 نجد نسبة نمو الخدمات في التجارة العالمية يفوق نسبة نمو البضائع. وهذا يرتبط بالتطور في خدمات الاتصالات التي ترتبط أيضاً بالتجارة وعوامل التبادل التجاري والمنصات الجديدة التي تتمثل في التجارة الالكترونية.

جدول 6: الصادرات العالمية للسلع والخدمات التجارية (مليار دولار)

	نسبة النمو السنوية						القيمة
	2005	2004	2002	2001	2000	90-00	2005
السلع	13	22	4.0	-4.0	13	6.5	10159
الخدمات التجارية	10	20	6.0	0.0	6.0	6.5	2415

مصدر: المنظمة العالمية للتجارة 2005- إحصائيات التجارة الدولية

أما ما يخص التوزيع الأقليمي فنجد أنه مماثل لتوزيع البضائع ويخضع لسيطرة ثلاث مناطق الولايات المتحدة، أوربا وجنوب شرق آسيا.

جدول 7: تطور التوزيع الأقليمي للتجارة العالمية للخدمات

الأقليم	الحصة		
	2000	1995	1990
أمريكا الشمالية الولايات المتحدة	21.4 18.8	18.8 16.6	19.3 17
أمريكا اللاتينية	4.0	3.7	3.8
أوربا الغربية الإتحاد الأوربي	46.3 41.1	47.8 42.6	53.3 47.2
أسيا اليابان الصين	20.6 4.6 2.0	22.0 5.4 1.6	16.8 5.3 0.7
أفريقيا	2.0	2.2	2.4

مصدر: المنظمة العالمية للتجارة 2003 – إحصائيات التجارة الدولية تقرير

على المستوى المالي نتناول نقطتين: الاستثمارات الأجنبية المباشرة ثم الأسواق المالية:

لحركة الاستثمارات الأجنبية المباشرة ثلاث اتجاهات: الصعود والهبوط والانتعاش.

شكل 7: حركة رؤوس الأموال العالمية

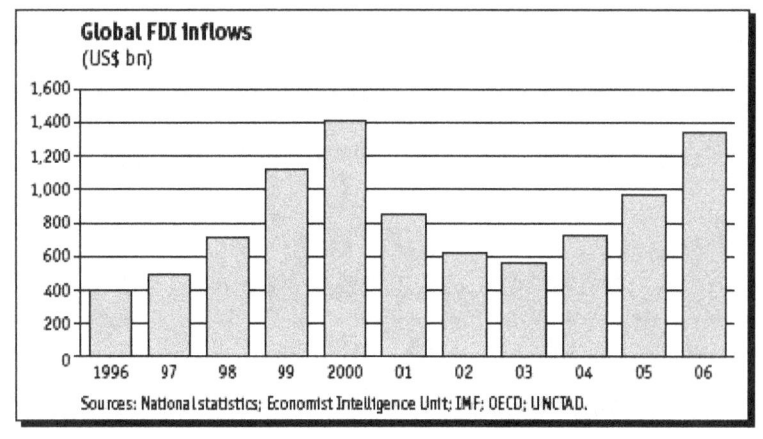

الصعود

عرفت الاستثمارات الأجنبية المباشرة موجة حادة من الصعود خلال النصف الثاني من التسعينيات.

جدول 8: حركة رؤوس الأموال عالميا

استثمار أجنبي مباشر	القيمة (مليار)			نسبة النمو (%)		
	1982	1990	2000	90-86	95-91	96-99
دخول	57	202	1271	23	20,8	40,8
خروج	37	235	1150	26,2	16,3	37

خلال التسعينات عرفت الاستثمارات الأجنبية المباشرة نموا فاق كل التوقعات حيث تجاوز النمو العالمي للناتج الداخلي الإجمالي وللإنتاج وللتجارة.إلا أن الاستثمارات الأجنبية المباشرة بقيت مركزة في الدول المتقدمة. ففي سنة 2000 مثلت دول الثالوث (الولايات المتحدة، الاتحاد الأوربي، اليابان) 71 من دخول الاستثمارات الأجنبية المباشرة و82% من الخروج. أما الدول النامية فبقيت حصتها ضعيفة خاصة الإفريقية منها.

الهبوط

عرفت الاستثمارات الأجنبية المباشرة نزولا حادا من سنة 2001. حركة دخول هذه الاستثمارات وصل سنة 2000 1500 مليار لكنها نزلت سنة 2001 729 مليار وتراجعت 650 مليارا سنة 2002.

ويفسر هذا التراجع بعدة أسباب:

1. تراجع عمليات الشراء الدولية التي تتم بين الشركات حيث انخفضت هذه العمليات من 1100 مليار سنة 2000 600 مليار سنة 2001.
2. بطء الأداء الاقتصادي الكلي للدول المتقدمة ساهم في تراجع الاستثمار الأجنبي المباشر.
3. تراجع القطاعات الاقتصادية التي عرفت من قبل موجة من عمليات الانصهار والشراء بين الشركات العالمية.
4. أحداث 11 سبتمبر

تأثرت جميع مناطق العالم من التراجع في الاستثمار الأجنبي المباشر. لكن المناطق الأكثر تأثرا هي الدول الصناعية خاصة الولايات المتحدة التي تراجعت فيها هذه الاستثمارات بنسبة 48% سنة 2001 وبنسبة 56% سنة 2002. لكن خلال هذه الفترة

استطاعت بعض الدول أن تحسن وضعها في استقبال الاستثمار الأجنبي المباشر مثل الصين والهند.

الانتعاش

منذ 2004 عرفت حركة الاستثمارات الأجنبية المباشرة اتجاها نحو الصعود ويمكن تفسير هذا الارتفاع بعدة عوامل.

1. انتعاش عمليات الاندماج والشراء بين الولايات المتحدة وأوربا وداخل الاتحاد الأوربي
2. ديناميكية الاقتصاديات الصاعدة كالصين
3. ازدياد عمليات إحالة الصناعات المستخدمة لليد العاملة نحو الاقتصاديات الصاعدة
4. ارتفاع حجم الاستثمارات الأجنبية المباشرة التي تقوم بها الشركات الكبرى المنتمية للدول الصاعدة.

13.الأسواق المالية العالمية

نتناول ثلاث نقاط هي دور البورصة، العولمة المالية وعدم استقرار الأسواق المالية.

السوق المالي وهو الذي تتداول فيه الأوراق المالية وهي من ثلاثة أنواع:

1. الأسهم وهي تمثل حصة من رأسمال الشركة وتمكن من الحصول على أرباح.
2. السندات وهي عبارة عن دين وتمكن حاملها من الحصول على فوائد.
3. بعض المنتجات المشتقة وعقود الأجل التي يتم تداولها في السوق.

للحصول على مال عادة ما تختار الشركة بين أسلوبين. الأول هو الاقتراض من البنك ودفع الفوائد. الثاني هو الدخول السواق المالية. هذا الدخول يسمح للشركة ببيع الأسهم والحصول على مال. والمقابل هو أن حامل السهم يحصل على نسبة من الأرباح وله رأي في تدبير الشرك. لكن بمجرد أن توضع في السوق فإن الأسهم سوف تخضع لتداول مستقل لا دخل للشركة فيه يمكن لسعرها أن يرتفع أو ينخفض.

أدى تداول الأوراق المالية ظهور المضاربة وتوجه أموال كثيرة الأسواق المالية للمضاربة لأنها تمكن من تحقيق أرباح خيالية. وبذلك أصبحت الأسواق المالية قلب الاقتصاد العالمي وأصبح لها دور أساسي في حركة الاقتصاد. ولا يمكن لأي شركة أن تدخل البورصة لأن هناك شروط عديدة لولوج هذه السوق منها ما هو مرتبط بالحجم

ومنها ما هو مرتبط بشفافية الحسابات.

لمعرفة أداء السوق المالي فهناك وسائل لحساب فعاليتها ومن هذه الوسائل يجب التركيز على وسيلتين:

1. مؤشر البورصة الذي يعطي فكرة عن أداء السوق مثال من هذه المؤشرات Nasdaq, Cac 40, DowJones

2. يعطي تمويل السوق المالي فكرة عن أهميته الاقتصادية الكلية ويقاس بضرب عدد الأسهم المتداولة في سعرها الحالي.

تمويل السوق المالي= عدد الأسهم x السعر

جدول 9: نسبة تمويل السوق المالي من الناتج الداخلي الاجمالي

	1981	2000
الولايات المتحدة	43	153
الاتحاد الأوربي	20	93
مجلس التعاون والتنمية الاقتصادية OCDE	22	63
العالم	29	35

خصائص العولمة المالية

تتضح هذه الخصائص في أهمية الأسواق المالية وتتجلى في العناصر التالية:

1. ارتفاع عدد بورصات القيم: سنة 1981 كان عدد الدول التي تتوفر فيها أسواق الأوراق المالية 47 فقط، هذا العدد ارتفع سنة 2000 إلي 109.

2. خضوع الاقتصاد للمنطق المالية نظرا لأهمية الأسواق المالية فإن معظم الادخار بدأ يتوجه للمضاربة. ولذلك أصبحت الشركات تخضع للمنطق المالي لكي تزيد من سعر أسهمها. يجب على الشركة أن تحقق أرباحا كبيرة ولتحقيق ذلك تلجأ أحيانا كثيرة تسريح العمال، لتنسجم وأهداف المنطق المالي.

3. ازدياد سرعة تداول الأسهم. هذه السرعة تعطينا فكرة عن عدد المرات التي ينتقل فيها السهم من مالك لآخر خلال سنة، ففي سنة 81 هذه السرعة بلغت 0,3%.في الولايات المتحدة الأمريكية بمعنى أن ثلث الأسهم هي التي انتقلت من يد للأخرى. أما في سنة 2000 فقد بلغت 2.2% هذا يعني أن كل سهم قد بيع أكثر من مرتين في السنة.

وقد ظهرت العولمة المالية نظراً لحدوث ترابط وثيق وعلى مستويين:

1. على المستوى الداخلي حيث نلاحظ أن هناك ارتباط كبير بين مختلف الأسواق:
   ▪ السوق المالي: (البورصة).
   ▪ السوق المصرفي فعندما يكون هناك ارتفاع في نسب الفوائد فإن الأموال تخرج من الأسواق الأخرى لتوضع في المصارف.
   ▪ السوق النقدي وهو السوق الذي تباع فيه النقود والعملات.حجم التداول في هذا السوق ارتفع سنة 2000 إلي 1700 مليار بينما كان أقل من 200 مليار سنة 86.
   ▪ الأسواق الموازية التي تباع فيها العقود لأجل والمضارب له الحق في التنقل في هذه الأسواق للبحث على أفضل فرصة للاستثمار.

2. على المستوى الخارجي حيث ان هناك ارتباط كبير بين مختلف الأسواق المالية العالمية. هذا الارتباط ناتج عن سلوك المضاربين الدوليين الذين يملكون محافظ مالية في كل الأسواق. وبذلك يقومون بتحويل أموال كبيرة جدا من سوق أخرى بحثا عن فرص أمثل لاستخدام المال. ومن هذا المنطلق فإن أزمة إذا حدثت في سوق فسرعان ما تتأثر الأسواق الأخرى وفي وقت وجيز، وقد نتج عن هذا عدم استقرار هذه الأسواق.

14. عدم استقرار الأسواق المالية

ساهمت العولمة المالية في خلق وضع غير مستقر عبر مختلف مناطق العالم. فسرعة تنقل الأموال عبر هذه الأسواق جعلها جد حساسة لأي طارئ ولو بسيط، وهذه الحساسية المرتفعة عادة ما تؤدي أزمات ويتميز الوضع الذي خلفه عدم الاستقرار بثلاث خصائص.

1. **أزمات متواصلة.** تتعرض الأسواق المالية لأزمات متتابعة ففي سنة 97 هزت الأزمة الاسيوية أسواق العالم. وفي سنة 98 حدث نفس الشيء لأمريكا اللاتينية وتبعتها روسيا،نفس الشيء حدث بعد سنة 2001 حيث عرفت الأسواق المالية هبوطا تاريخيا: نزل المؤشر الفرنسي (CAC 40) ب 56% من قيمته. الألماني (DAX) نزل ب

65% أما المؤشرات الأمريكية فقد نزل S&P 500 ب 44% وNASDAQ ب72%. وترجع أسباب هذه الأزمة الهبوط الحاد الذي عرفته أسهم شركات التكنولوجية الجديدة وتراجع نسب النمو وكذلك فقدان الثقة الذي صاحب الفضائح الكبرى التي تورطت فيها شركات أمريكية كبرى مثل K- ... MART ,WORLDCOM ,Enron

2. **سرعة الانتشار**. تتميز العولمة المالية بخاصتين:

• الخاصية الزمنية. تقليص وقت آخد القرار بالنسبة للمتعاملين. هذا التقليص يفضي سلوكيات لا عقلانية.

• الخاصية الجغرافية لأن فالمسافة لم يعد لها اعتبار في المعاملات المالية يمكن لأزمة أن تندلع في سوق ثم تنتشر في العالم دون اعتبار للحدود والمسافات. فالأزمة الأسيوية خير مثال لذلك حيث ابتدأت بتحفيظ قيمة العملة التايلاندية وانتهت باهتزاز جميع الأسواق العالمية.

3. **ظاهرة الفراشة حيث أن** سرعة انتشار الأزمات المالية أصبحت أيضا تخضع لظاهرة الفراشة المقتبسة من الأرصاد الجوية. هذه الظاهرة تقول بأن حركة جناحي الفراشة في اليابان إذا وجدت الظروف الملائمة للتضخم يمكن أن تحدث إعصارا في أمريكا، وهذا يعني أن الأسواق المالية يمكن أن تهتز حتى للأحداث البسيطة ولو كانت بعيدة، ومثال ذلك يتجلى في إنهيار العملة التايلاندية وما صاحبه.

15. أسباب وآثار الأزمة المالية 2008

اهتز العالم منذ شهر سبتمبر على وقع أزمة كونية توشك أن تعصف بالاقتصاد العالمي برمته ومصدر هذه الأزمة ناتج عن الإختلالات العميقة التي عرفتها الرأسمالية المالية. هذه الإختلالات تجلت بوضوح في تعاقب الأزمات المالية والبنكية منذ أكثر من عقدين من الزمن بحيث كنا على موعد مع الأزمة كل سنتين تقريبا. رغم شدة تأثير هذه الأزمات فإن النظام الرأسمالي كان يمتص هزاتها. لكن الأزمة التي نعيش مراحلها الآن تختلف عن سابقاتها لأنها أصبحت تهدد أركان الرأسمالي برمته.

تسمى هذه الأزمة بأزمة القرض العقاري (subprime) لأن هذا القطاع كان النواة الأولى التي فجرت الأزمة. بعد سنة 2001 التي عرف فيها العالم أزمة مالية حادة قام

البنك المركزي الأمريكي بتخفيض نسب الفائدة من 6.5 حدود 1% أملا في إنعاش النشاط الإقتصادي الذي اعتراه الإنكماش وكذلك أنعاش الأسواق المالية.

وقد ترتب عن ذلك ارتفاع حاد في وتيرة القروض الاستهلاكية خاصة العقارية منها. إنتعش قطاع العقار بشكل سريع مما أدى الزيادة في الأثمان التي تضاعفت ما بين 97 و2006. ويرجع السبب في ذلك سلوك المؤسسات المالية التي رفعت عنها كل القيود وسارعت بالإفراط في القروض العقارية. في هذا الإطار بدأ انتشار ما يسمى بالقروض العقارية الحاملة للمخاطر (subprime mortgage). سارع النظام المصرفي الأمريكي توسيع دائرة هذه القروض لأنها كانت لها نسب فوائد تفوق القروض العادية بأربع خمس نقاط. والضمانة الوحيدة الموجودة لدى المصارف هو سعر العقار الممول والمرتفع بإستمرار. وبالموازاة مع ذلك وقعت زيادة حادة في مديونية الأسر التي أصبحت قدرتها على التوفير سلبية بمعنى أن ما توفره الأسرة شهريا لا يسمح بسداد أقساط الديون.

في خضم ارتفاع حجم القروض العقارية ذات المخاطر قامت المؤسسات المصرفية بتسنيد Securitization هذه القروض وتحويلها أوراق مالية تهافت العالم على اقتنائها بعد أن اعتبر أن هذه الأوراق مضمونة الربح. هكذا سارعت المؤسسات المالية عبر العالم لشراء هذه الأوراق بعشرات ملايين الدولارات.

لكن الوضع تغير عندما قام البنك المركزي الأمريكي برفع نسبة الفائدة مما دفع بالمؤسسات المصرفية لزيادة فوائد القروض العقارية الشيء الذي أثقل كاهل ملايين المقترضين ودفع الكثير منهم العجز عن أداء أقساط الديون. لإسترداد أموالها قامت المصارف بإعادة بيع آلاف المنازل مما أسفر عن حدوث انخفاض حاد في أسعار العقار.

وقد ترتب عن هذا التراجع أثرين مترابطين:

1. الأول تمثل في عدم قدرة المصارف على استرداد ديونها مما قلص بشكل حاد من حجم السيولة لذا هذه المؤسسات الشيء الذي ترتب عنه فقدان الثقة بين المصارف حيث عاد الإقتراض فيما بينها شبه مستحيل. رغم قيام الدول بضخ عشرات الملايير من الدولارات كسيولة في النظام المصرفي إلا أن وضع المصارف بقي غير مستقر، وهذا ما أدى بأسهمها الهبوط الحاد في الأسواق المالية ودفع ببعضها الإفلاس: ليمان

بروذرز (Lehman Brothers) رابع بنك أعمال في الولايات المتحدة، الذي كان يملك من الأصول بما يناهز 640 مليار دولار. أما البعض الآخر فقد تم إنقاذه من طرف مؤسسات أخرى (Merrill Lynch, Washington Mutual). كما تم تأميم أغلبية المؤسسات المالية ذات الصعوبات. أول من تبنى الإتجاه للتأميم هي الدول التي كانت تتبنى النهج اللبرالي وهي الولايات المتحدة وبريطانيا.

2. الثاني تجلى في الهبوط الحاد الذي عرفته الأوراق المالية المرتبطة بالقروض العقارية حيث انتشرت عبر العالم وأصبحت تهدد الإستقرار المالي لكل المؤسسات التي ضاربت في هذه الأوراق. ولذلك أصبح هاجس النظام الرأسمالي المالي هو التخلص من هذه الأوراق. في هذا الإطار صوت الكونكريس الأمريكي لصالح خطة أولية بـ700 مليار دولار أهم أهدافها أن يتخلص النظام المالي من الأوراق الخبيثة أو المسمومة.

أما الإنعكاسات فقد كانت على المستوى المالي وعلى المستوى الاقتصادي وكانت هناك آثار للأزمة.

على المستوى المالي. كان لأزمة القرض العقاري أثر كارثي علي النظام المالي العالمي. في الولايات المتحدة بلغت الخسائر في قطاع العقار حسب بعض التقديرات، ما يقرب من 5000 مليار دولار. أما تراجع البورصات فقد أسفر عن خسائر تفوق 8000 مليار دولار.

بعد ذلك إنتقل إعصار الأزمة المالية أوروبا حيث هوت البورصات وفجأة وجدت معظم المصارف الأوربية نفسها في وضع كارثي. وقد ارتبكت دول الإتحاد الأوربي في نوع السياسة الواجب إتخاذها حيث بدأت بسياسات فردية. لكن أمام الكارثة لجأت لجهود لمواجهة الأزمة إذ عبرت عن استعدادها لضخ ما يفوق 1873 مليار يورو موجهة لتأميم بعض المصارف أو المساهمة في رأسمال أخرى وضمان السيولة والقروض بين المصارف بالإضافة لضمان الودائع. لم يقتصر الأمر على أوربا بل انتقلت عدوى الأزمة الأميركية لجميع أنحاء العالم حيث عرف المؤشر العام هبوطا حادا في أسواق المال الآسيوية وكذلك في روسيا والبرازيل والشرق الأوسط. وقد وصف ألان جرينسبان

المحافظ الأسبق للمصرف المركزي الأمريكي (الاحتياطي الفدرالي) الاضطراب الذي شهدته أسواق المال بأنه تسونامي ائتماني لا يحصل إلا مرة في القرن. ويلاحظ أن الأسواق المالية الكبرى قد فقدت في أواخر أكتوبر 2008 حوالي 50 في المائة من رؤوس أموالها منذ بداية السنة الشيء الذي ترتبت عنه خسائر تفوق 25000 مليار دولار وهذا الرقم يفوق بمرتين ونصف الناتج الداخلي الإجمالي الأمريكي.

على المستوى الإقتصادي حدث ما كان يخشاه المحللون وهو أن تنعكس الأزمة المالية على المستوى الإقتصادي. وهذا ما حدث بالفعل فالأزمة لم تعد تقتصر على الجانب المالي بل استمرت تداعيتاها الإقتصاد الحقيقي مع ظهور بوادر الكساد الاقتصادي في الولايات المتحدة الأمر الذي ينعكس على صادرات البلدان الأخرى وعلى أسواقها المالية. فالولايات المتحدة أكبر مستورد في العالم حيث بلغت وارداتها السلعية 1919 مليار دولار أي 15.5% من الواردات العالمية. وأزمة البنوك ستجعلها أقل مقدرة على تقديم القروض، والذي سيؤدي بالتالي خفض النشاط الاقتصادي، ليس فقط في الولايات المتحدة بل في أنحاء مختلفة من العالم. وتعدت الكارثة أزمة قروض الرهن العقاري إلي بطاقات الائتمان وقروض شراء السيارات.

كما أن انفجار الفقاعة العقارية الأميركية كان عاملاً مهماً لهبوط أسهم الشركات الأخرى غير العاملة في القطاع العقاري. نفس الشيء وقع في دول أخرى حيث هبطت أسهم شركاتها العقارية وغير العقارية. لذلك أصبحت شركات القطاع الإنتاجي في معظم الاقتصاديات المهمة تواجه تحديين: الأول يتمثل في تراجع الطلب نتيجة الكساد الاقتصادي الذي ردف الأزمة المالية، والثاني يتجلى في تراجع أسهم هذه الشركات في الأسواق المالية. دفع ذلك الشركات لمراجعة توقعاتها والإعلان عن إمكانية انخفاض أدائها. أشار هذا إلي أن الاقتصاد العالمي دخل مرحلة من التباطؤ الحاد بعد أن لحقت به صدمتان هائلتان، هما طفرة أسعار النفط والمواد الأولية، واتساع نطاق الأزمة المالية. وما من بلد كان محصنا تماما من آثارها على الاقتصاد الحقيقي.

16.أثر الأزمة على مستوى تقنية التواصل والمعلومات

تقنية التواصل والمعلومات هو الاختراع الرئيسي في آخر القرن الماضي الذي غير معالم الاقتصاد العالمي. ويتجلى هذا في بروز مجموعة من الثورات من ناحية ومن ناحية في اندماج هذه الثورات مما ساهم في ظهور مفهوم القرية الكونية. وهناك ثلاث أنواع من الثورات:

1. ثورة الإعلام، مع المدعم بالتقنية الرقمية والأقمار الاصطناعية أصبحت صورة الإعلام الجديدة تتميز بظهور وسائل جديدة للإعلام (الانترنيت) وبروز قنوات فضائية عالمية مما سيؤدي عولمة الصورة. هذا مع ارتفاع في حجم المعلومات المذاعة مما يضع المجتمعات المعاصرة في حالة الإشباع.
2. الثورة المعلوماتية وتتميز بثلاث اتجاهات: اتجاه نحو زيادة القوة حيث أن سرعة وقدرات الحاسوب تتضاعف كل ستة أشهر وبنفس الثمن. هذا مع اتجاه نحو زيادة القدرة على التخزين واتجاه نحو تصغير الحجم.
3. ثورة الاتصالات حيث تغيرت صورة الاتصالات باستعمال مجموعة من التقنيةت منها الأقمار الاصطناعية وأجيال الهاتف الخلوي وغيرها.

نتج عن ذلك ثورة القرن العشرين وتمت عبر مرحلتين. مرحلة ثورة المعلوميات بقطاع الاتصالات الشيء الذي أدى ظهور الانترنيت واندماج الانترنيت بالإعلام. وضع ذلك العالم في شبكة كونية مما يضع أي فرد في العالم أمام سيل من المعلومات والمعارف الشيء الذي يؤدي إعادة النظر في مفاهيم الزمن والحدود والمسافة والمجال. واقترن الانترنيت والإعلام وقد ابتدأ هذا بالاندماج الذي وقع سنة 98 بين شركتين أمريكيتين وهما AOL المتخصصة في خدمات الانترنيت وTime Warner المتخصصة في الإعلام. مع ظهور ADSL أصبح من الممكن استقبال الإشارات التلفزية عبر الانترنيت.

17.نظريات التجارة الدولية

من الملاحظ أن التجارة الدولية تنمو وتتطور بسرعة ومن الطبيعي أن يتبادر إلي الـذهن السؤال عن أسس وأسباب قيام التجارة الدولية.

قدم بعض الاقتصاديين نظريات لشرح أو تفسير العوامل التي تؤدي إلي قيام التجارة بين

دول العالم. ومن هذه النظريات:

1. النظرية الكلاسيكية:

a. نظرية النفقات المقارنة (النفقات النسبية) لديفيد ريكاردو (1772 - 1823)، حيث قدم ريكاردو نظريته في عام 1817 لتفسير قيام التجارة الدولية وذكر أن التجارة بين الدول يمكن أن تنشأ بسبب الاختلاف في تكاليف الإنتاج وقدم نظرية النفقات النسبية لتوضيح الاسباب التي من أجلها يتم التبادل الدولي وأن أساس التجارة الدولية إنما يرجع إلي الاختلافات بين الدول في النفقات النسبية للإنتاج. وينبغي التمييز بين ما يسمي بالنفقة المطلقة لآدم سميث والنفقة المقارنة. والنفقة المطلقة هي تكلفة إنتاج السلعة في حد ذاتها بينما النفقة المقارنة هي تكلفة إنتاج سلعة مقارنة بنفقة سلعة أخري. أي هي عبارة عن مقارنة نفقتين مطلقتين لسلعتين.

قام ريكاردو لشرح نظريته المعتمدة على مبدا النفقة المقارنة بوضع نموذج يتكون من قطرين هما انجلترا والبرتغال وسلعتين هما القماش والنبيذ. كما افترض قيمة السلع تتحدد بعدد وحدات العمل اللازمة لإنتاجها (عدد الساعات) وافترض أن هذين القطرين يمكن أن يقوم باستخدام موارده الاقتصادية في إنتاج سلعتين فقط هما الأقمشة والنبيذ.

وبناءً على مبدأ النفقة النسبية فإن كل قطر يميل إلي التخصص في إنتاج السلع يتمتع في إنتاجها بميزة نسبية (أكثر كفاءة نسبياً) تحسب بالتكاليف الحقيقية وأن بتصديرها مقابل استيراد سلع تكون كفاءته النسبية فيها أقل وأن هذا الوضع سوف منفعة متبادلة لجميع الاقطار.

جدول 10: تكلفة إنتاج الوحدة مقدرة بوحدات العمل

القطر	وحدة من الاقمشة	وحدة من النبيذ
إنجلترا	100 ساعة / عمل	120 ساعة / عمل
البرتغال	90 ساعة / عمل	80 ساعة / عمل

يلاحظ من المثال أن البرتغال تتفوق على انجلترا تفوق مطلق في تكلفة إنتاج كلتا السلعتين إلا أن لها ميزة نسبية أفضل في إنتاج النبيذ حيث تنتجه بتكلفة نسبية أقل من

انجلترا. هذا لأن تكلفة إنتاج النبيذ تبلغ 66.66% فقط من تكلفتها في انجلترا. ولكن في نفس الوقت فان تكلفة إنتاج وحدة واحدة من الاقمشة في البرتغال تبلغ 90% من تكلفتها في انجلترا. ولضرورة وجود تبادل سلعي بين الدولتين فمن المفضل أن تتخصص البرتغال في إنتاج النبيذ وتترك لانجلترا التخصص في الاقمشة.

في حالة عدم وجود قيود أو حواجز أمام التبادل التجاري بين القطرين فمن الطبيعي البرتغال تجد مصلحتها في أن تتخصص في إنتاج النبيذ وتستورد الاقمشة من انجلترا. وبالرغم من أن تكلفة إنتاج كل من السلعتين أعلى من تكلفتها في البرتغال إلا أن إنتاج الاقمشة لديها أقل نسبياً حيث أنها سوف تستبدل وحدة الأقمشة التي لها 100 وحدة عمل مقابل وحدة من النبيذ التي تحتاج منها إلى 120 ساعة عمل تكون قد وفرت 20 وحدة عمل. وبالمقابل فان البرتغال أيضاً في حالة تخصصها في النبيذ وتصديره لا نجلترا تكون قد وفرت 10 وحدات عمل.

فروض النظرية

الفروض التي بنيت عليها نظرية ريكاردو في الاتي:

1. يتم التبادل التجاري بين قطرين وفى سلعتين فقط.
2. العمل هو العنصر الوحيد في تكلفة الإنتاج أي أن قيمة السلعة تقدر بعدد وحدات العمل المبذولة في إنتاجها.
3. انتقال العمل داخل القطر بينما لا ينتقل بين الأقطار.
4. العمل متجانس Homogenous أي ذو طبيعة واحدة.
5. إنتاج يخضع لقانون ثبات الغلة (الإيرادات الثابتة) أي الزيادة في الإنتاج لا تترتب عليها زيادة في النفقات.
6. التجارة حرة وخالية من جميع الحواجز.
7. وجود المنافسة الكاملة داخل حدود كل قطر.
8. الاستخدام الكامل (العمالة التامة).

لا توجد تكاليف نقل ولا مصروفات تأمين وغيرها من النفقات التي تضاف إلي تكلفة السلعة.

بإمعان النظر في هذه الفروض نجد أن النظرية تقوم على عدة افتراضات غير صحيحة لأنها استبعدت بعض التغيرات التي تحدث في الحياة العملية. وبالرغم من ذلك فلها أهميتها الكبيرة إذ أنها تعتبر نقطة تحول في تطور نظرية التجارة الدولية وأن ذلك لا يبطل قانون الميزة النسبية. لهذا السبب فقد أخضعت النظرية لأهميتها لبعض التعديل والتنقيح من قبل بعض الاقتصاديين من بينهم جون ستيورت ميل والفريد مارشال وذلك عن طريق ادخال بعض العناصر الهامة مثل النقود وتكاليف النقل والتبادل في اكثر من سلعتين.

شكل 8: توقعات الإنتاج والاستهلاك ومكاسب التجارة

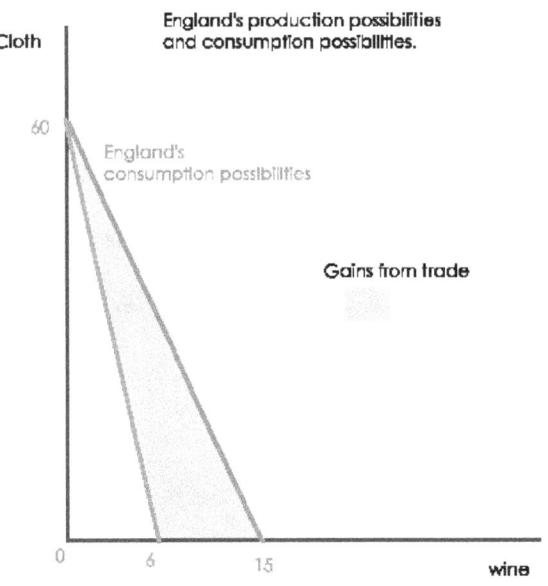

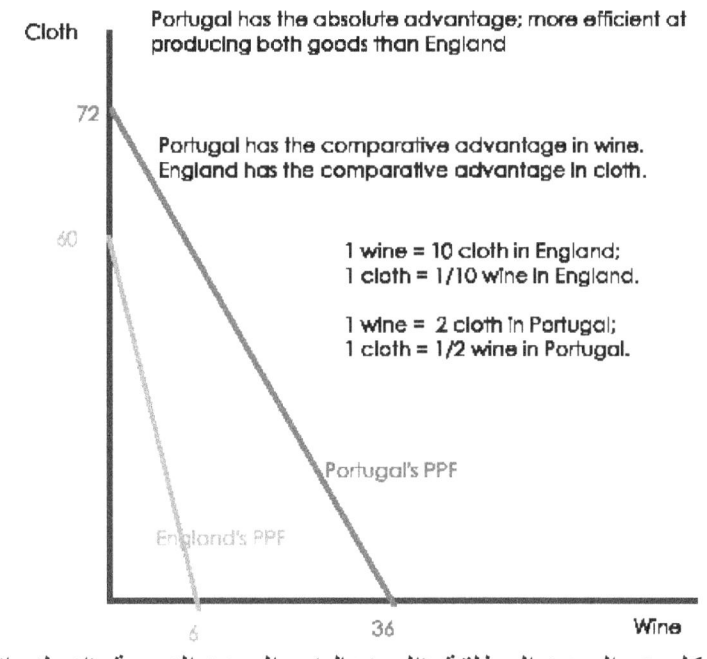

شكل 9: الميزة المطلقة (البرتغال) والميزة النسبية (انجلترا)

18. انتقادات مبدأ الميزة النسبية

أنتقد مبدأ الميزة النسبية لعدد من الأسباب التي تميل بصفة عامة إلى التركيز على فكرة
أن الاقتصاد النامي والتي تتخصص في السلع كثيفة العمالة سوف تجد نفسها محدودة أو
تمنع من تحقيق التحديث الكامل ونعطي استعراضاً موجزاً لبعض الانتقادات الرئيسية ثم
محاولة تقييم صلاحيتها في حالة وجود اقتصاد نام[1].

يتعلق الانتقاد الأول إلى فقدان القدرة التنافسية والحد منها مما يؤدى إلى ديناميكية
التصدير في الاقتصاد والتي تتخصص في السلع كثيفة العمالة[2]. وهذا يرجع إلى حقيقة أن
الدخل ومرونة الطلب السعرية لهذه المنتجات في الأسواق العالمية ضعيفة وهي في حد
ذاتها تتسبب في بطء نمو الصادرات[3]. والحقيقة هي أن الفرضية التي تقوم عليها هذه

---

[1] The concept of comparative advantage belongs to the field of normative economics, and states that a country will benefit if it specializes in the production of goods whose manufacture is intensive in its abundant resources. Thus, in developing countries where the reserve labor force is very large owing to open or disguised unemployment (Myrdal, 1956; Prebisch, 1959), best results can be achieved by specializing in the production of labor-intensive goods.

[2] The elementary idea forms the basis of the principle of comparative advantage. If a country exchanges goods on world markets in such a way that labor-intensive goods are exchanged for capital-intensive goods, then it could specialize in the production of labor-intensive goods and increase average labor intensity.

[3] The distinction between absolute and relative advantages, suppose that an economy can exchange commodities that have equally low capital and labor intensity for commodities that have higher capital and labor intensity. In this case, it has an absolute advantage and it could specialize in the

الانتقادات لم تثبت تجريبيا ومع ذلك حتى لو كانت صحيحة، يجب أن لا يكون مبالغا في تقدير آثارها. في الواقع أن حصة اقتصاديات الدول الكبيرة نسبياً حتى في إجمالي الصادرات العالمية ليست كبيرة. والمكسيك كمثال حيث تمثل مجموع الصادرات الصناعية حوالي 7% من إجمالي واردات الصناعات التحويلية. لذلك حتى لو كان معدل نمو الطلب على السلع كثيفة العمالة في الأسواق العالمية بطيئة، فإن المكسيك لا تزال لديها امكانات كبيرة للمساهمة. من ناحية أخرى، كل من المكسيك وتجربة دول جنوب شرق آسيا يدل على أن المرونة السعرية لصادرات البلدان النامية يمكن أن تكون عالية جدا وأن تحسين القدرة التنافسية يمكن أن يزيد بشكل كبير سعر صادراتها.

الانتقاد الثاني هو أن التخصص في السلع كثيفة العمالة يعني أن مجموع الأجور ستكون مرتفعة، وهذا بدوره يؤدي إلى زيادة الاستهلاك وبالتالي انخفاض الادخار والاستثمار. وهذا يحد من عملية الاستثمار وتراكم رأس المال ويمكن أن يعوق النمو الاقتصادي. ومع ذلك، فإن المشكلة مع هذا النقد هو أنه يبعد عن الهدف من العملية الاقتصادية، وأنها ليست تراكم رأس مال أو حتى الإنتاج، ولكنها تكون بدلا عن ذلك الاستهلاك والعمل. ويمكن تحقيق نمو الاستهلاك والتوظيف، حيث أنه يمكن النمو في الناتج حتي مع وجود مستويات منخفضة نسبيا من الاستثمار. وحتي إذا كانت نسبة رأس المال إلى الناتج منخفضة نسبيا أيضا. هذا صحيحاً إذا كان هناك نمط اقتصادي عالي التخصص. وفي المدى الطويل عندما يتم استنفاذ احتياطي القوى العاملة سيكون مستوى الإنتاج أقل مما لو كانت تعتمد على التخصص في السلع كثيفة رأس المال مع ارتفاع إنتاجية العمل. هذا على افتراض أن فائض العمالة قد تم استيعابها بالفعل. ومع ذلك يمكن تعديل نمط التخصص لصالح إنتاجية العمل العالية، إذا كانت أساليب الإنتاج كثيفة استخدام رأس المال وإنتاجية العمل مرتفعة أيضا. هذه الاستراتيجية يمكن أن تكون أفضل، بحساب أن الاستهلاك يمكن أن ينمو بمعدل أسرع.

ويمكن القول أنه ربما أن المثال أعلاه ليست صحيحة حقا، لأنه عندما يتم اعتماد

---

production of this type of commodities. Such specialization can reduce its average capital-output ratio and, at the same time, increase its average labor productivity. The advantage that comes about, thanks to trade based on this specialization.

التخصص في الإنتاج والتي تفضل في البداية البضائع منخفضة الإنتاجية كثيفة العمالة، ، فإنه سيكون من الصعب أو حتى من المستحيل لتحقيق مستويات عالية من الإنتاجية في المستقبل عندما يتم استخدام القوى العاملة غير مؤهلة. ومع ذلك، لا توجد أسباب مقنعة لماذا يؤدي هذا النمط من التخصص إلى انخفاض دائم في إنتاجية العمل أو معدل نموها. في الواقع، يمكن القول أن العكس هو الأرجح أن يحدث لأن نمط التخصص لصالح السلع كثيفة العمالة يجلب إليها مستويات أعلى من العمالة المنتجة والاستهلاك خلال المراحل الأولي من العملية. هذا الاستهلاك المتزايد قد يكون موجهاً إلى رفع مستويات التعليم بفضل زيادة الإنفاق عليه. وذلك أيضاً بفضل ارتفاع نسبة العمالة المنتجة. ويتم تعزيز تدريب وتأهيل القوى العاملة نتيجة لذلك. ذلك سيكون من الأسهل في المستقبل للاعتماد المتزايد علي التقنسات الحديثة مع ارتفاع إنتاجية العمل أو إنتاج السلع التي هي كثيفة رأس المال.

الانتقاد الثالث لمبدأ الميزة النسبية هو المحافظة علي التخصص في السلع كثيفة العمالة وهذا ما يمكن أن يكون له تأثير سلبي على التقدم التكنولوجي. وهذا الانتقاد قد لا يكون له اساس من الصحة حيث انه تبين أن التخصص في السلع الأولية كثيفة العمالة يولد عمالة أعلي إنتاجاً. ويمكن أن يؤدي ارتفاع الإنفاق على التعليم إلي تحفيز الإنتاج كعوامل تحفيز مباشرة للتقدم التقني. وفي كلتا الحالتين، فإن التقدم التكنولوجي هام ويحسن من إنتاج بعض السلع الأولية. أما بالنسبة للصناعات الثانوية (القطاع الصناعي) فإن توليد التقنية لديها هي عملية تأخذ وقتا ولهذا السبب فمن الضروري البدء في المراحل المبكرة نسبيا من التصنيع.

من الفوائد التي يمكن الحصول عليها باستخدام مبدأ الميزة النسبية. ومع ذلك، فإنه يطالب بعض المرونة من أجل تجنب أن تصبح قاعدة جامدة وغير قابلة للتطبيق. وهذا هو القول، واقتصاد النامية ينبغي استخدام ميزتها النسبية على أفضل وجه. فضلا عن ذلك، ينبغي أن تطوير القطاع الصناعي سوف يمكنها أن تكون في وضع أفضل لتوليد التقدم التكنولوجي. هذا من بداية عملية التصنيع والتي سوف يكون لها تأثير انتشار على تدريب مجموعة أوسع من الصناعات والعمال، وحتى إذا كانت هذه هي الصناعات كثيفة في

استخدام رأس المال.

19.النظرية الحديثة للتجارة الدولية

نظرية وفرة عوامل الإنتاج أو نظرية هكشر – أولين

قدم هذه النظرية الاقتصادي السويدي ايلي هكشر (Eli - Heckscher) وتلميذه برتل أولين (Bertel - Ohlin) لشرح أساس التجارة الدولية وذلك بالاعتماد على الوفرة من عناصر الإنتاج. وقد ذهبت النظرية الكلاسيكية إلي أن أساس قيام التجارة الدولية يرجع إلي الاختلاف في النفقات المقارنة ولكنها في نفس الوقت لم تقدم شرحاً للاسباب وراء هذا الاختلاف. حاولت نظرية هكشر–أولين شرح أسباب التفاوت بين الدول في النفقات النسبية وهذا ما يميز هذه النظرية على نظرية ريكاردو.

نلاحظ التالي من النظرية:

1. هناك تفاوت في المتوفر من عناصر الإنتاج وركزت النظرية على عنصري العمل ورأس المال فقط لأن الأقطار المختلفة تمتلك مقادير مختلفة من عناصر الإنتاج.

2. إن كثافة عوامل الإنتاج تختلف من سلعة إلي أخرى أي أن إنتاج السلع يتطلب إستخدام عناصر الإنتاج بدرجات متفاوته من الكثافة (Intensity).

مما يجدر ذكره أن عناصر الإنتاج تعتبر متوفرة أو نادرة بالمقدار النسبي (Relative) ليس بالمقدار المطلق (Absolute) وهذا يدل على أن أحد عناصر الإنتاج يعد وافراً بالمقياس إلي المقدار من العناصر الأخرى.

لنفرض أن القطر (أ) له:

من عنصر العمل	20 وحدة	
ومن عنصر رأس المال	18 وحدة	
نسبة رأس المال / العمل	0.9	

لنفرض أن القطر (ب) له:

من عنصر العمل	10 وحدات	
ومن عنصر رأس المال	15 وحدة	
نسبة رأس المال / العمل	1.5	

من المثال أعلاه يتضح أن القطر (أ) بالرغم من أنه يمتلك من عنصر رأس المال بالأرقام

المطلقة أكبر مما يمتلكه القطر (ب) يعتبر أغني في رأس المال من القطر (أ) لان نسبة رأس المال / العمل في القطر (ب) والتي تبلغ 1.5 هي أكبر من النسبة لوجوده في القطر (أ) والبالغة 0.9.

شكل 10: نموذج هكشر-أولين

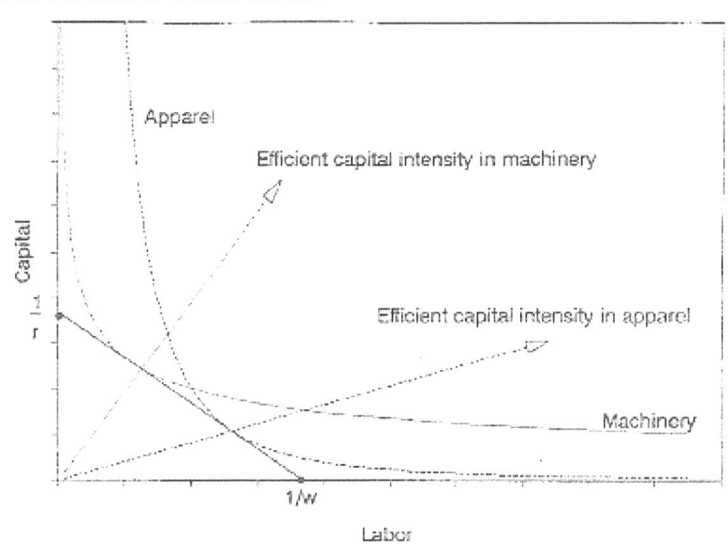

The Hecksher-Ohlin model

تنص نظرية هكشر- أولين علي أن القطر يتخصص في إنتاج وتصدير السلع التي تتوفر عناصرها في الدخل بصورة أكثر نسبياً. وعليه فان القطر الذي لديه وفرة في عنصر العمل سوف يتخصص في إنتاج وتصدير السلع كثيفة العمل (Intensive-Labor) بينما القطر الذي يتمتع بوفرة في عنصر رأس المال سوف ينتج ويصدر سلعاً كثيفة رأس المال (Capital - Intensive).

عموماً فإن النظرية الحديثة تتفوق على نظرية ريكاردو بشروحها للأسباب التي تسبب في وجود الاختلاف في تكلفة الإنتاج على أساس الفروق في توفر عناصر الإنتاج[1].

تعرضت نظرية هكشر- أولين للنقد بسبب ما اشتملت عليه من افتراضات خاطئة عن سابقتها النظرية الكلاسيكية. ومن بين هذه الافتراضات التركيز على عنصري العمل ورأس المال وإهمال بقية العناصر الأخرى التي تدخل في تكلفة الإنتاج، وعدم قابلية

[1] The neoclassical theory of international trade belongs to the domain of positive economics, and it maintains that in a free trade economy with no government interference, market forces will, on the one hand, safeguard that the economy will produce as much as is allowed by its productive possibility frontier, and, on the other, direct production and resources, as well as trade, in accordance with comparative advantage.

انتقال عناصر الإنتاج بين القطرين اللذين يتم التبادل بينهما والتماثل في نوعية عناصر الإنتاج في الاساليب الفنية للإنتاج في القطرين فضلاً عن الاستخدام الكامل لعوامل الإنتاج.

20.النظرية الكلاسيكية الحديثة للتجارة

سوف نناقش الجانب الإيجابي لمبدأ الميزة النسبية، وبشكل أكثر تحديدا النظرية الكلاسيكية الجديدة للتجارة الدولية HSO، والتي يتجسد معظمها في نموذج هيكشر-أولين ويضاف إليهما ساموليسون. استنتاج لهذا النموذج هو أن البلدان سوف تصدر السلع التي لها ميزة نسبية فيها ومواردها وفيرة، واستيراد السلع كثيفة في الموارد الشحيحة. استنتاج آخر وهو أن الموارد الإنتاجية سيتم الاستفادة منها بالكامل. من المسلم به أنه عندما تفكك اقتصاد الحواجز أمام التجارة، قد تظهر العقبات التي تتسبب في ركود بعض الموارد ولكن عاجلا وليس آجلا، سيتم التغلب على هذه العقبات وسيتم بعد ذلك استيعاب تلك الموارد بصورة إنتاجية.

يجب علينا أولا مراجعة بعض البحوث التجريبية على النتائج التي تحققت عن هذه النظرية، وفصل اثنين من الفرضيات المختلفة المعنية. من ناحية أخري. يضمن في ذلك أن تحرير التجارة سينتج عنه استخدام الموارد بشكل كامل وحتي ما إذا لم يتم تعزيز النمو الاقتصادي بفضل تحرير التجارة اتفاقاً مع الميزة النسبية.

قام ليونتيف بأبحاثه بالنسبة للولايات المتحدة، والتي أدت إلى متناقضة ليونتيف حيث وجد أن في الولايات المتحدة الأمريكية أن نسبة العمل إلي نسبة رأس المال أكبر في الصادرات. والكثير من البحوث التجريبية أجريت لاختبار إذا تداول البلدان وفقا لميزة نسبية كانت النتائج غير حاسمة. ولكن ماذا إذا كان أو لم يكن ذلك أكثر انسجاما مع الميزة النسبية الخاصة بهم بعد تحرير التجارة. الإجابة سلبية في حالة المكسيك حيث لم يعقب انفتاح الاقتصاد المكسيكي للتجارة الخارجية بين عامي 1985 و1987 تغيير في التجارة ولم يكن أكثر انسجاما مع الميزة النسبية. يجب علينا مراجعة النتائج المتعلقة أثر تحرير التجارة على نمو الناتج المحلي الإجمالي. في عينة من 73 من البلدان النامية استخدما مؤشرات مختلفة من التحرير وشملت إلى جانب مؤشر الانفتاح التجاري، الناتج

المحلي الإجمالي الأولي، والتعليم ونسبة الاستثمار والنمو السكاني وهي مؤثرة علي تحديد أنماط عبر البلاد للنمو. لم يوجد تأثير لتحرير التجارة رغم أنها تؤثر بشكل إيجابي في نمو الناتج المحلي الإجمالي الحقيقي للفرد الواحد. يتناقض ذلك مع تحليل آخر في بلدان متعددة خلال الفترة 1970-1997 حيث وجد أن القيود التجارية كان لها أثر إيجابي وذات دلالة إحصائية على النمو الاقتصادي في البلدان النامية.

خلصت دراسات أخري أن استخدام معدل نمو الناتج كمتغير تابع، ومؤشر إصلاح التجارة والتضخم والعمل كمتغيرات مستقلة إن كان إصلاح التجارة له تأثير إيجابي على متوسط معدل النمو. هذا سواء بشكل مباشر أو غير مباشر من خلال تأثيرها على الاستثمار أو على إنتاجية العمل. ومع ذلك لا يمكن أن يؤخذ على أنه استدلال قاطع لأنه لا يوجد تحكم في العوامل الأخرى التي قد يكون لها تأثير على النمو الاقتصادي.

علي أنه في دراسات أخري تم استنتاج أن تحرير التجارة والانفتاح على الواردات تميل إلى أن تؤثر سلبا على معدل النمو. إلا أن الأثر السلبي للإصلاحات التجارية على النمو لا يختلف كثيرا عن الصفر وليس قوي مع وجود تأثير كبير وسلبي. هذا يؤدي إلى استنتاج مفاده أن المقترحات الرئيسية لنموذج هيكشر اولين قد تكون أو لا تكون واقعية وأن هذا الأخير هو سيناريو الأكثر احتمالا للاقتصاديات النامية. والاستنتاج أنه يمكن تحقيق أمثلية باريتو Pareto Optimality بافتراض أن الموارد ستستخدم بالكامل، لم تعد صالحة. هذا لأن البلاد التي لا تتاجر بالضرورة وفقا لمزاياها النسبية[1].

---

[1] Pareto efficiency, or Pareto optimality, is a state of allocation of <u>resources</u> in which it is impossible to make any one individual better off without making at least one individual worse off. The term is named after <u>Vilfredo Pareto</u>, an Italian economist who used the concept in his studies of <u>economic efficiency</u> and <u>income distribution</u>. The concept has applications in academic fields such as <u>economics</u> and <u>engineering</u>.

Given an initial allocation of <u>goods</u> among a set of <u>individuals</u>, a change to a different allocation that makes at least one individual <u>better off</u> without making any other individual worse off is called a Pareto improvement. An allocation is defined as Pareto efficient or Pareto optimal when no further Pareto improvements can be made. For example, suppose there are two consumers A & B and only one resource X. Suppose X is equal to 20. Pareto efficiency is a minimal notion of efficiency and does not necessarily result in a socially desirable distribution of resources: it makes no statement about equality, or the overall well-being of a society. The notion of Pareto efficiency can also be applied to the selection of alternatives in engineering and similar fields. Each option is first assessed under multiple criteria and then a subset of options is identified with the property that no other option can categorically outperform any of its members.

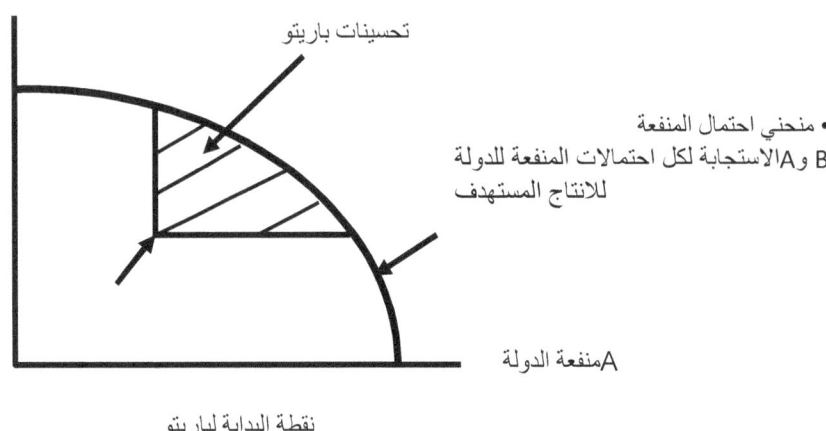

شكل11: منحني باريتو لمنفعة دولتين في إنتاج سلعي

عند زوال الحواجز التي كانت مغلقة سابقا، والتي انفتحت على الواردات، وذلك بفضل إلغاء الرسوم الجمركية وغيرها من الحواجز التجارية. في هذه الحالة، فإن أسعار السلع في السوق المحلية تكون هي نفسها كما هو الحال في الأسواق الدولية. الانفتاح الاقتصادي له آثار علي تخفيض أسعار السلع الأساسية، نظرا لأن السلع المنتجة محليا يجب أن تتنافس مع الواردات. وبفضل الانفتاح وتغير منظومة الأسعار والربحية الخاصة بكل السلع تصبح عرضة للمنافسة العالمية. ومع الميزة النسبية تنخفض الأسعار مقارنة مع التكاليف، مما يؤدي إلى زيادة في الربحية. العكس ينطبق على السلع التي لا تتمتع البلاد لها بميزة نسبية. فإذا كانت الموارد غير متوفرة فإن الإنتاج المحلي يكون ضعيفاً وينخفض السعر والربحية. يرتبط ذلك أيضا بالطلب الكلي Aggregate Demand والعرض الكلي Aggregate Supply. والاثنين لهما أثر علي حركة الدورة الاقتصادية ويتمثلان في نموذج اقتصادي هام.

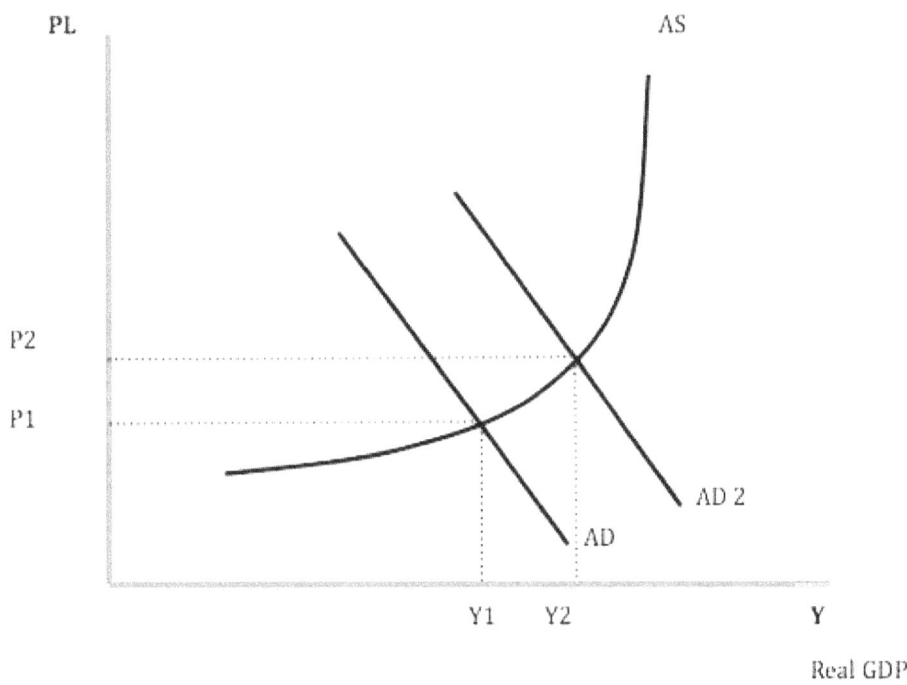

شكل 12: أثر الدخل المحلي الحقيقي علي الطلب والعرض الكلي علي الأسعار

هذا من شأنه أن يؤدي إلى توفر بعض عوامل الإنتاج والتحول للإنتاج في تخصصات أخري بميزة نسبية وتكون الأسعار أقل من الأسعار الدولية مع ضمان وفرة الطلب. وفقا لذلك، فإن الواردات تنخفض ويزيد حجم الصادرات. وتتحرك الإنتاجية لإمكانية الإنتاج وهذا من شأنه أن يتخطي أي احتمالات لحدوث الكساد Stagnation. وتكون هناك فوائد من حيث زيادة كفاءة الإنتاج الاقتصادي. كما يمكن أن يؤدي إلي تكافؤ الأسعار الخاصة والاجتماعية والربحية وهو أمراً أساسياً في النظرية الكلاسيكية الجديدة للتجارة الدولية والنظرية الاقتصادية الكلاسيكية الجديدة. وسوف نركز على عاملين اثنين منهم وهما المرونة العالية في الطلب والمرونة العالية في العرض. نظرية التوازن الاقتصادي لا تأخذ ذلك في الاعتبار، أو يأخذ كأمر مفروغ منه بالنسبة لعناصر معينة من كل من الطلب والعرض. لكن هذا النهج قد يؤدي إلى استنتاجات مضللة.

لنفترض أولا أن فتح الاقتصاد للواردات يجلب انخفاض في أسعار بعض السلع الأساسية، مما يؤدي إلى انخفاض في الإنتاج. ونحن نفترض أن المزيد من عوامل الإنتاج قادرة

على الحركة، ولكن دخلها أقل مرونة. وهذا لن يشكل المشكلة الرئيسية ومع ذلك، فقد يحدث ذلك الانخفاض في الدخل. هذا يتسبب في انخفاض الإنتاج الناجم عن الانفتاح على الواردات ويتسبب أيضاً في انخفاض في الطلب المحلي. هذا ما لم تكن هناك زيادة في الطلب الخارجي للتعويض عن ذلك وما يرافقه من انخفاض في الطلب المحلي. وبالتالي ستكون النتيجة النهائية انخفاض الإنتاج وكذلك انخفاض معدل استخدام الموارد المتوفرة.

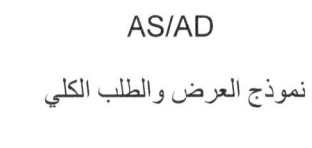

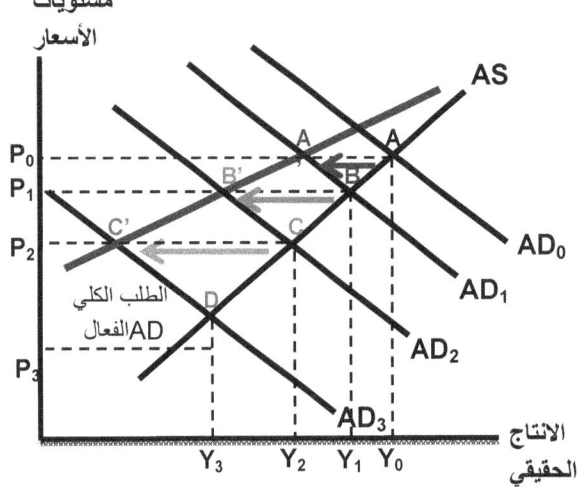

AS/AD

نموذج العرض والطلب الكلي

شكل 13: نموذج العرض والطلب الكلي وانخفاض الإنتاج

من ناحية أخرى، نفترض أن الطلب له سعر غير مرن، وكذلك العرض غير مرن وهذا يمكن أن يكون نتيجة لعوامل كثيرة، على سبيل المثال الركود الاقتصادي أو المعلومات غير المتماثلة. وعلى سبيل المثال نفترض أن ذلك يساعد في تحسين القدرة التنافسية والأرباح في بعض الصناعات. ينجم ذلك عن تحرير التجارة وهذا أمراً معروفاً للمنتجين ولكن ليس للمصارف. في هذه الحالة، لن تكون المنشآت الاقتصادية في القطاعات ذات الميزة النسبية قادرة على الحصول على التمويل اللازم ولا علي زيادة الإنتاج. وفقا لذلك سيتم توجيه الموارد إلي قطاعات أخري دون ميزة نسبية. علي أنه لن يكون هناك طلب علي القطاعات ذات الإنتاج الذي له ميزة نسبية، وسوف تبقى بعض الموارد غير

مستخدمة، ولن تتحقق الاستفادة الكاملة من الميزة النسبية لأن العرض لن يكون قادراً على الاستجابة إلى الزيادة المحتملة في الأرباح.

في الحالتين يمكن استنتاج أن مرونة سعر العرض والطلب يجب أن تكون عالية لضمان أن تحرير التجارة يحقق الاستفادة الكاملة من الموارد. عندما تكون هذه الشروط غائبة وينفتح الاقتصاد أمام التجارة الخارجية سنجد عقبات للتحرك على طول حدود إمكانية الإنتاج. قد يكون هذا هو الحال الذي يقع فيه الإنتاج دون تحقيق إمكانية الإنتاج ولن تتم الاستفادة من الموارد المتاحة بالكامل، وهذا لن يحقق أمثلية باريتو Pareto Optimality.

ولنفترض أن مرونة الطلب مرتفعة، بحيث يتوسع الطلب الكلي بسبب تحرير التجارة، ولكن مرونة العرض منخفضة. هذا معناه أن سياسة التحرير ستجلب عدم تطابق بين العرض والطلب وسوف تظهر عجزا تجاريا. هذا يتسبب في انكماش الطلب المحلي والإنتاج Contractionary Demand and Production.

أحياناً يتقبل أنصار تحرير التجارة أنها يمكن أن تسفر عن انخفاض في الإنتاج، وذلك بسبب وجود بعض الشركات المحلية الأقل كفاءة وعدم القدرة على مواجهة المنافسة الأجنبية، أو بسبب انخفاض المرونة علي طلب السلع المستوردة. لكنهم يعتقدون أيضاً أن ذلك قصير الأجل مع التوسع في الصناعات وكفاءة الطلب الخارجي، وبالتالي فإن ذلك ينسحب علي الطلب المحلي والكلي وتوظيف الموارد المفرج عنها من شركات أقل كفاءة، حتى مع رفع القيود الخارجية. ومع ذلك فإذا انخفض الإنتاج على المدى القصير، تنخفض الأرباح، وستقل درجة استفادة القدرة الإنتاجية. وبالتالي لن يتم تحفيز المنشآت الاقتصادية على توسيع طاقتها الإنتاجية مع استثمارات جديدة ولن يحدث انتعاش اقتصادي.

وقد تسهم مرونة السعر وعدم كفاية العرض والطلب أيضا في فهم السبب في أن البلاد التي تقلل بشكل كبير من التعريفات الجمركية وتزيل القيود غير الجمركية على التجارة لا تتخصص بالضرورة وفقا لميزة نسبية. قد يكون ذلك بسبب أن الطلب ومرونة العرض أعلى في السلع كثيفة العمالة كثيفة رأس المال. ولكن المشكلة هي أن الموارد لا تستخدم

بطريقة أكثر كفاءة بسبب التكلفة مما يؤدي إلي ترك الموارد عاطلة.

يظهر التحليل أعلاه أن البلدان النامية يمكن أن تستفيد من التخصص في الإنتاج والتجارة وفقا لمزاياها النسبية. وينبغي أن يتم ذلك بوسيلة مرنة مع الأخذ بعين الاعتبار أثر عوامل التقنية للصناعات المختلفة. ولابد أن يكون التخصص وفقا لميزة نسبية تسمح دولة للحد من متوسط نسبة رأس المال إلى الناتج. هذا يفتح المجال لإمكانية ارتفاع معدل نمو الناتج عند معدل معين من الاستثمار. علي أنه بدلا من ذلك يتم التخصص في السلع كثيفة العمالة التي تتطلب قدراً أقل من الاستثمار، وهذا يؤدي إلى ارتفاع معدل نمو الاستهلاك لمعدل معين من نمو الناتج. في كلتا الحالتين، يفضل زيادة فرص العمل والاستهلاك في المدى القصير. ومن أجل تحقيق هذه الآثار الإيجابية ونمو العمالة يجب أن يكون الإنتاج مرتفع. ولكن هذا تكلفة كبيرة لأي لاقتصاد نامي مع وجود فائض كبير من العمال العاطلين عن العمل.

تجدر الإشارة إلى أن الدول التي نمت بشكل أسرع خلال فترة ما بعد الحرب تخصصت وفقاً لميزاتها النسبية. هذا هو الحال في دول جنوب شرق آسيا واليابان بشكل خاص. ونمط التخصص في البداية يحبذ الصناعات كثيفة العمالة خاصة في العمالة غير الماهرة تتغير إلي الصناعات كثيفة رأس المال. وتنعكس هذه الاستراتيجية بشكل جيد علي هيكل تجارتها الخارجية.. وتطور هيكل صادرات السلع المصنعة الكورية يظهر أنه في المرحلة الأولي تم ترقية تصدير السلع كثيفة العمالة التي يمكن أن تكون عمالة غير ماهرة إلي يد عاملة مؤهلة. في عام 1971 ساهمت هذه السلع بنسبة 58٪ من الصادرات موزعة ب 45.8 ٪ من العمالة غير الماهرة و17% من العمالة الماهرة. ولكن تطور التعليم والتدريب رفع هذه النسبة تدريجياً حتي قلت العمالة غير الماهرة إلي أعداد بسيطة. ولذلك فإن السياسة العامة لتحرير التجارة بشكل كبير تذهب إلى أبعد من نظرية الميزة النسبية، لأنه يفترض ضمنا أنه في اقتصاد تنافسي تعمل بحرية لا يعوقها تدخل الحكومة وفقاً لإشارات السوق لضمان الاستفادة الكاملة من الموارد. ومن ناحية أخرى يعزز ذلك الإنتاج المباشر والاستثمار وفقا لميزات النسبية. ومع ذلك لا تظهر الدراسات التجريبية على الاقتصاديات النامية نتائج لدعم هذا الاستنتاج.

من خلال استعراض منطق نموذج هيكشر-اولين نجد أنه في ظل اقتصاد تحكمه المنافسة الحرة ودون تدخل حكومي ومع سيادة آلية السوق قد لا يكون ذلك كافياً في حد ذاته لتوفير الحوافز اللازمة للمنتجين حتى يتمكنوا من الاستفادة الكاملة من الموارد للإنتاج والتجارة وفقا لميزة نسبية. ولا يمكن للبلاد النامية الاعتماد حصراً على قوى السوق أو التغيير في نمط التخصص لتسريع الطلب على العمالة. وبالتالي فإن امتصاص البطالة يتطلب تدخل الدولة بسياسات حاسمة. وهذا يعود لوجود ما يسمى بالتشوهات الداخلية Indigenous Deformities وتكون هناك ضرورة للتدخل الحكومي من خلال الضرائب والإعانات. ويجب أن يحدث هذا في حال سيطرة التشوهات الداخلية علي منظومة الإنتاج كما يظهر في النظرية الكلاسيكية الجديدة بشكل التدخل الأمثل.

21. متناقضة ليونتيف

من ضمن الدراسات التي أجريت للوقوف على مدى صحة النظرية على الصعيد العملي الدراسة التفصيلية التي قام بها الاقتصادي فاسيلي ليونتيف. قام ليونتيف بدراسته لهيكل التجارة الخارجية للولايات المتحدة الأمريكية في الاربعينيات للتاكد من صحة النظرية. وفقاً لما جاء في نظرية هكشر- أولين تقوم كل دولة بإنتاج وتصدير السلع التي تستخدم بدرجة أكبر عنصر الإنتاج المتوفر لديها نسبياً وأن تستورد السلع التي تستخدم بدرجة أكبر العنصر النادر لديها نسبياً.

الدولة	صادرات منخفضة التقنية		صادرات متوسطة التقنية		صادرات عالية التقنية	
الفترة	1980	1999	1980	1999	1980	1999
الولايات المتحدة	---	15	---	34	---	32
اليابان	16	8	59	51	14	30
فرنسا	17	14	36	37	11	22
بريطانيا	12	11	33	33	15	29
المانيا	16	13	48	46	12	18
جمهورية كوريا	47	18	25	34	10	33
مالطا	----	19	----	11	----	61
سنغافورة	8	7	18	17	14	58
هونغ كونغ	63	56.2	22	10	9	24
بحرين	----	4	----	5	----	0

3	0	16	10	52	20	تونس
0	0	1	2	6	4	سوريا
2	----	7	----	24	----	مصر
0	0	12	3	22	11	مغرب
21	10	38	37	14	17	OECD
1	----	7	----	10	----	الدول العربية
22	10	37	36	13	17	تنمية بشرية عالية
19	----	19	----	21	----	تنمية بشرية متوسطة
----	----	----	----	----	----	تنمية بشرية منخفضة

جدول 11: الاهمية النسبية للسلع ذات التقنية المنخفضة والمتوسطة والعالية

من المعروف أن أمريكا قطر يتمتع بوفرة نسبية في رأس المال حيث تبلغ نسبة رأس المال/العمل أعلى نسبياً من باقي الدول فمن الطبيعي أن تقوم أمريكا بتصدير السلع التي تستخدم نسبة مرتفعة من رأس المال وأن تستورد السلع التي تحتاج إلي نسبة مرتفعة من العمل ولكن النتيجة التي توصل إليها ليونتيف كانت على عكس ماهو متوقع حيث أوضحت الدراسة أن أمريكا كانت تصدر بالفعل سلعاً كثيفة العمل وتستورد السلع كثيفة رأس المال وهذه النتيجة تعرف بمتناقضة ليونتيف Leontief Paradox.

حاول ليونتيف تفسيراً لهذه النتيجة المتناقصة ظاهرياً، وقد ذكر أن العمل وان كان صغيرة الحجم عددياً فان العرض الفعال من العمل يعتبر أكبر نسبياً بسبب نوعية العمل وكفاءة العامل الأمريكي حيث أن إنتاجية العامل الأمريكي تصل إلي ثلاثة أضعاف غيره من العمال في البلاد الأخرى. بذلك فإن أمريكا بلد يتمتع بوفرة نسبياً في عنصر العمل وهذا ما لا يتعارض أو يتناقض مع النتائج التي توصل إليها كما أشار إلي أن دراسته لم تشتمل على بعض العوامل التي تحدد الطاقة الإنتاجية للقطر من موارد طبيعية.

من النقد الذي وجه لدراسة ليونتيف أنه ليس من الضروري أن تقــوم الدولــة بتــصدير السلعة التي تستخدم العنصر المتوفر لديها اذا كان الطلب في السوق الداخلي كبير بالنسبة لهذا النوع من السلع.

22. السياسة التجارية Trade Policy

السياسة التجارية هي إحدى أقسام السياسة الاقتصادية العامة للدولة وهـي عبــارة عــن الوسائل أو الإجراءات التي تقوم بها الدولة في مجال تجارتها الخارجية بقــصد تحقيق

أهداف معينة لخدمة مصالحها الوطنية وتنمية اقتصادها القومي خلال فترة زمنية معينة.

تنقسم السياسة التجارية إلي قسمين رئيسين هما:

أولاً: سياسة حرية التجارة (Free Trade Policy):

تعني أن تكون التجارة خالية من جميع الحواجز والقيود الاصطناعية أي عدم تدخل الدولة في العلاقات التجارية الدولية.

ثانياً: سياسة الحماية Protectionism:

أي التجارة المقيدة أو حماية الإنتاج المحلى من المنافسة الخارجية.

ولكل من هاتين السياستين أنصار ولهم حجج مؤيدة لوجهة نظرهم وفيمــا يلــي ســوف نستعرض حجج كل من مؤيدي التجارة الحرة ومؤيدي التجارة المقيدة.

هناك حجج مؤيدة لحرية التجارة نوردها في التالي:

1. تؤدي التجارة الحرة إلي استخدام الأساليب الاقتصادية على أفضل وجه لأنهــا تتــيح للدول الاستفادة من مزايا التخصص لإنتاج السلع التي تلائــم ظروفهــا وأوضــاعها المحلية واستيراد السلع التي لا تستطيع إنتاجها في الداخل أو إنتاجها بتكلفة نسبية غير ملائمة.

شكل 14: تصنيف أدوات السياسات التجارية

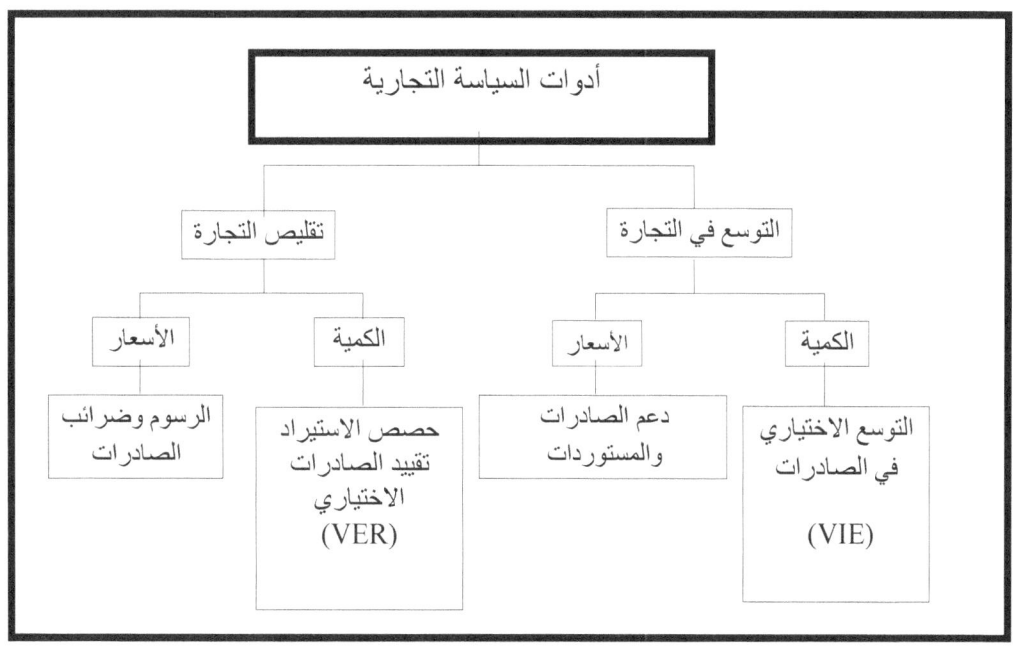

2. توفر التجارة الحرة للمستهلك فرصة الحصول على أصناف جيدة وبأسعار رخيـصة نسبياً.

3. تساعد التجارة الحرة على الحد من الاحتكارات الداخلية وبالتالي تحرير المستهلك من الاستغلال.

4. التجارة الحرة تعمل على محاربة الفساد الذي قد يسود في ظل اتجاه الحماية.

5. المنافسة التي توفرها حرية التجارة تؤدي إلي التشجيع على استخدام وسائل الإنتـاج الحديثة وزيادة الإنتاج.

شكل 15: تدفقات رأس المال من الدول المتخلفة للدول المتقدمة

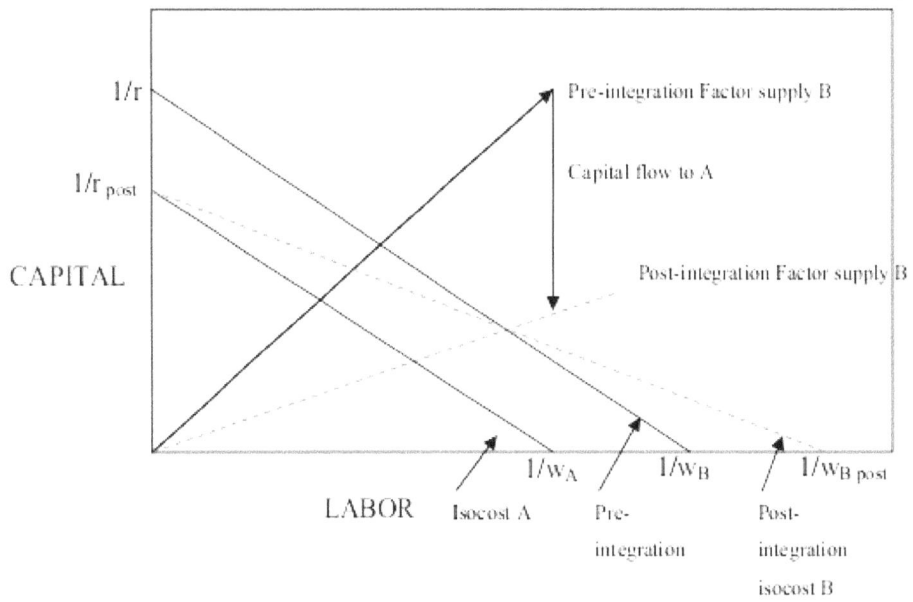

Flows of capital from a backward country (B) to an advanced country (A)

تساعد التجارة الحرة على التوسع في الأسواق مما يساعد على القضاء على مشكلة ضيق السوق المحلى وانخفاض الطلب على الإنتاج المحلى مما يؤدي بدوره إلي أن تعمل الصناعات الوطنية بطاقتها القصوى.

أما الحجج المؤيدة لتقييد التجارة الدولية فهي:

أن بالرغم من مزايا حرية التجارة التي سبقت الإشارة إليها أعلاه إلا أن بعض الحكومات تلجأ إلي اتخاذ بعض الإجراءات الكفيلة بحماية اقتصادها القومي وذلك عن طريق وسائل محددة وأكثر الحجج إنتشاراً تمثل في الآتي:

1. حجة حماية الصناعة الناشئة (الوليدة) Infant Industry Argument، هذه الحجة نادي بها الكاتب الألماني ليست (List) عام 1841م وقبله الاقتصادى الأمريكي هاملتون 1791م. تتلخص هذه النظرية في أنه إذا رغبت دولة ما إقامة صناعة جديدة لها فيما ميزة نسبية فعليها حماية هذه الصناعة الناشئة حتي تستطيع البقاء والصمود في وجه الصناعات الأجنبية التي سبقتها في الإنتاج الصناعي. هذا مع الأخذ في الاعتبار أن الصناعات الأجنبية تكتسب خبرة في النواحي الإدارية والتمويلية والتسويقية بجانب تحقيق وفورات داخلية وخارجية. وعليه فان المنافسة بين الصناعة الوطنية النامية والصناعات الراسخة تصبح غير متكافئة وقد تفضى إلي خروجها من السوق. ولا تتمكن الدولة من اقامة صناعة جديدة لها فرص النجاح إلا إذا ما وجدت الحماية.

شكل 16: تدفقات رأس المال من الدول المتقدمة للدول المتخلفة

Flows of capital from an advanced country (A) to a backward country (B)

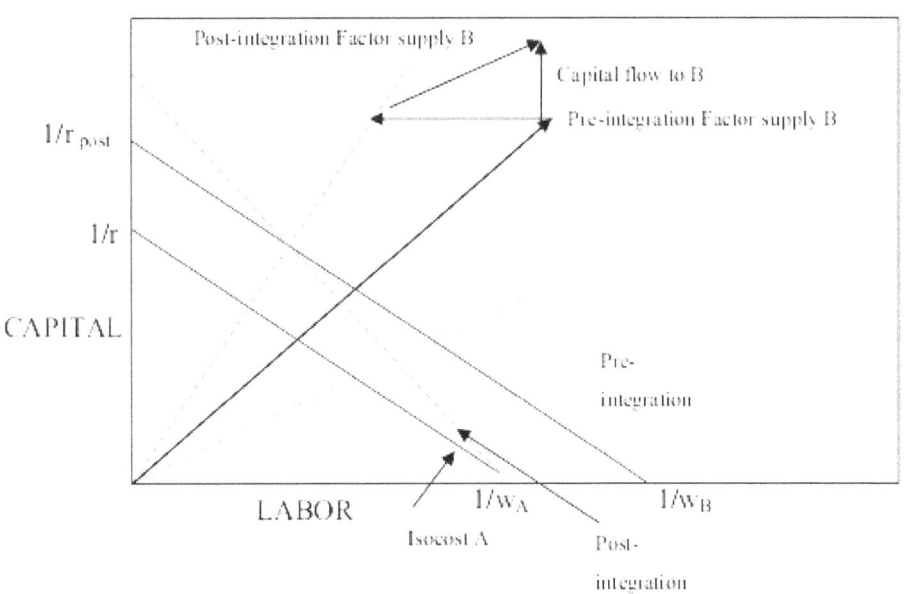

ليس بالضرورة أن تكون هذه الحماية بصورة مستمرة أو دائمة بل يجب أن تقتصر على فترة زمنية معينة. وبذلك تعتبر الحماية مؤقتة ومتناقصة ليكون ذلك حافزاً للصناعة في الاسراع بتحسين مركزها التنافسي بمراعاة جودة ونوعية الإنتاج وتخفيض تكاليف الإنتاج. وهذا أيضا يكون مانعاً من الوصول إلي أن تكون صناعة احتكارية.

2. تنويع الإنتاج (Diversification): حيث انه من الضروري أن يكون لكل قطر هيكل صناعي متنوع حتي يكون في مقدوره تفادي المخاطر التي قد تنجم من وقت لاخر في الدخول في هيكل صناعى محدود. هذا بالإضافة إلي العمل علي تقليل الاعتماد الكبير على الدول الخارجية واضعين في الاعتبار احتمال التغير في الظروف الاقتصادية الدولية والتقلبات الخارجية مما ينعكس سلباً على الاقتصاديات الوطنية. عليه فإن تنويع وتوسيع الهيكل الصناعي يعتبر ضرورياً للمحافظة على الاستقرار الاقتصادي مع منح الحماية اللازمة.

3. الاستخدام الأفضل للعمالة وزيادة مستوى التشتغيل والتوظيف: البطالة من المشاكل التي تعاني منها غالبية الدول ومن أجل معالجة ظاهرة البطالة تسعى الدول إلي زيادة النشاط الاقتصادي وتوسيع فرص الاستخدام لاستيعاب المزيد من العمالة ولاسيما في الدول ذات الكثافة السكانية العالية ومن الإجراءات التي تتخذها الدول لتحقيق هذا الهدف فرض رسوم جمركية على السلع الأجنبية مما يؤدي إلي زيادة الطلب على الإنتاج المحلي وقيام صناعات جديدة تستخدم المزيد من الايدي العاملة.

4. تحسين وضع ميزان المدفوعات: حيث نجد أن غالبية الدول النامية تعاني من عجز في موازين مدفوعاتها نتيجة النقص الشديد في مواردها من العملات الأجنبية. ويصبح من الضروري التحكم في الموارد المحدودة من العملات الأجنبية عن طريق ترشيد الاستيراد من أجل تخصيص هذه الموارد لاستيراد ما هو ضروري والحد من الاستهلاك المظهري وتشجيع الاستثمار من أجل التصدير لتحسين وضع ميزان المدفوعات.

5. مقاومة الاغراق (Anti-Dumping) يمكننا تعريف الإغراق بطريقتين:

a. الطريقة الأولى: على أساس السعر حيث يتم بيع السلعة في السوق الأجنبي بسعر أقل من سعر بيعها في السوق المحلي.

b. الطريقة الثانية: على أساس التكلفة والتي وفقاً لها ينصرف مفهوم الاغراق في بيع السلع في السوق الخارجي بسعر يقل عن تكلفة إنتاجها. وقد أخذت الاتفاقية العامة للتعريفات الجمركية والتجارة (الجات) بالتعريف الأول: الاغراق يعنــي

إغراق السوق المحلي بالمنتجات الأجنبية المنافسة للإنتاج المحلي بمــا يعنــي إلحاق الضرر بالصناعة المحلية. في بداية الامر قد تحصل الدولة على ســلع بأسعار منخفضة تكون من مصلحة المستهلك فــي المــدى القــصير. إلا أن الإغراق قد يخلق احتكار أجنبية بمرور الزمن في السوق المحلي. مــن أجــل تفادي الأضرار الناجمة عن سياسة الإغراق تقوم الدول بفرض رسوم جمركية على السلع الأجنبية حماية لصناعتها المحلية وهذا ما يعرف عــادة بمقاومــة الإغراق.

6. الموارد العامة: تلجأ الدول إلي فرض رسوم جمركية بصفة عامة على كافة أنواع الواردات. وهي وسيلة أو أداة للمساومة حيث تقوم بعد ذلك في الدخول في مفاوضات مع أخرى بغرض الوصول إلي اتفاقيات تجارية تتضمن اجراء تخفيضات متبادلة في الجمركية.

7. حماية الصناعات الأساسية والاستراتيجية: Key and strategic Industry Argument: من المعلوم أن تنمية وتطور الاقتصاد القومي يعتمد إلي حد كبير على وجود الصناعات. هذا باعتبارها من العوامل الرئيسة لتنمية بقية الصناعات حيث توفر لها الإمدادات وعوامل الإنتاج. وعلى هذا الأساس يجب على الدولة أن تقيم لنفسها هذا النوع من الصناعات حتي تخضع لإرادة الموردين الأجانب فضلاً عن تنشيط التجديد والتطوير (R and D). بالإضافة إلي ذلك هناك بعض الصناعات التي ينبغي أن تنشأ في الداخل لأغراض استراتيجية تتعلق بمستلزمات أمن المجتمع في أبعاده المختلفة، اقتصادية غذائية. هذا بدلاً من الاعتماد على الخارج في هذا المجال الهام.

8. الحصول على إيرادات حكومية: حيث أن فرض رسوم جمركية يتم دعم إيرادات خزانة الدولة وبالتالي توفير التمويل للإنفاق العام.

حجج فرض الحماية وتقييد التجارة الدولية

حجج تقييد التجارة الدولية تولد حجج أخري كالآتي:

1. الحفاظ على النقود داخل البلد بمعنى أنه عندما يتم شراء السلع من الخارج يتحصل على السلع ويتحصل المصدر لهذه السلع على النقود بينما في حالة شراء السلع محلياً يحصل البلد على السلع والنقود معاً. ولكن في حقيقة الأمر أن الاستيراد تسدد قيمته في النهاية بالصادرات.

2. منافسة العمل الرخيص أي أنه في حالة أن مستوى الأجور في قطر معين أعلى منه في أقطار أخرى يعني ذلك وجود عمل رخيص في هذه الأقطار مما يتيح للمنتجين الأجانب بيع منتجاتهم في سوق ذلك القطر بأسعار تقل عن أسعار السلع المنتجة محلياً. وهذا من شأنه أن يلحق الضرر بمصالح العمالة المحلية نسبة لمنافسة السلع الأجنبية لإنتاج المصانع المحلية التي تستوعب هذه العمالة يلاحظ أن الأجور ليست العامل الوحيد المحدد لسعر السلعة.

3. توسيع نطاق السوق المحلي حيث أن فرض الرسوم الجمركية على المنتجات الزرعية من الخارج سوف يوسع من نطاق السوق المحلي أمام المنتجات الزراعية المحلية. هذا تترتب عليه حصول منافع مباشرة للقطاع الزراعي بجانب زيادة القوة الشرائية لدى العاملين بالقطاع الصناعي الذي يتمتع بالحماية أيضاً. ومن الملاحظ أن حماية الزراعة من شأنها أن تلحق الضرر بغير العاملين في القطاع الزراعي نسبة لارتفاع أسعار المنتجات الزراعية وفي نفس الوقت تلحق حماية الصناعة الضرر بالمستهلكين بما فيهم الزراعيين نتيجة لارتفاع أسعار المنتجات الصناعية.

4. معادلة تكاليف الإنتاج (إحداث المساواة في تكاليف الإنتاج) حيث يرى أنصار حماية التجارة الخارجية أن فرض الرسوم الجمركية على المنتجات الأجنبية يهدف إلى إحداث المساواة في تكاليف الإنتاج محلياً وخارجياً أي بمعنى أن تصبح تكاليف الإنتاج متماثلة ونتيجة لذلك ينتفي وجود الأساس الذي تقوم عليه التجارة بين الدول مما يدحض حجة معادلة تكاليف الإنتاج.

عيوب حماية التجارة الخارجية

هناك بعض المآخذ أو الشوائب المتعلقة بسياسة تقييد التجارة الخارجية من وجهــة نظــر المؤيدين لحرية التجارة نذكر منها ما يلي:

1. إن الصناعات غير القادرة على الإنتاج بكفاءة تشعر بالأمن في ظل الحماية.

2. الحماية تجعل المنتجين المحليين لا يهتمون بنوعية وجودة المنتج كما أنها لا تحفـز على الإبداع والابتكار.

3. تشجع الحماية الاحتكارات الداخلية وتزيد الأسعار وتقلل من فرص الاختيار.

4. الحماية تخفض من حجم التجارة الدولية انسياب السلع والخدمات لان انتعاش وازدهار التجارة يتم في حالة المنافسة العالمية واتساع الأسواق.

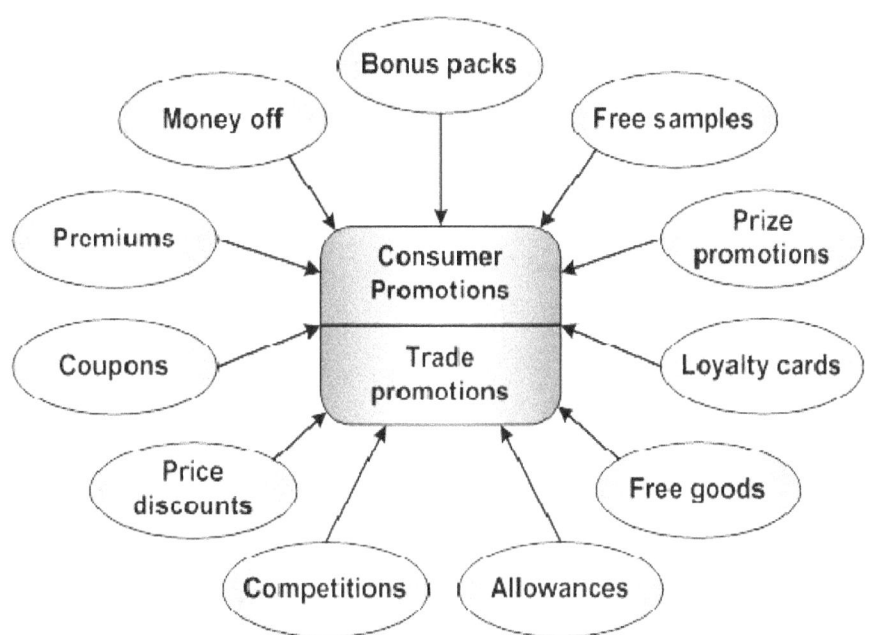

تمثل الاتفاقية العامة للتعريفات الجمركية والتجارة (الجات) محاولة متعددة الأطراف إلي العودة إلي سياسة حرية التجارة من خلال إزالة الحواجز والقيود التعريفية التي تضعها الدولة أمام تدفق السلع عبر الحدود الدولية. كما أن منظمة التجارة تهدف أيضاً إلي تحرير التجارة في السلع والخدمات.

من ناحية أخرى فان من الانتقادات التي توجه إلي تحرير التجارة والتحول للاقتصاد الحر أن التركيز ينصب على جانب التجارة قبل التنمية التي ينبغي أن يوجه لاهتمام أيضاً حتي لا يتم إغفال التغيير الهيكلي للاقتصاد ولاسيما في الدول النامية.

شكل 17: العوامل الداخلية والخارجية التي ترتبط مع التجارة الدولية

23. وسائل تقييد التجارة الخارجية

تستخدم الدول عدداً من الوسائل من أجل تطبيق سياسة تجارتها الخارجية من أجل تحقيق هدف التوازن الخارجي في إطار تحقيق الأهداف الاقتصادية الأخرى للمجتمع خلال فترة زمنية معينة.

نتناول أدوات السياسة التجارية الحماية والآثار المترتبة عن التطبيق حيث تنقسم الوسائل المستخدمة لتقييد التجارة الخارجية إلي ثلاثة أقسام رئيسة هي:

1. الرقابة المالية أي الوسائل السعرية (الرسوم الجمركية).
2. القيود على الكمية والقيود غير الجمركية ونظام الحصص ورخص الاستيراد.
3. الرقابة على الصرف الأجنبي.

الرسوم الجمركية ويراد بها الرسوم التي تفرضها الدول على السلع عند دخولها (واردات) أو خروجها (صادرات) من الدولة. (أي عند عبورها الحدود الوطنية) ويتم تصنيفها إلي ثلاثة أصناف، رسوم صادر، رسوم وارد ورسوم العبور (المرور) وذلك حسب الجهة المرسلة إليها السلعة.

أما من ناحية قياسها أو تقدير قيمتها فان الرسوم الجمركية تنقسم إلي ثلاثة أنواع:

1. رسوم علي القيمة Ad Valorem Duties
2. رسوم نوعية Specific Duties
3. رسوم مركبة Compound Duties

تفرض الرسوم علي القيمة على أساس نسبة مئوية من قيمة السلعة محل الضريبة.

والرسوم النوعية عبارة عن مبلغ محدد يفرض على كل وحدة من السلعة أي لا يوجد ضبط للسلع من ناحية القيمة وتعتبر الرسوم النوعية أسهل في إدارتها عن الرسوم الكمية التي تتضمن مشكلة تحديد قيمة السلعة.

وتخضع الرسوم المركبة السلعة إلي كلا الرسمين القيمة والنوعية ولا يكون ذلك لمراعاة التفاوت في الانواع المختلفة للسلعة الواحدة.

أما من ناحية الغرض الذي فرضت من أجله الرسوم فهناك رسوم تفرض بغرض زيادة إيرادات للخزينة العامة (Revenue Tariffs) أو رسوم تفرض حماية للمنتجات المحلية

من المنافسة الخارجية أي رسوم حماية Protective Tariffs.

شكل 18: أسعار الإنتاج الوطنية والرسوم الجمركية والطلب العالمي

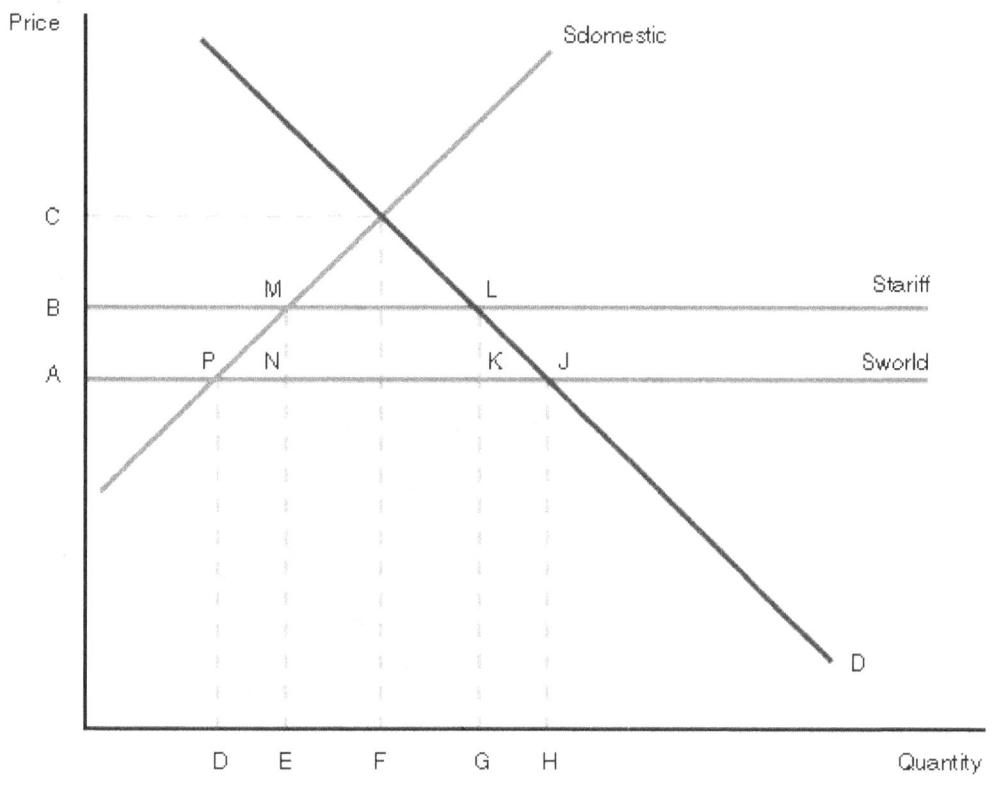

آثار الرسوم الجمركية:

فيما يلي نتعرض بشئ من التفصيل للآثار المترتبة على فرض الرسوم الجمركية وذلك النحو التالي:

1. الأثر الحمائي حيث تؤدي رسوم الوارد إلي زيادة أسعار السلع المستوردة مما ينتج عنه زيادة الطلب على الحاجات المحلية وبالتالي تستطيع الصناعة المحلية رفع طاقتها الإنتاجية لمقابلة الزيادة في الطلب.
2. الاثر على الاستهلاك حيث أن فرض الرسوم الجمركية على بعض الواردات برفع أسعارها مما يؤثر سلباً على القدرة الإنتاجية والاستهلاكية للأفراد.
3. الأثر في اعادة توزيع الدخل، إذا ترتب على تطبيق رسوم الاستيراد زيادة أسعار السلع المنتجة محلياً ينشأ عن ذلك إعادة توزيع الدخل لصالح المنتجين. كما أن جزءاً

من دخل المستهلك يذهب في شكل الإيرادات العامة وعليه يمكن القـــول أن للرســـوم المطبقة أثر على إيرادات الحكومة أيضاً.

4. الاثر على المنافسة، نجد أن فرض هذه الرسوم قد يتعارض مع مبدأ المنافسة والكفاءة الإنتاجية اذ أن الحماية قد تقود إلي سلطة احتكارية.

5. الآثار على ميزان المدفوعات: فإذا أدي استخدام الرسوم الجمركية إلي تقليــل حجـــم السلع المستوردة فان ذلك من أن يساعد على تحسين وضع ميزان المدفوعات.

طبقاً لمعيار الحماية يمكن التفرق بين نوعين من التعريفة الاسمية والتعريفة الفعليـــة التعريفة الاسمية (الحماية الاسمية) تتمثل في الرسوم الجمركية الورادة في جدول التعريفة المعلن. أما التعريفة الفعلية (الحماية الفعلية) فهي تتمثل في الحماية الممنوحة لسلعة معينة أو لصناعة معينة بموجب هيكل الحماية او التعريفة السائدة وتحدد المعدل الفعال للحمايـــة الجمركية.

هناك فرق بين معدل التعريفة الاسمي Nominal Tariff Rate ومعدل الحماية الفعـــال Effective Rate of Protection. ويحسب معدل التعريفة الاسمي على الواردات أي على قيمة السلعة النهائية.

أما في حالة استخدام صناعة محلية منافسة لواردات مدخلات إنتاج مستوردة خاضعة لمعدل تعريفة اسمي فان معدل الحماية الفعال في هذه الحالة يختلف عن معدل التعريفة الاسمي المفروض على السلعة النهائية. معدل الحماية الفعال يقيس المعدل الفعلي للحماية الذي يقدمه فعلاً معدل التعريفة الاسمي للمنتجين المحليين للسلع المنافسة لسلع الواردات ويأخذ في الاعتبار هيكل التعريفة ويعتبر المعدل الاسمي هاماً للمستهلكين فيما يختص بقراراتهم بالنسبة لسلع الاستهلاك. أما معدل الحماية الفعال فهو هام بالنسبة لقرارات المنتجين المحليين.

على ضوء ما تقدم فان الصناعات المحلية التي تعطي معدلاً أعلى للحماية الفعال سوف يكون في مقدورها أن تتوسع أكثر من الصناعات الأخرى التي تتمتع بمعدل أقل من الحماية الفعال.

والعلاقة بين معدل التعريفة الاسمي ومعدل الحماية الفعال يعتمد على:

1. نصيب المدخلات المستوردة في العملية الإنتاجية.
2. وجود أو عدم وجود رسوم جمركية على المدخلات المستوردة.

قياس معدل الحماية الفعال

يقاس معدل الحماية الفعال وفقاً للصيغة التالية:

$$F = \left(\frac{t - a \times r}{1 - a} \right)$$

F الحماية الفعالة

t التعريفة الاسمي على السلعة النهائية

a تكلفة المدخل المستورد إلي قيمة السلعة النهائية

r التعريفة الجمركية الاسمي على المدخل المستورد

أي أن إذا كانت:

t = % 40 أي(0.4)

a = % 50 أي (0.5)

r = % 60 أي (0.6)

F = 0.4-(0.5) (0.6)

$$\left(\frac{0.4 - (0.5 \times 0.6)}{1 - 0.5} \right)$$

أي يصبح معدل الحماية الفعالة كالآتي: f = % 20

24.الرقابة على الكمية أو نظام الحصص (Quota)

يقصد بنظام الحصص فرض قيود كمية على الاستيراد والتصدير بحيث تضع الدولة حداً أعلى أي سقف لحجم الاستيراد والصادر المسموح به خلال فترة معينة بموجب منح تراخيص استيارد واستخدام هذه الوسيلة قد يكون فيها تحيز لبعض الدول بغض النظر عن فروق الأسعار لاسيما عند إتباع نظام الحصة الموزعة بين مختلف الدول المصدرة للسلعة بحيث تحصل كل دولة على نسبة مئوية من الكمية المسموح بها. وبالمقابل فان استخدام وسيلة فرض رسوم جمركية قد يترك مجالاً لآلية الثمن لأن تعمل.

لم يحظ هذا النظام بقبول الاتفاقيات التجارية الدولية متعددة الأطراف (الجات) لأنه يشمل تدخل إداري كمي من قبل الحكومات في العلاقات التجارية الدولية وبالرغم من ذلك قد

تقتضي بعض الظروف الاستثنائية مثل الحروب والأزمات الاقتصادية الحادة اللجوء إلي هذا النظام.

آثار نظام الحصص:

هناك آثار للرسوم الجمركية في أوجه عديدة وكذلك هناك آثار لنظام الحصص على الاقتصاد. فنظام الحصص بتحديده للاستيراد في حدود معينة قد يساعد على تحسين وضع ميزان المدفوعات كما انه قد يؤدي إلي زيادة الأسعار مما يقلل من حجم الاستهلاك من السلعة الخاضعة لهذا النظام.

قد يؤدي ارتفاع الأسعار الناتج عن قيود الاستيراد إلي اعادة توزيع الدخل لصالح المنتجين وينطوي على تقوية مركزهم الاحتكاري، لهذا النظام أيضاً اثر حمائي يتمثل في حماية الصناعة الناشئة ويشجع على زيادة الاستثمارات. من ناحية أخرى فان الحكومة تحصل على إيرادات من عائدات الرسوم المفروضة على رخص الاستيراد الممنوحة.

25.الرقابة على الصرف الأجنبي Exchange Control

تعتبر احدى الوسائل الفنية لدى البنوك المركزية في الرقابة المباشرة على المدفوعات الدولية التي تتمثل في مركزية الصرف الأجنبي بغرض الاشراف على توزيع موارد النقد الأجنبي (عائدات الصادر مثلاً) على مختلف حاجات المجتمع وفقاً لقواعد وشروط معينة وقد يتضمن تثبيت سعر الصرف أو تعدده أحياناً للتمييز بين الاستخدامات المختلفة للنقد الأجنبي. مثال ذلك سعر صرف مرتفع للعملة من أجل عدم تشجيع استيراد الكماليات وسعر صرف منخفض لتشجيع المواد الخام والمواد الغذائية.

26.الإجراءات الإدارية

هناك بعض الإجراءات الإدارية التي تتحكم في المعاملات التجارية مثل تلك التي تتعلق بمراعاة متطلبات الأمن والسلامة والأنظمة الصحية، ومعايير التلوث والمواصفات العالمية. ومن هذه السياسات الإدارية الدعم المالي الذي قد تقدمة الحكومة لبعض المنتجات المحلية، وسياسة إتجار الدولة أي مشتريات الحكومة لبعض السلع والتي قد تقتصر على المنتجين المحليين فقط.

27.الميزان التجاري

هو الفرق بين قيمة واردات بلد ما، خلال فترة ما وبين قيمة صادراته. ويعتبر الميزان التجاري من المؤشرات الاقتصادية الهامة وتكمن قيمته في تحليل مكوناته وليس في قيمته المطلقة، لهذا لابد من معرفة نوعية كل من مكوناته وهيكلته أي نسبة المواد الأولية أو نصف المصنعة أو المصنعة إلى إجمالي المستوردات أو الصادرات.

الفائض في الميزان التجاري

يحدث الفائض في الميزان التجاري عندما يكون اتجاه الميزان التجاري إيجابيا، أي بمعنى آخر عندما يكون حجم الصادرات في دولة معينة أكثر من حجم المستوردات، ويساهم الفائض في الميزان التجاري في تعزيز احتياطيات الدولة من العملات الأجنبية إضافة إلى الآثار الاقتصادية التي يساهم فيها إنتاج السلع التي تصدر إلى الخارج.

العجز في الميزان التجاري

يكون العجز في الميزان التجاري عندما يكون حجم الصادرات في دولة معينة أقل من حجم الاستيراد، أو لا يغطي حجم المستوردات لهذه الدولة، وهو ما ينتج عنه عجز في الميزان التجاري للدولة.

يعرف الميزان التجاري أيضاً balance of trade على أنه سجل نظامي للصفقات المتعلقة بالسلع المتبادلة بين المقيمين في بلد معين من جهة والمقيمين في بقية بلدان العالم من جهة أخرى في فترة معينة، اصطلح على أن تكون سنة ميلادية، وهو جزء من سجل أكبر يضم تبادل الخدمات والأموال ويسمى ميزان المدفوعات. ولأن البحث هو عن ميزان أي عن طرفي السجل أو الحساب فإن من الممكن القول كل صفقة تؤدي إلى كسب عملة أجنبية فإنها تسجل بنداً موجباً ورصيداً دائناً، وبالمقابل فإن كل صفقة تؤدي إلى إنفاق عملة أجنبية فإنها تسجل بنداً سالباً ورصيداً مديناً. فالصادرات تجلب عملة أجنبية لذلك فهي دائنة، والواردات تتطلب إنفاق عملة أجنبية لذلك فهي مدينة. ونتيجة محصلة طرفي الحساب، أي للجانب الموجب والجانب السالب أو الجانب الدائن والجانب المدين، يظهر رصيد معين. فإذا كانت الصادرات أكبر في قيمتها من قيمة الواردات فإن الرصيد يكون إيجابياً. أما إذا كانت قيمة المستوردات أكبر من قيمة الصادرات فإن الرصيد يكون

سلبياً. ويطلق الاقتصاديون على الميزان التجاري ذي الرصيد الإيجابي الميزان التجاري الرابح، كما يطلقون على الميزان التجاري ذي الرصيد السلبي اسم الميزان التجاري الخاسر.

حساب قيمة الصادرات والمستوردات

تحسب قيمة الصادرات على أساس (فوب) FOB: Free on Board أي قيمتها مع جميع المصاريف المدفوعة عليها حتى مكتب التصدير، وتحسب قيمة الواردات على أساس (سيف) CIF: Cost including Freight أي على أساس قيمتها مضافاً إليها تكاليف النقل والتأمين.

الأثر الاقتصادي للفائض في الميزان التجاري

على الرغم من أن الميزان التجاري ليس إلا جزءاً من ميزان المدفوعات ولا يشمل صفقات الخدمات والأموال ولكن يُعد مع ذلك ذو دلالة كبيرة في رصيده الإيجابي والسلبي. فالفائض في الميزان التجاري يعبر عن عوامل صحية في الاقتصاد المعني، فهو يشير أولاً إلى الطاقة الإنتاجية الواسعة والفائضة عن الحاجات الداخلية، كما يشير إلى القدرة التزاحمية Crowding effect للسلع المصدرة، وهذا يعني الكفاءة في عملية الإنتاج من حيث التكلفة والجودة والتلاؤم مع الأذواق في الأسواق الخارجية، بما يفوق السلع المماثلة الآتية من بلدان أخرى. كما يعني الفائض حصول البلد المعني على عملة أجنبية يضيفها إلى احتياطياته من هذه العملة لضمان تمويل مستورداته وتسديد التزاماته الخارجية وتقوية مكانة عملته في أسواق الصرف الدولية والمحافظة على قيمتها الشرائية. ويعني تشغيل اليد العاملة التي لولا القدرة على التصدير لما أمكن تشغيلها، كما يعني الاستمرار في بناء قدرات إنتاجية جديدة لتوسيع طاقات البلد في تلبية حاجاته وزيادة صادراته.

الأثر الاقتصادي للعجز في الميزان التجاري

يكشف العجز في الميزان التجاري عن مواطن الضعف في اقتصاد البلد الذي يعانيه، ويعبر عن قصور الطاقات الإنتاجية فيه عن تلبية حاجاته، الأمر الذي يضطره إلى الاستيراد لتوفير هذه الحاجات، كما أن نوعية المواد المستوردة تكشف عن طبيعة الهيكل

الإنتاجي. يبين استيراد المواد الغذائية قصور إنتاج الغذاء في بلد ما وعجزها عن توفير متطلبات الأمن الغذائي. واستيراد الآلات والتجهيزات يكشف عن قصور صناعة الآلات والتجهيزات فيه. كما أن العجز المستمر في الميزان التجاري يستنزف احتياطيات البلد من العملات الأجنبية ويؤدي به إلى الاستدانة من الخارج، كما أن العجز يؤدي إلى انخفاض قيمة العملة الوطنية وقوتها الشرائية مما يحدث أزمات اقتصادية واجتماعية غير مستحبة.

هذا الميزان يصنف حسب التصنيف الاقتصادي للسلع المتبادلة وهي السلع المصدرة والمستوردة وقيمة كل منها، وكذلك العجز والوفر الموجود في هذا التبادل والعجز أو الوفر أي الرصيد الإيجابي أو السلبي في مجمل التبادل التجاري. وهو الفرق بين التصدير والاستيراد. فإذا كان إيجابي يعني أن هناك وفراً في الميزان التجاري. وهو أيضاً العجز أو الوفر في التبادل التجاري لكل من القطاع العام والقطاع الخاص. ومن دراسة نوعية السلع المتبادلة يمكن معرفة تركيبة الاقتصاد وبنيته ومن دراسة السلع المتبادلة يمكن معرفة تلك التي كانت وراء تحقيق العجز أو الوفر في الميزان التجاري.

يظهر في السودان أن الاقتصاد يعتمد على الزراعة والنفط، وأنه مازال متدرجاً في تطوره الصناعي وبحاجة إلى استيراد الآلات والمعدات ووسائل النقل وكثير من المواد الخام من ذلك.

جدول 12: القطاع الزراعى والناتج المحلى الإجمالي 2000-2010

السنة	القطاع الزراعي	الزراعة المروية	الزراعة المطرية الالية	الزراعة المطرية التقليدية	الثروة الحيوانية	الغابات
2000	46	13	1	8	22	3
2001	45,6	13,4	11,1	6,3	21,7	3,1
2002	46,0	12,7	1,2	8,1	20,9	2,0
2003	45,6	12,4	2,2	7,3	20,8	3,0
2004	44,5	11,9	2,8	7,1	19,8	3,0
2005	39,4	10,8	1,4	5,4	19,3	2,5
2006	38,9	11,4	1,3	5,3	18,3	2,5
2007	36,0	10,7	0,9	5,1	16,9	2,3

2008	36,3	10,5	1,0	5,5	17,1	2,2
2009	36,5	10,8	1,0	5,6	17,2	2,2
2010	32,5	8,4	1,7	1,9	19,9	0,5

ولازال القطاع الصناعي يتخلف في مساهمته في اجمالي الناتج المحلي وبالتالي في الصادرات بصورة كبيرة. نجد متوسط نسبة مساهمة القطاع الصناعى خلال الفترة من 2000م الى 2010م بلغت فى المتوسط 26,7% ، حيث سجل قطاع الصناعات التحويلية فى المتوسط نسبة 7,57% ، وهى أعلى نسبة فى هذا القطاع حيث سجل أعلى مساهمة له فى عام 2010م ، ثم يليه قطاع التعدين ساهم فى المتوسط بنسبة 6,75% ، حيث أعلى مساهمة له عام 2005م، بينما سجل قطاع البناء والتشييد نسبة مساهمة فى المتوسط 4,31% أعلى مساهمة له عام 2004. أما نسبة قطاع الكهرباء والمياه بلغ فى المتوسط نسبة 1,58%، سجل أعلى معدل له عام 2010.

جدول 13: القطاع الصناعى والناتج المحلى الإجمالي 2000-2010(%)

السنة	القطاع الصناعى	التعدين	الصناعات التحويلية	الكهرباء والمياه	البناء والتشييد
2000	21,4	8	7	2	5
2001	22,8	8,7	7,9	1,7	4,5
2002	22,1	9,1	7,9	1,7	4,4
2003	24,1	9,6	8,2	1,6	4,7
2004	25,4	10,8	8,2	1,6	4,8
2005	28,4	15,7	7,0	1,4	4,2
2006	29,5	0,6	7,0	1,4	3,8
2007	33,6	0,6	7,2	1,3	3,7
2008	31,8	0,6	7,2	1,4	3,8
2009	31,8	0,6	7,3	1,5	3,9
2010	24,6	9,9	8,4	1,8	4,6

بسبب تصدير النفط فإن حصيلة الميزان التجاري أو رصيده كان إيجابي حتي انفصال الجنوب عام 2011.

جدول 14: صادرات المواد النفطية 2005-2010 بملايين الدولارات

السنة	2005	2006	2007	2008	2009	2010

9,695.2	7,131.2	11,094.1	8,418.5	5,087.20	4,187.36	النفط

وبالنسبة للتجارة الخارجية يشار إلى هذا الاصطلاح بشروط التبادل التجاري، ويقصد بها ميزان العلاقة بين أسعار الاستيراد وأسعار التصدير بالنسبة إلى كمية محددة من السلع المستوردة والمصدرة. فيقال مثلاً إن شروط التبادل التجاري جيدة إذا انخفضت أسعار المستوردات وبقيت أسعار الصادرات على حالها. ويقال أن شروط التبادل التجاري سيئة إذا ارتفعت أسعار المستوردات وبقيت أسعار الصادرات على حالها.

جدول 15: الميزان التجارى 2004–2009م بملايين الدولارات

2010	2009	2008	2007	2006	2005	2004	بيان
11,404.3	3,025.4	11,670.5	1,156.8	5,656.6	4,824.3	3,777.8	قيمة الصادرات
9,695.2	6,902.8	135,610.4	8,418.5	5,087.2	4,187.4	3,100.5	مواد بترولية
691.1	702.5	576.4	460.7	569.4	636.9	677.6	مـــواد غيـــر بترولية
–	%36,4	%25,2	%57	–	%27.7	%4,8.6	التغير الـسنوى للصادرات
8,839.4	9,690.9	9,351.5	7,722.4	7,104.7	6,756.8	4,075.2	قيمة الواردات
–	%3.6	%6.6	%8.7	1,448.1	%65.8	%41.4	التغير الـسنوى للواردات
2,564.9	1,845.2	3441.1	1,156.8	1,1448.13	1,932.5	– 297.5	الميزان التجارى

يؤدي انخفاض أسعار المستوردات مع بقاء أسعار الصادرات على حالها أن البلد المعني يستطيع أن يحصل على كمية أكبر من المستوردات لقاء الكمية نفسها من الصادرات. أما إذا ارتفعت أسعار المستوردات وبقيت أسعار الصادرات على حالها فمؤدى ذلك أن البلد سيضطر إلى استيراد كمية أقل من السلع المستوردة لقاء الكمية نفسها من السلع المصدرة. وفي بعض الأحوال ترتفع أسعار المستوردات وتنخفض أسعار الصادرات وتكون خسارة البلد في هذه الحالة أكبر مما لو بقيت أسعار الصادرات على حالها.

يعاني السودان وجميع البلدان النامية من الخسارة الناجمة عن تردي التجارة الخارجية ولاشك أن هناك طرقاً لاحتساب هذه الخسارة بمقارنة مستوى الأسعار بين عام وآخر واحتساب الربح والخسارة في الاستيراد والتصدير على أساس الكميات المستوردة

والمصدرة. لكن الملاحظ عموماً التدهور في أسعار منتجات البلدان النامية والارتفاع المستمر في أسعار منتجات البلدان الصناعية.

الميزان التجارى الأجنبى هو الفرق بين القيمة النقدية للصادرات والواردات من السلع في الاقتصاد خلال فترة زمنية معينة. يتضمن الميزان التجارى عمليات السلع المدفوعة نقدياً أو على سبيل الائتمان. وقد أعد الميزان التجارى في بلدن منفصلة أو مجموعات من الدول. والميزان التجاري السنوي (شهرى أو ربع سنوى) يصنف الصفقات الخارجية للبلد. إذا كانت صادرات الدولة تتجاوز وارداتها، فإن الدولة عندها توازن جيد فى التجارة أو فائضا تجاريا. أما إذا كانت الواردات تتجاوز الصادرات، فهذا يعنى وجود عجز تجاري. الفائض التجاري يعني أن هناك طلب على سلع الدولة في السوق الدولية والدولة تنتج اكثر مما تستهلك. إشارات العجز التجاري أن استهلاك البلاد لا يكون فقط من السلع المحلية ولكن أيضا من السلع المستوردة. في المقابل نجد أن العجز التجاري في دول مثل الولايات المتحدة وبريطانيا العظمى يسمح بكبح جماح التضخم ودعم مستوى معيشة مرتفع نظرا لوجود صناعات كثيفة العمالة في البلدان الأخرى .

في الدول الأقل نمواً، يشهد العجز التجارى على القدرة الغير تنافسية لقطاعات التصدير للاقتصاد والتي غالبا ما تؤدي إلى استهلاك أو فقدان قيمة عملات هذه الدول لأنهم لا يستطيعون دفع ثمن المشتريات المستوردة. في اقتصاديات دول مثل الولايات المتحدة وبريطانيا هناك رأس مال كثيف وصناعات ذات تقنية عالية تجذب كميات كبيرة من رؤوس الأموال في شكل استثمارات مباشرة أو غير مباشرة من جميع أنحاء العالم. ومع ذلك، فإن هذه البلدان تغطي الجزء الرئيسي من العجز التجاري من خلال إصدار السندات الخاصة أو الحكومية، بسبب نقص في القدرة التنافسية لقطاعات التصدير .

يوضح عجز التجارة السلعية (التوازن) هو الميزان التجاري أو ميزان التجارة في السلع. وتقرير التجارة فى السلع شهرياً تفاصيل الصادرات والواردات. وهذا مهم حيث يحدد كل من تدفق السلع وصافي الحصيلة النقدية والسياسة التجارية الخارجية للدولة. هذا الرقم هو الفرق بين الصادرات والواردات من حيث القيمة المطلقة بالمليارات من الدولارات:

عجز التجارة السلعية (مليار دولار) = الصادرات – الواردات

مكونات المؤشر للميزان التجاري معقدة ويتم تحليله باستخدام كلاً من الصادرات والواردات كالآتي:

1. على مجموعات السلع من الأغذية؛ المواد الخام ومستلزمات الصناعة؛ السلع الاستهلاكية؛ السيارات؛ السلع الرأسمالية وغيرها من البضائع أو الأغذية والأعلاف؛

2. مستلزمات الصناعة؛ السلع الرأسمالية؛ السيارات؛ قطع غيار السيارات؛ السلع الاستهلاكية؛ غيرها من البضائع .

وفي الوقت نفسه، هناك مكونات أخري هامة يمكن مفصلة فى التقارير الرسمية كالتالي:

1. العجز الكلي؛ البترول؛ السيارات؛

2. على البلدان كندا والاتحاد الاقتصادي والنقدي؛ والمملكة المتحدة؛ اليابان؛ المكسيك؛ أوبك؛ البلدان النامية الأخرى .

هناك ترابط لهذا الميزان مع مؤشرات أخرى التى لها تأثير مباشر على أسعار الصرف، كما يعكس المؤشر تدفق الأموال بين البلدان من أجل توفير السلع والخدمات. ومع ذلك، تكمن المفارقة في أن رد فعل صرف العملة هو الأقل بحكم الأسباب فنية والهيكلية، وهما: يتأخر التقرير كثيراً عن الوقت الذى تحدث فيه تحركات حقيقية.

شكل 19: أثر الميزان التجاري علي العملة الوطنية

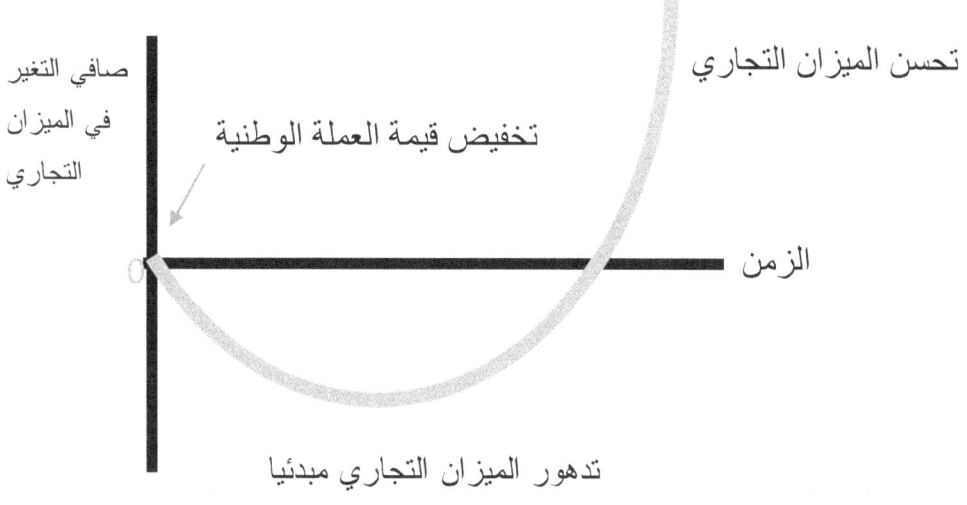

فضلا عن ذلك فهناك تدفق رأس المال نتيجة للعلاقات التجارية فى العديد من المرات. ويكون أصغر من تدفق رؤوس الأموال في أسواق الاقراض والأوراق المالية. والفترات الزمنية لهذه التدفقات ليست واحدة. كلما ينمو العجز التجاري، يزداد الطلب على العملات الأجنبية وينخفض معدل الصرف للعملة المحلية. ويؤثر الطلب المحلي في الميزان التجاري حيث أنه يحدد ديناميكيات الاستيراد، وكذلك سعر الصرف الذي هو من المفترض أن يصحح القيمة الاسمية للعائدات بالعملة المحلية من الواردات. خصائص مؤشر الميزان الكلي هو أنه رقم رئيسى في أسواق صرف العملات الأجنبية. في البداية يتم تحليل الصادرات لأنه له تأثير مباشر على نمو الاقتصاد. تظهر الواردات الطلب على السلع وزيادة الواردات يعكس تشكيل قوائم الجرد التي يمكن أن تشهد عن تباطؤ محتمل لنمو المبيعات في المستقبل. كذلك يتم تحليل فئات معينة من السلع. هناك بعض الفئات الخاصة للصادرات والواردات التي يمكن أن تؤثر تأثيرا كبيرا على الميزان التجاري. على سبيل المثال، النفط الخام وتأثيره على الاستيراد خصوصا مع نموه يؤثر على التصدير.

اعتمادا على فئات السلع والعجز الناتج عن انخفاض طفيف للصادرات يمكن أن يدفع ذلك أسواق الدخل الثابت نحو أي اتجاه. وعلى عكس قطاعات الاقتصاد الأخرى، ليس هناك تناسب متتابع بين الميزان التجاري ومراحل دورة العمل. وفي خلال فترات الركود الاقتصادي من صافي الصادرات، قد تتحسن المؤشرات الأخرى أو تتدهور والسبب الرئيسي هو تزامن الدورات التجارية وكذلك استمرار التغيرات الدورية. وتظهر الصادرات نمو متتابع خلال مرحلة التوسع ولكن هذه النسبة قد تنخفض خلال فترات الركود والانتعاش.

الميزان التجاري أو صافي الصادرات هو الفرق بين القيمة النقدية للصادرات والواردات من الناتج في الاقتصاد خلال فترة زمنية معينة وتقاس بعملة ذلك الاقتصاد. وهو العلاقة بين الواردات والصادرات. ومن المعروف أن الرصيد الإيجابي يمثل فائضاً تجارياً، فإذا كان يتكون من تصدير أكثر من يتم استيرادها. يشار إلى الرصيد السلبي كعجزا تجاريا مع وجود فجوة التجارة. وينقسم الميزان التجاري في بعض الأحيان إلى مقارنة بين السلع

وتوازن الخدمات.

نظرياً يتم تفسير ذلك علي أساس النزعة التجارية. وقد ظهر المصطلح في وقت مبكر لفهم الاختلالات في التجارة. وفسرت النزعة التجارية مع تصدير الموارد الطبيعية والمحاصيل النقدية في مقابل السلع تامة الصنع من انجلترا إلي امريكا. ويشكل ميزان التجارة الخارجية توازناً لأشكال التجارة كجزء من الحساب الجاري ويتضمن المعاملات الأخرى مثل الدخل وصافي الاستثمارات الدولية فضلا عن المساعدات الدولية. فإذا كان الحساب الجاري فائضا فهذا يمثل موقف الأصول الدولية في البلاد والعجز يقلل من صافي الأصول الدولية .

الميزان التجاري هو مطابق للفارق بين صادرات البلاد والطلب الداخلي أي الفرق بين بضائع تنتج في بلد والسلع التي تشتريها من الخارج. وهذا لا يشمل المال أي الأوراق المالية الأجنبية.

يمكن قياس الميزان التجاري مع تسجيل وجمع البيانات بإضافة البيانات الرسمية لجميع دول العالم حتى تتجاوز الصادرات والواردات بنسبة 1٪ تقريبا. وجميع المعاملات تحتوي على الائتمان أو الخصم متساوية في حساب كل دولة.

العوامل التي يمكن أن تؤثر على الميزان التجاري ما يلي:

1. تكلفة الإنتاج (الأرض والعمل ورأس المال، والضرائب، والحوافز وغيرها) في الاقتصاد المصدرة مقابل تلك المستوردة ؛
2. تكلفة وتوافر المواد الخام، والسلع الوسيطة وغيرها من المدخلات؛
3. تحركات سعر الصرف؛
4. المتعددة الأطراف والضرائب أو القيود المفروضة على التجارة الثنائية والأحادية؛
5. الحواجز غير الجمركية مثل المعايير البيئية والصحة والسلامة؛
6. توافر النقد الأجنبي الكافي لدفع ثمن الواردات،
7. أسعار السلع المصنعة في البلاد والتي تتأثر استجابة العرض.

بالإضافة إلى ذلك فمن المرجح أن يختلف ذلك عبر دورة الأعمال في الميزان التجاري. ففي النمو الذي تقوده الصادرات مثل النفط والسلع الصناعية، فإن الميزان التجاري

يتحسن بالنمو الاقتصادي. ولكن مع نمو الطلب المحلي كما هو الحال في الولايات المتحدة وأستراليا فإن الميزان التجاري يتفاقم في نفس المرحلة في دورة الأعمال التجارية.

ويختلف التوازن النقدي في التجارة عن التوازن التجاري وهو ما يعبر عنه بكمية المواد الخام والمعروف أيضا باسم إجمالي استهلاك المواد. تستورد البلدان المتقدمة عادة الكثير من المواد الخام من البلدان النامية. ويتم تحويل هذه المواد إلى منتجات تامة الصنع المستوردة ويمكن تصديرها بعد إضافة قيمة. علي أن معظم الدول المتقدمة لديها عجز تجاري كبير لأن لديهم قيود بيئية كبيرة. وتشير منظمات المجتمع المدني إلي الطبيعة المفترسة من هذا الخلل وهناك حملات لسداد هذه الديون البيئية. منذ منتصف 1980، كان على الولايات المتحدة عجزا متزايدا في السلع القابلة للتداول وخاصة مع الدول الآسيوية (الصين واليابان) التي لها حصص كبيرة من ديون الولايات المتحدة التي مولت الاستهلاك. ولدى الولايات المتحدة فائضا تجاريا مع دول مثل أستراليا. يمكن لمسألة العجز التجاري تكون معقدة لأن العجز التجاري في السلع القابلة للتداول مثل السلع أو المصنعة قد تؤثر علي العمالة المحلية بدرجات مختلفة من العجز التجاري. علي أن الاقتصاديات المتقدمة مثل اليابان وألمانيا لديها فوائض المدخرات وعادة فوائض تجارية. وقد اتجهت الصين ذات الاقتصاد مرتفع النمو لتشغيل الفوائض التجارية. ونجد أن معدل الادخار العالي يتوافق عموما إلى وجود الفائض التجاري. في المقابل فإن الولايات المتحدة مع انخفاض معدل مدخراتها تميل لزيادة العجز التجاري بصورة عالية وخاصة مع الدول الآسيوية.

هناك نظريات حول التأثير الاقتصادي ومنها النظرية الاقتصادية الكلاسيكية. والذين يتجاهلون آثار العجز التجاري علي المدى الطويل. هذا قد يكون مربكا لمبدأ ديفيد ريكاردو عن الميزة النسبية مقابل مبدأ آدم سميث للميزة المطلقة.

حيث أن مبادئ الميزة النسبية التي وضعها ديفيد ريكاردو تنظر إلي أن عوامل الإنتاج سائدة عالمياً. واليد العاملة الرخيصة يمكن أن تنتقل من بلد لآخر وهذه تكون ميزة مطلقة ليست مفيدة للطرفين. ولا يعتبر العجز التجاري الصغير ضارا للدول المستوردة أو المصدرة. ومع ذلك عندما يتوسع الخلل في الميزان التجاري الوطني تحدث اختلالات كبيرة لا يمكن تحملها وقد تستمر لفترات طويلة. وتظهر تشوهات ناجمة عن تدفقات كبيرة للثروة من اقتصاد واحد إلى اقتصاد آخر.

ويدفع العجز التجاري لخروج احتياطيات النقد الأجنبي، ويمكن أن يستمر نزيف الاحتياطيات حتي تنفذ. وعند هذه النقطة لا يمكن للمستورد الشراء في الخارج. ومن آثار سعر الصرف فقدان القيمة في الاقتصاد نتيجة لعجز في احتياطيات العملات الأجنبية وارتفاع أسعار السلع القابلة للتداول. وعندما يكون الاقتصاد غير قادر على تصدير ما يكفي من السلع المادية لدفع ثمن الواردات، قد يكون قادراً على العثور الأموال في أماكن أخرى مثل صادرات الخدمات التي يمكن أن تكون كافية لدفع ثمن واردات السلع المحلية مثل هونغ كونغ. وفي البلدان الفقيرة قد تعوض المساعدات الخارجية العجز بينما في الاقتصاديات المتقدمة نجد أن فائض حساب رأس المال الناجمة عن بيع الموجودات غالباً ما يعوض العجز في الحساب الجاري. هناك بعض الاقتصاديات حيث يمكن للتحويلات من المواطنين العاملين في الخارج أن تساهم بشكل كبير في دفع ثمن الواردات مثل الفلبين وبنغلاديش والمكسيك.

وإذا استطاع بلد إعادة التوازن في العجز التجاري عن طريق استخدام التسهيلات الكمية وطنيا فقد يشمل ذلك أن علي البنك المركزي طبع النقود وجعلها متاحة للمؤسسات المالية المحلية الأخرى بأسعار فائدة صغيرة، مما يزيد من المعروض من النقود في الاقتصاد الوطني.

النتيجة المتوقعة هي زيادة معدلات التضخم. علي ذلك يفاقم من مشكلة الديون المستحقة للدائنين الأجانب إذا كانت تلك الديون بالعملة الحرة. في نفس الوقت يقلل ذلك من القيمة الحقيقية للديون الأجنبية إذا كانت بالقيمة الوطنية ولكنه يضعف من قيمة المدخرات الوطنية ويؤثر في النهاية علي معدلات الادخار الوطنية ونظرياً يرفع من الميل الحدي للاستهلاك وبالتالي يقلل من الميل الحدي للادخار.

وقد لا يكون هناك في مبادئ النظام التجاري قاعدة لوضع قيود استثنائية على استيراد السلع من الدول التي يفترض أن ميزانها التجاري يكون غير ملائم. ولكن جميع الأنظمة التجارية عندما تتاجر مع بعضها البعض من المفترض أن يكون هناك توازن بين المكاسب. ولكن إذا كان يميل في أي درجة إلى جانب واحد فهذا يفقد ينحرف بالمكاسب والخسائر عن التوازن الدقيق.

في النظرية الكينزية نجد مسألة التوازن في التجارة الدولية. وقد ولد نظام بريتون وودز وإدارة العملة الدولية اتحاد المقاصة الدولي. وكانت المبادئ مبنية علي تسوية الأرصدة المستحقة يجب حلها عن طريق خلق أرصدة إضافية دولية ويعامل في ذلك المدين والدائن لخلق التوازن.

الدول الدائنة مسئولة مثل الدول المدينة عن اختلال التوازن في التبادلات التجارية لتحقيق حالة من التوازن. ذلك من خلال ترتيبات مالية يمكن أن تنقذ العالم من نتائج الفوضى. كان ذلك قبل أحداث الكساد العظيم عن طريق مؤسسات الإقراض الدولية وخطط استثمارية سليمة.

مع نهاية نظام بريتون وودز في عام 1971، تزايد نفوذ مدارس النقد الفكري في 1980 وخاصة في مواجهة الاختلالات التجارية الكبيرة المستمرة ومخاوف من الآثار المزعزعة للاستقرار نتيجة عن الفوائض التجارية الكبيرة. وفي أعقاب الأزمة المالية من 2007-2010 وعودة نظرية النظم المالية بفكرة أن العجز التجاري هو مظهر من مظاهر الربح، بدلا من الخسارة. هذا يعني أن النمو الاقتصادي يؤدي إلى زيادة العجز التجاري وتقلص الاقتصاد يؤدي إلى انخفاض العجز التجاري.

اعتبر ميلتون فريدمان أن بعض المخاوف من العجز التجاري هي انتقادات غير عادلة لمحاولة دفع سياسات الاقتصاد الكلي مواتية وأن العجز التجاري ليست بالضرورة مهم مثل زيادة الصادرات وارتفاع قيمة العملة الوطنية. والعكس صحيح بالنسبة للواردات وبالتالي فإن إزالة العجز التجاري يكون بشكل طبيعي وليس نتيجة للاستثمار.

منذ عام 1971 ، عندما قررت إدارة نيكسون لإلغاء أسعار الصرف الثابتة ، فقد بلغ العجز في الحساب الجاري التداول أميركا 75،7 $ تريليون اعتبارا من عام 2010. وجود هذا العجز كما يقابل ذلك عن طريق الاستثمار القادمة الى الولايات المتحدة وبمحض تعريف ميزان المدفوعات ، ويقابل أي عجز في الحساب الجاري موجود من قبل تدفق الاستثمار الأجنبي .

في أواخر 1970 وأوائل 1980، كانت الولايات المتحدة قد شهدت ارتفاع معدلات التضخم. قال فريدمان أن هذا العجز التجاري ليس بالضرورة ضار على الاقتصاد ولكن العجز التجاري هو المشكلة.

وشراء البضائع عن طريق تحويلها إلى قطع من الورق هو ثمن بخس. هذا كما لو احترفت البلاد تصدير الدولارات وإعادة تداولها في السوق مقابل بضائع العالم. ذلك يؤدي إلي تركيز الثروة في بلد معين ولكنه لا يمكن من الكسب من الصادرات لأن أسعارها سترتفع، مما يجعلها أقل جاذبية ويجعل السلع الأجنبية أكثر جاذبية. بهذه الطريقة فإن الموازين التجارية تكون متوازنة. ويعتقد فريدمان أن العجز سيتم تصحيحها عن طريق الأسواق الحرة مع ارتفاع تعويم أسعار العملات أو تنخفض مع مرور الوقت لتشجيع أو تثبيط الواردات لصالح الصادرات وعكس مرة أخرى لصالح الواردات وقوة مكاسب العملة. علي أنه في العالم الحقيقي نجد أسواق العملات بعيدة عن الأسواق الحرة كون الحكومة والبنوك المركزية هي المتحكم. وقد اقترضت الولايات المتحدة واشترت بينما بقية العالم أنتج وباع. واعتبارا من أكتوبر 2007، تراجع الدولار الأمريكي مقابل اليورو والجنيه البريطاني والعديد من العملات الأخرى. لهذا وجد المصدرين الأمريكيين الأسواق الخارجية مهيئة لاستقبال منتجاتهم.

هناك آثار لأرصدة التجارة الخارجية على الناتج المحلي الإجمالي والفائض التجاري السنوي هو إضافة فورية ومباشرة إلى الناتج المحلي الإجمالي. ولبعض الصادرات زيادات إضافية إلى الناتج المحلي الإجمالي قد لا تنعكس الأسعار. وبالتالي يتم التقليل من مساهمات الفوائض التجارية إلى إجمالي الناتج المحلي.

وتعكس الأسعار وتفيد المنتجين في إنتاج بعض السلع والخدمات بدعم أقل أو بدون تكلفة للمنتجين. على سبيل المثال ، قد تعمد الحكومات تحديد أو زيادة قدرة بنيتها التحتية أو تقديم دعم إضافي لجذب المنتجين أو تقديم البحوث الخاصة بالتنمية. وكلها عوامل إنتاج وطنية بما في ذلك التعليم تساهم في الناتج المحلي الإجمالي وتنعكس علي السلع والخدمات علي أن العجز التجاري السنوي يخفض من الناتج المحلي الإجمالي.

يجعل العجز التجاري أي مساهمة ضعيفة في الناتج المحلي الإجمالي والدول المستوردة تحرم نفسها بشكل غير مباشر من الفوائد التي تجنيها الدول المنتجة. وهناك اختلافات اقتصادية بين السلع المحلية والمستوردة تحدث قبل دخول البضائع إلي دول التبادل التجاري ولكن السلع المماثلة لها سمات اقتصادية مماثلة.

28. ميزان المدفوعات

سبق أن أوضحنا أهمية العلاقات الاقتصادية الدولية لذلك يصبح من الضروري رصد المعاملات الدولية المترتبة على قيام التبادل الدولي من أجل التعرف على النتائج المحققة من تعامل دولة ما مع العالم الخارجي حتي تستطيع هذه الدولة وضع سياساتها الاقتصادية تبعاً لذلك.

تعريف ميزان المدفوعات:

عادة ما يتم تسجيل هذه المعاملات في ما يسمي بميزان المدفوعات.

وهو يمكن تعريفه بأنه سجل لكافة المعاملات الاقتصادية الخارجية التي تتم بين المقيمين في دولة معينة والمقيمين في الخارج خلال فترة زمنية معينة تكون عادة سنة واحدة. ويمكن تعريفه أيضاً أنه عبارة عن بيان إحصائي عن فترة زمنية معينة (سنة) يسجل فيه المعاملات الاقتصادية التي تتم بين المقيمين: شخص عادياً/ أو اعتبارياً كالشركات أو الهيئات أو الأجهزة الحكومية، في دولة معينة وغيرها من دول العالم. وهو ميزان أو حساب للتبادلات الجارية Current Account ويعد هذا الميزان أهم جزء في ميزان المدفوعات. وذلك لأنه يعكس التركيبة الاقتصادية للبلد ويبين أهم البنود التي تجلب العملة الصعبة للبلد من جانب الصادرات وأهم المواد التي تؤدي إلى نقص احتياطي البلد من العملة الصعبة في جانب الواردات وهذا الميزان بدوره ينقسم إلى:

1. حساب المبادلات الجارية من التجارة المنظورة الميزان التجاري Visible Trade Balance. وهذا الحساب يسجل حركة السلع والبضائع المصدرة والمستوردة بـين الدولة وغيرها من الدول،

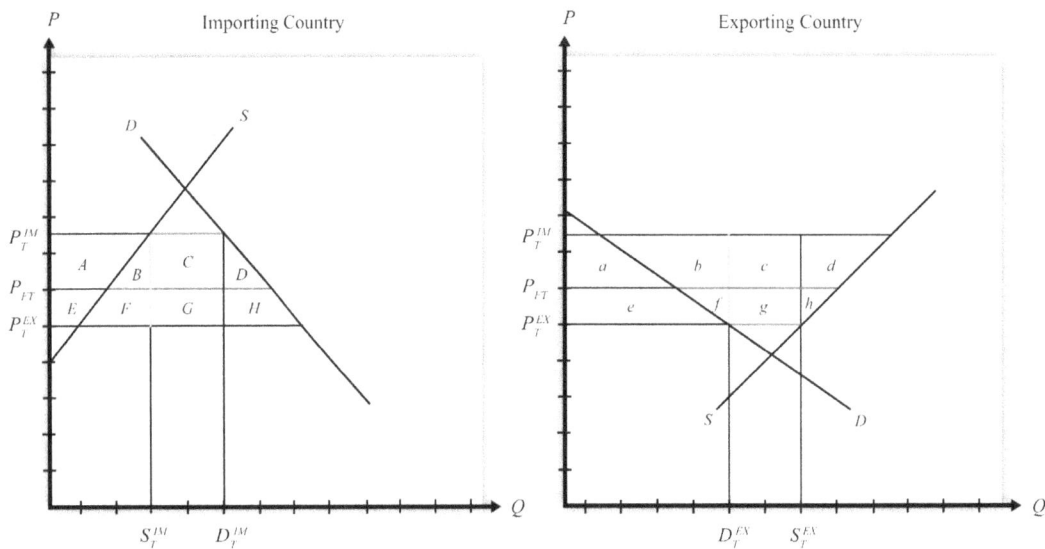

شكل 20: العرض والطلب في الدول المصدرة والمستوردة

2. عند فحص هذا البند يتبين لنا ما هي أهم صادرات الدولة وما هي أهـم وارداتهـا أو بمعنى آخر ما هي التركيبة الاقتصادية لهذه الدولة هل هي صناعية أم متخلفة. الدول الصناعية عادة صادراتها متنوعة وتعتمد على تصدير المواد المصنعة. أمـا الــدول النامية فعادة ما تجد أن صادراتها محدودة في منتج أو منتجين أوليين مثل النفط أمـا جانب الواردات فإنه متنوع حيث تستورد معظم متطلباتها من الخارج.

3. حساب المبادلات اللامنظورة أو حساب الخـدمات Invisible Trade or Services Account. وهو يبين أو يسجل ما تجبيه الدولة من إيرادات(Revenues) أو تقدمه من مدفوعات (Payments) مقابل خدمات تقدمها أو تقدم لها، مثل الصيرفة، والتأمين والسياحة، وتحويلات العمال، فوائد وأرباح والأموال المستثمرة في الخارج بالإضافة إلى مصاريف الحكومات التي تنفق على البعثات الدبلوماسية.

4. ميزان أو حسابات رأس المال Capital Account وهذا الحساب يعكس حركة رؤوس الأموال الداخلة إلى والخارجة من الدولة. فرؤوس الأموال الداخلة تبين أن الدولة فيها فرصة استثمارية جذابة جعلت رؤوس الأموال تتحرك باتجاهها. أما الخارجة فإنها تبين العكس.

علي أنه ينبغي أن لا نغفل العامل السياسي في هذا الجانب، فهذه الحركة لرؤوس الأموال لها ارتباط وثيق بالاستقرار السياسي وما تقدمه الدولة من ضمانات تكفل الاستثمار فيها،

84

بالإضافة إلى ذلك فهو يبين الهبات والقروض الدولية المقدمة للدولة. كما يبين حركات الذهب أو العملة الصعبة. وهذا البند الأخير تصحيحي فقط أي بعد جرد المعاملات السابقة فإن كانت الدولة دائنة هذا يعني أن لديها فائض Surplus في ميزان مدفوعاتها. وبالتالي فإن الدولة التي حققت عجزاً معها تدفع بالعملة الصعبة أو الذهب والعكس صحيح في حالة العجز(Deficit) وبالتالي فإن مهمة البند الأخير هو إحداث التوازن المحاسبي لا الفعلي.

من خلال ما سبق يتبين بأن وضعية ميزان المدفوعات تتوقف على المعاملات الدائنة والمدينة، فإذا كانت المعاملات الدائنة أكبر من المدينة فهذا يعني وجود فائض وهو بدوره يؤدي إلى زيادة احتياطي الدولة من العملة الصعبة والذهب والعكس صحيح في حالة زيادة المعاملات المدينة على الدائنة.

لتحقيق التوازن الحقيقي أو الفعلي في ميزان المدفوعات هناك أدوات محددة. وقبل البدء في الحديث عن الأدوات التي تستخدمها الدول من اجل إحداث التوازن في ميزان المدفوعات لا بد من الإشارة إلى أن الفائض ليس مفيدا في كل الأحوال لما قد يحدثه من زيادة في معدلات التضخم، إذا لم تكن الدولة قادرة على استيعاب الأموال المتراكمة. كما أن العجز ليس ضارا في كل الأحوال إذ قد يكون ضروريا من أجل زيادة النمو الاقتصادي للدولة.

شكل 21: توازن ميزان المدفوعات في التجارة الخارجية

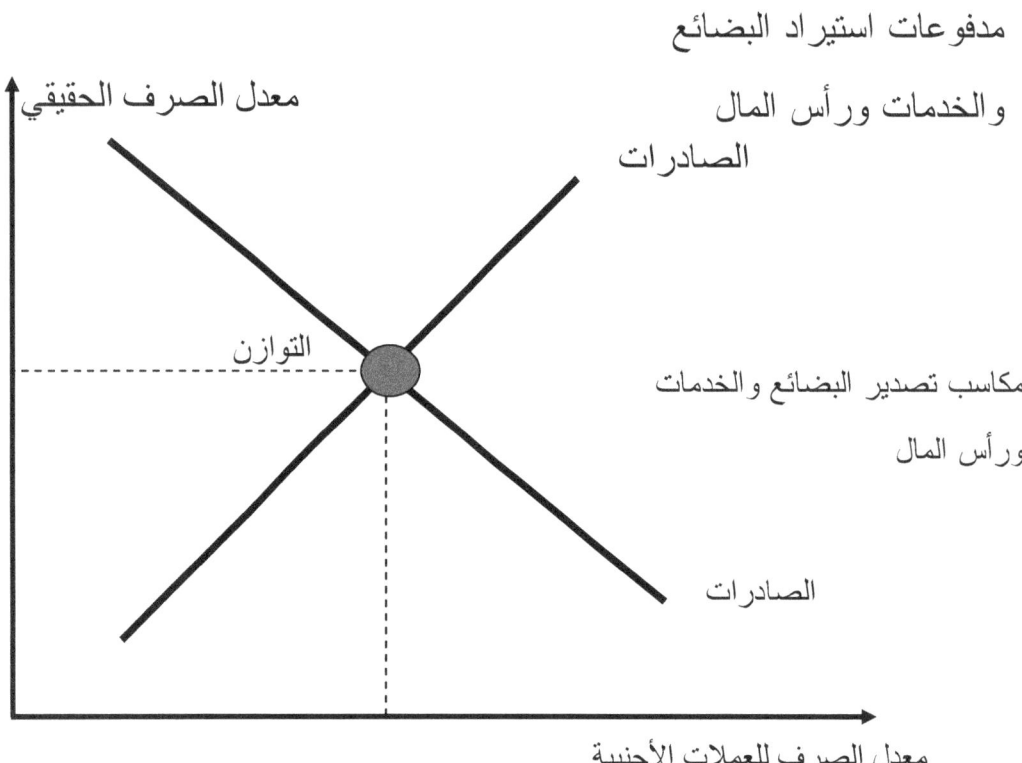

عملية إحداث التوازن الفعلي في ميزان المدفوعات عملية معقدة ومتشابكة خصوصا في الفترة بعد الحرب العالمية الثانية إلى يومنا هذا، ولذلك فإن التعاون الدولي في هذا المضمار شيء مهم، ولهذا فإن أحد أهم الوظائف التي أنشئ من أجلها صندوق النقد الدولي هو إعانة الدول على تحقيق التوازن العارض في ميزان مدفوعاتها، لكن يبقى الأمر الأساسي ما تقوم به الدولة من سياسات خصوصا في حالات العجز، كما أن العجز نوعان، عجز عارض وهذا يمكن تلافيه بسهولة. وهو لا يعدو أن يكون حالة طبيعية في مجال التجارة، فالإنسان يربح مرات ويخسر أخرى، أما الذي يقلق بال راسمي سياسات الدول هو العجز الهيكلي الذي يعكس أحد الأمرين الآتيين:

1. اختلافات أساسية في تكاليف الإنتاج، كتلك الواقعة بين الولايات المتحدة من جهة واليابان وألمانيا الغربية من جهة أخرى، فالعجز المستمر في الميزان التجاري للولايات المتحدة يدل على انخفاض قدرتها التنافسية في الأسواق العالمية.

2. بسبب ضعف في تركيب النشاط الاقتصادي للدولة نتيجة اعتمادها على تصدير المنتجات الزراعية والمواد الأولية وتخلف نشاطها الصناعي، حالة الدول المتخلفة اليوم.

أما السياسات التي تتخذها الدول من أجل إحداث التوازن في ميزان مدفوعاتها فيمكن حصرها في الآتي:

1. الرقابة على أسعار الصرف وذلك بتخفيض سعر صرف العملة (Exchange Rate Depreciation) لأن هذا الأمر قد يؤدي إلى زيادة القدرة التنافسية للدولة في الأسواق العالمية، حيث تصبح أسعار منتجاتها رخيصة.

2. والعكس صحيح في حالة رفع سعر صرف العملة Exchange Rate Appreciation لكن نجاح هذه الرقابة يتوقف على ما إذا كانت الدولة لها وزن في الاقتصاد العالمي أم لا، وكذلك على رصيدها من العملة الصعبة والذهب وتعاون بعض المؤسسات المالية الأخرى معها مثل البنوك المركزية، وهذا من اجل التدخل لبيع أو شراء العملة.

3. الاقتراض من الأسواق المالية، وقد يكون هذا الأمر إما مباشرة أو برفع سعر الفائدة لجذب رؤوس الأموال.

3. رفع أو زيادة الرسوم الجمركية على الاستيراد من الخارج.

4. تحديد نسب الاستيراد وفقا لحصص معينة (Import quotas)

ترجع أهمية ميزان المدفوعات إلي تسهيل التبادل الدولي خاصة مع ظروف تنامي العلاقات الاقتصادية الدولية وزيادة التبادل في السلع والخدمات وانتقال رؤوس الأموال. إضافة إلي ذلك فإن ميزان المدفوعات يقدم معلومات هامة عن مدى ارتباط الاقتصاد القومي باقتصاديات العالم الخارجي والتطور الزمني لهذا الارتباط. كما أن حالة ميزان المدفوعات تساعد واضعي السياسات الاقتصادية لاتخاذ السياسات المالية والنقدية المناسبة.

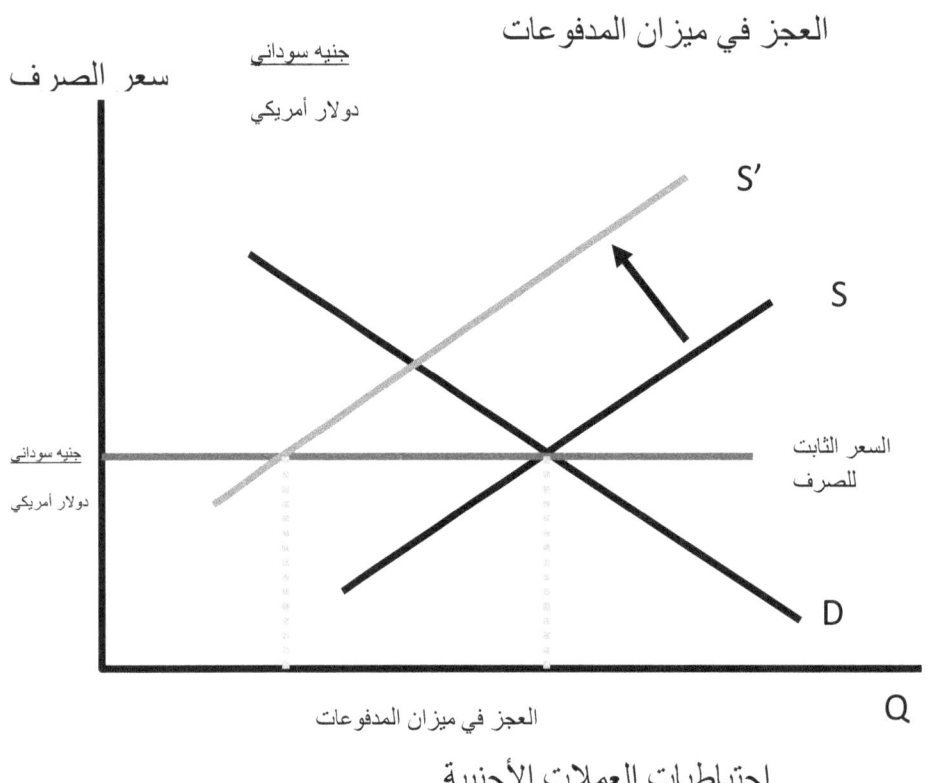

شكل 22: العجز في ميزان المدفوعات ومعدل الصرف والنقد الأجنبي

29. عناصر ميزان المدفوعات

يمكن تقسيم ميزان المدفوعات من الناحية الأفقية إلي الأقسام التالية:

1. حساب المعاملات الجارية.

2. حساب حركة رؤوس الاموال.

3. حساب التحويلات من جانب واحد.

4. حساب تحركات الذهب النقدي.

5. السهو والخطأ.

أما من الناحية الرأسية فينقسم ميزان المدفوعات إلى دائن ومدين والحساب الدائن يوضح ما للدولة من حقوق في ذمة الغير (بنود موجبة)، أما الحساب المدين من السجل يوضح فيه ما للغير من حقوق على الدولة (بنود سالبة).

1. حساب حركة رؤوس الأموال: وهذا الحساب يشمل جميع حقوق والتزامات رعايا الدولة تجاه رعايا البلدان الأخرى المتعلقة بالعمليات المالية التي يقوم بها القطاع العام أو القطاع الخاص سواء كانت طويلة لاجل (القروض، الاستثمارات المباشرة) أو قصير الاجل (قروض قصيرة الاجل، سندات سهم). علي أن حركة رؤوس الاموال بالدورية لا تتصف أو بالتكرار مثل البنود إلى حساب المعاملات التجارية التي تتكرر سنة بعد الأخرى.

2. حساب التحويلات من جانب واحد: وهو عبارة عن مدفوعات تدفع بدون مقابل مادي وهي شبيهة بحركة رأس المال الا انها تختلف عنها حيث لا يترتب عليها أي التزامات. يتضمن هذا الحساب التحويلات من الجهات الحكومية والخاصة والتي تتم في شكل مساعدات، هبات وتعويضات في حالات الكوارث والظروف الطارئة مثل الفيضانات والزلازل.

3. حساب تحركات الذهب النقدي والاحتياطي من العملات الأجنبية: وتشمل التغيرات التي تطرأ على أرصدة الذهب لدى السلطات النقدية. وهذه الأرصدة لها أهمية كوسيلة لتسوية المدفوعات الخارجية فالبلد الذي يواجه نقصاً في متحصلاته الخارجية يعمل على سد النقص عن طريق بيع أو تصدير الذهب.

4. السهو والخطأ: هذا علي على أساس القيد المزدوج في ميزان المدفوعات (دائن، مدين) فلا بد أن يكون هناك تعادل محاسبي لجانبي ميزان المدفوعات أي تطابق الجانب الدائن مع الجانب المدين واذا لم تتساو القيمة الاجمالية للجانب الدائن مع القيمة الاجمالية للجانب المدين فلا بد من إضافة بند يعمل على تحقيق التعادل

والتوازن الحسابي اذ أن أي تبادين يبين اجمالي العمليات الدائنة والعمليات المدينة يكون نتيجة عدم دقة في البيانات والاحصائيات أو نتيجة للسهو. لذا فعن البند الذي تتم اضافته يسمي السهو والخطأ في مكونات ميزان المدفوعات.

جدول 16: نموذج لميزان المدفوعات بأقسامه المختلفة

الحساب	دائن متحصلات	مدين مدفوعات
أولاً: ميزان (حساب) العمليات الجارية:		
جدول 17: الميزان التجاري		
الصادرات المنظورة (صادرات سلعية)		×
الواردات المنظورة (واردات سلعية)		×
جدول 18: ميزان الخدمات		
صادرات غير منظورة (خدمات)		×
واردات غير منظورة (خدمات)		×
ثانياً: ميزان (حساب) التحويلات من جانب واحد ومساعدات، هبات، تعويضات (خاصة أو حكومية)		
تحويلات إلي الخارج		×
تحويلات إلي الداخل		×
ثالثاً: ميزان (حساب) رأس المال		
الي الداخل		×
طويل الاجل		
قصير الاجل		
إلي الخارج		–
طويل الاجل		
قصير الاجل		
رابعاً: حساب الذهب النقدي:		

صادرات ×

واردات ×

خامساً: السهو والخطا

وتشمل نقل، تأمين، نفقات سفر فوائد وأرباح خدمات مصرفية نفقات حكومية.

التوازن والاختلال في ميزان المدفوعات

يجب أن يتوازن ميزان المدفوعات توازناً حسابياً أي بمعني تعادل جانبي الميزان (دائن ومدين). هذا الوضع لا يظهر مركز الدولة في الاقتصاد العالمي واذا أردنا أن نحكــم على ميزان المدفوعات بانه متوازن أو متخلف اقتصادياً فلا بد من البحث عن معيـار اخر لحالة الميزان وذلك بالنظر في المكونات الفردية (الحسابات الفردية) التي يـشتمل عليها الميزان وليس على الميزان بأكمله. وعليه فان التركيز على بعض الحسابات هو الذي يقود إلي وصف اخر غير الوصف المحاسبي وهو ما يعرف بالتوازن أو الاختلال الاقتصادي.

يجب التركيز علي المكونات الفردية لنفرق بين نوعين من المعاملات:

النوع الأول: وهو المعاملات الذاتية المستقلة

Autonomous Economic Transactions

النوع الثاني: المعاملات الاقتصادية التعويضية

Accommodating Economic Transactions

وهذا الاسلوب اقترحه صندوق النقد الدولي.

حيث أن المعاملات المستقلة تجرى بصورة ذاتية بغض النظر عن الوضع الاجمالي للميزان لأنها تتم بهدف تحقيق ربح أو اشباع رغبة لدى المقيمين داخل الدولة مثل تصدير السلع أو استيرادها، تقديم الخدمات أو الحصول عليها أو تلقي استثمارات أو القيام بها. وفيما يتعلق بطائفة المعاملات التعويضية أو الموازنة أو التابعة بقصد بها تلك المعاملات التي لا تجري لذاتها وإنما تتم بالنظر إلي وضع ميزان المدفوعات. مثال ذلك تصدير أو استيراد الذهب النقدي لذلك فهي لا تتم إلا من أجل تعويض أو ما تم من معاملات تلقائية، أي عندما يحدث اختلاف بين الجانب الدائن والجانب المدين.

شكل 23: أثر السياسات الإنكماشية علي العجز التجاري وميزان المدفوعات

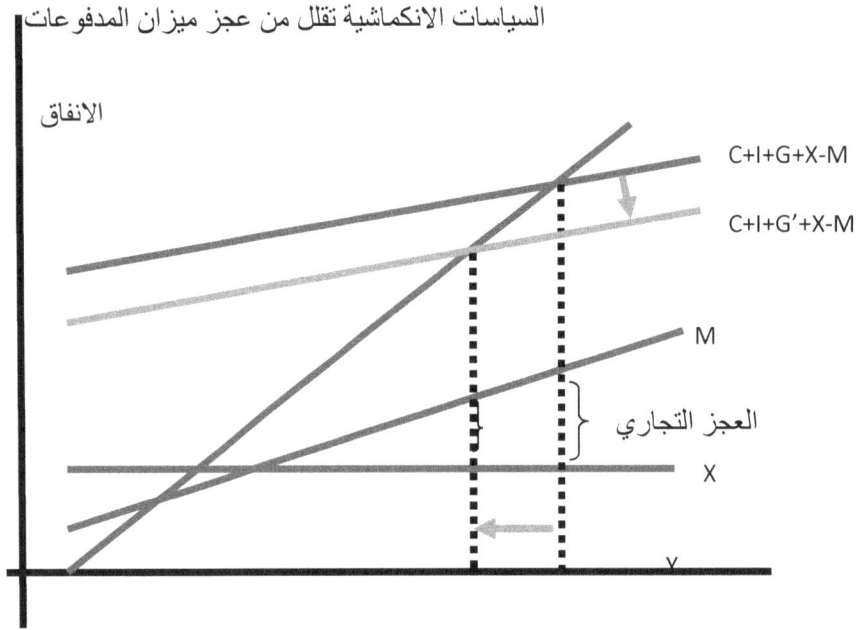

يرتبط التوازن الاقتصادي بنتيجة المعاملات الاقتصادية المستقلة والتي تسفر عن الصورتين التاليتين:

فائض: عندما تزيد متحصلات العمليات الاقتصادية المستقلة (الجانب الدائن) عن جانب المدفوعات (الجانب المدين). أو عندما تتفوق المدفوعات المستقلة على المتحصلات في العمليات المستقلة. وفي حالة تحقيق فائض فان الميزان يوصف بأنه موجب ويكون في صالح الدولة.

في حالة العجز يوصف الميزان بأنه سالب أو في غير صالح الدولة. ومن الصعب حدوث توازن في ميزان المدفوعات وإن كان يمثل ما تسعى إليه الدول. ولكن الوضع الطبيعي للميزان هو الاختلال سواء كان سلباً أو إيجاباً.

شكل 24: توازن البضائع والخدمات في التجارة الدولية

وهناك عوامل مؤدية إلى حدوث الاختلال في ميزان المدفوعات ويمكن تقـسيم هـذه العوامل إلى ثلاثة أنواع:

1. عوامل اقتصادية: العوامل الاقتصادية قد تكون نتيجة للتقلبات في النشاط الاقتصادي (رواج أو كساد اقتصادي). الرواج أو الازدهار الاقتصادي قد يؤدي إلى انتعاش التجارة الخارجية بينما يؤدي الكساد إلى تقلصها أو تكون مرتبطة بالتنمية والإنفاق الكبير مثلاً على عمليات التنمية وإقامة المشاريع الاستثمارية يتضمن زيادة الواردات من السلع الرأسمالية والوسيطة وما يصاحب ذلك من أثر على ميزان المدفوعات بالإضافة إلى أنها قد تكون نتيجة لوجود اختلال هيكلي في الاقتصاد القومي.

2. عوامل اجتماعية: أما العوامل الاجتماعية فتتمثل في التغير من أذواق وتفضيلات المستهلكين وأنماط الاستهلاك السائدة. وهذه العوامل تحدد إلى حد كبير حجم واردات وصادرات البلد وتثر على وضع ميزان المدفوعات.

3. عوامل سياسية: فيما يتعلق بالعوامل السياسية فان عدم الاستقرار السياسي وعدم ثبات السياسات الاقتصادية يؤثر سلباً على المناخ الاستثماري الملائم لجذب

الاستثمارات المحلية والأجنبية هذا بالإضافة إلي قيام التكتلات الاقتصادية التي تهدف إلي تنسيق السياسات التجارية للدول الأعضاء فيما يتعلق بمعاملاتها مع الدول الأخرى.

30.تصحيح أو معالجة الاختلال في ميزان المدفوعات

وجود عجز في ميزان المدفوعات في أي بلد يدفع واضعي السياسات المالية والنقدية لبذل جهدهم لإزالة أو تخفيض العجز على أقل تقدير وذلك عن طريق اتخاذ بعض الإجراءات بهدف تصحيح الاختلال.

شكل 25: تصحيح اختلال ميزان المدفوعات

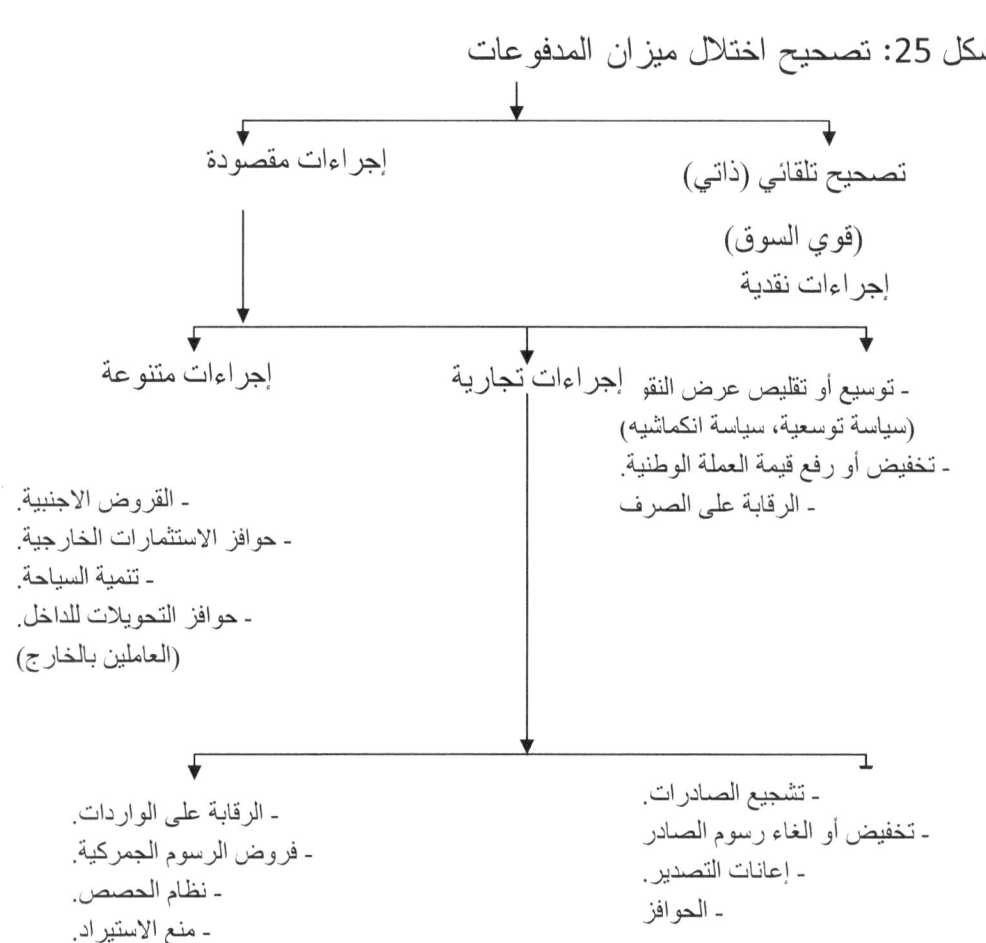

تنقسم الإجراءات إلي الآتي:

1. إجراءات تلقائية أي أن يترك المجال لقوى السوق (العرض والطلب) لكي تقوم بدورها في تصحيح الاختلال.

2. إجراءات مقصودة (متعمدة) وتشتمل على إجراءات نقدية وتجارية ومتنوعة.

3. الإجراءات النقدية: وهي الإجراءات التي تقوم بها السلطات النقدية للتأثير على عرض النقود وحجم الإئتمان وذلك بإتباع أما سياسة توسعية أو سياسة انكماشية ومن ثم التأثير على الطلب الإجمالي. وقد تشتمل هذه الإجراءات على تحديد سعر صرف العملة الوطنية والرقابة على الصرف من قبل البنك المركزي للتحكم في أوجه استخدامات العائدات الاحتياطي من العملة الأجنبية.

4. الإجراءات التجارية: وتتضمن الإجراءات الخاصة بتحفيز الصادرات (إعانات الصادر، إلغاء أو تخفيض رسوم الصادر والتسهيلات المالية) والحد من الواردات (فرض رسوم جمركية أو رفع الرسوم الجمركية على الواردات).

إجراءات متنوعة: وتنطوي على تشجيع الاستثمارات والعمل على الحصول على قروض أجنبية، تنمية وجذب تحويلات العاملين بالخارج.

27. الاتفاقيات الدولية للتجارة الخارجية

شهدت فترة الثلاثينيات من القرن الماضي اللجوء إلي اتباع سياسة الحماية بين الدول لخدمة مصالحها القومية وقد ادي هذا الوضع إلي المعاملة بالمثل بين الشركاء في التجارة الخارجية وحتي لا يؤدي هذا الوضع إلي عدم الاستقرار في المعاملات التجارية الدولية ظهرت الضرورة إلي تشجيع قيام التجارة الدولية متعددة الأطراف بدلاً عن التجارة الثنائية.

1. الاتفاقية العامة للتعريفات الجمركية والتجارة (الجات):

من أجل تحقيق هذا الغرض اجتمع عدد من الدول في جنيف عام 1946م حيث تم الاتفاق على إنشاء الاتفاقية العام للتعريفات الجمركية والتجارة General Agreement on Tariffs and Trade المعرفة باسم (الجات) وتم اتوقيع عليها في عام 1947 بواسطة 23 دولة.

الهدف الرئيس للاتفاقية هو إزالة الحواجز التي تعوق انسياب التجارة الدولية وذلك عن طريق ازالة الحواجز (جمركية وغير جمركية) أو على الأقل تخفيضها تخفيضاً جوهرياً في إطار مفوضات متعددة الأطراف. تهدف الاتفاقية أيضاً إلي إزالة المعاملة التمييزية في التجارة بين الدول الأعضاء كما أن التجارة الحرة تؤدي إلي الاستخدام الأمثل للموارد الاقتصادية المتاحة ورفع مستوى المعيشة في الدول هذا فضلاً إلي أن الاتفاقية تفسح المجال للتحكيم لفض المنازعات التجارية التي قد تنشأ بين الدول الأعضاء.

مبادئ الجات

هناك مجموعة من المبادئ التي يجب مراعاتها والالتزام بها من قبل الأطراف المتعاقدة وهي كما يلي:

1. تحرير التجارة الخارجية من جميع القيود.
2. مبدأ عدم التمييز بين الدول الأعضاء في المعاملات التجارية وهذا المبدأ يعرف بمبدأ الدولة الأولي بالرعاية (Most Favored Nation (MFN يقضي هذا المبدأ بضرورة منح كل طرف متعاقد جميع المزايا التي تمنح لأي دولة أخرى دون الحاجة إلي اتفاق جديد أي ان كافة الدول الأعضاء يجب ان تتمتع بوضع الدولة الأولي بالرعاية (MFN). وبالرغم من التأكيد على هذا المبدأ فان الاتفاقية لا تمنع قيام تكتلات اقتصادية لما ان الغرض منها تسهيل التبادل التجاري بين الدول المنطوية تحت أي شكل من اشكال التكامل الاقتصادي.
3. مبدأ الشفافية (Transparency) ويقصد به الاعتماد على التعريفة الجمركية وليس على القيود الكمية (نظام الحصص) ما دعت الحاجة إلي تقييد التجارة لان القيود الكمية تفتقر إلي الشفافية لأنها لا تمنح تماما الدعم الممنوح للإنتاج المحلي. يوجد استثناء لهذا المبدأ في حالة الدولة التي تواجه عجزاً حاداً في ميزان مدفوعاتها.
4. فض أو تسوية النزاعات التي قد تنشأ بين الدول الأعضاء عن طريق المشاورات والتحكيم.

لم تلقي مبادئ الجات القبول التام من قبل الدول النامية في تلك الفترة لان اســتراتيجية التنمية في تلك الدول كانت تقوم أساس على إنشاء صناعات إحلال الواردات ومنحهــا

الحماية اللازمة نضيف إلي ذلك قيــام مـــؤتمر الأمـــم المتحـــدة للتجـــارة والتنميـــة UNCTAD (الانكتاد) في 1964 وهو عبارة عن منظمة تعطي إهتماماً أكبر للظروف الخاصة للدول النامية ولمتطلبات التنمية في تلك الدول لذلك لم تأخذ بمبدأ عدم التمييــز بل نادت بمنح مزايا خاصة للدول النامية. وفي ظل هذه الظروف اضطرت الجات إلي تعديل الاتفاقية الأصلية في عام 1964م حيث تم النص صراحة في الجزء الرابع على أن تعامل الدولة النامية معاملة تفضيلية في تطبيق الاتفاقية العامة.

مفاوضات الجات

تجتمع الدول الأعضاء دورياً للتفاوض حول أجراء تخفيضات في الرسـوم الجمركيــة ولقد عقدت سكرتارية الجات عدداً من الجولات وكانت أول جولة في جنيــف 1946م حيث تم التوقيع على الاتفاقية بواسطة 23 دولة ارتفع العدد إلي 117 دولة فــي عــام 1994م. وفي هذه الجولة تم وضع لائحة لتنظيم التجارة لتخفيض التعريفة الجمركيــة على حجم التجارة الدولية، ثم تلت جولة جنيف سبع جولات سعت كلها لخفض الرسوم الجمركية على السلع وكانت أخرها جولة أورجواي (1986 – 1994م) ومن نتائجهــا قيام منظمة التجارة العالمية (WTO) في عام 1994.

جولات الجات:

1. جولة جنيف 1947م.
2. جولة نيس (فرنسا) 1994م.
3. جولة توركواي (انجلترا) 1950م.
4. جولة جنيف 1956م.
5. جولة ديلون عام 1960 سميت باسم نائب وزير الخارجية الأمريكية الذي اقترح اقامتها.
6. جولة كيندي 1964م عقدت بجنيف وبجانب ما أسفرت عنه من تخفيضات جمركية تمت صياغة إجراءات لمكافحة الإغراق.
7. جولة طوكيو بجنيف عقدت خلال الفترة 1973 – 1979م بجانب تخفيض الرسوم الجمركية على بعض السلع تم وضع الهيكل القانوني لتنظيم التجارة الدولية وشروط تفضيلية للدول النامية.

8. جولة أورجواي (1986 – 1993م): وتعتبر من أهم جولات الجات من حيث المدة التي استغرقتها حيث أنها امتدت لسبع سنوات وأكثر شمولاً للقضايا التي طرحت للنقاش وأبعدها أثرا على السياسات التجارية الدولية حيث تبلورت نتائج الجولة في قيام منظمة التجارة العالمية (WTO) التي تم التوقيع عليها بمراكش في 1994م.

العوامل التي ساعدت على عقد هذه الجولة:

1. استخدام القيود غير الجمركية في كثير من الدول الأعضاء والمحظورة وفقاً لقواعد الجات مما ادي إلي انخفاض في معدلات الأداء الاقتصادي في معظم دول العالم.

2. ظهور بعض المشكلات التي كان لها الأثر الكبير على الأوضاع الاقتصادية في العالم مثل أزمة النفط وأزمة الديون الخارجية للدول النامية في عام 1984م.

3. استمرار حالة الكساد في الدول الصناعية المتقدمة مما جعل هذه الدول تلجأ إلي السعي لفتح أسواق خارجية في محاولة للخروج من هذه الحالة.

4. ضرورة إعادة تخصيص الموارد المتاحة بعد انتهاء الحرب الباردة بين المعسكرين الشرقي والغربي بغرض توظيفها في صناعة المنتجات المدنية بدلاً عن توظيفها في الصناعات العسكرية.

5. تزايد دور ونشاط الشركات المتعددة الجنسية في إقامة الاستثمارات الأجنبية المباشرة الذي تزامن مع سعي الدول النامية لجذب الاستثمارات الأجنبية بدلاً من تحمل عبء خدمة الديون الخارجية.

6. تزايد أهمية التجارة الدولية في الخدمات حيث وصل معدل نموها خلال فترة انعقاد الجولة إلي ضعف معدل نمو التجارة الدولية حيث بلغ نصيبها حوالي 25% من حجم التجارة الدولية هذا الوضع يفسر إصرار الدول المصدرة للخدمات على إدخال تجارة الخدمات ضمن مجالات تحرير التجارة الدولية، هذا بالإضافة إلي أن بعض الدول حديثة التصنيع في جنوب شرق آسيا وأمريكا اللاتينية بدأت في تصدير بعض المنتجات الصناعية مما دفع الدول الصناعية المتقدمة إلي تعزيز موقفها في تجارة الخدمات.

لعب القطاع الخاص دوراً كبيراً في التأثير على سير المفاوضات في جولة أورجواي لقناعته بان المفاوضات التجارية المتعددة الأطراف سوف تؤدي النهاية إلي تقليص

الحواجز على التجارة والاستثمار وبالتالي إلي تعظيم ربحية القطاع الخاص من عملياته في الأسواق الخارجية.

ناقشت جولة أورجواي قضايا رئيسة تتمثل في الآتي:

1. الاستخدام المتزايد للحواجز الجمركية في التجارة الدولية.
2. الحاجة إلي تطوير قواعد تحرير التجارة في الخدمات المصرفية والاتصالات والتأمين التي تعتبر من أكثر مجالات التجارة الدولية سرعة في النمو.
3. الدعم الممنوح للمنتجات الزراعية وتأثره على التجارة الخارجية.
4. ضرورة تفعيل آلية تسوية النزاعات الناشئة من مخالفات قواعد الجات.
5. رغبة الدول الصناعية المتقدمة في تثبيت حق حماية الملكية الفكرية.

31. منظمة التجارة العالمية (World Trade Organization (WTO

كان من نتائج جولة أورجواي قيام منظمة التجارة العالمية (WTO) وقد تم التوقيع على إنشاء المنظمة في 1994/4/15م بمراكش بالمغرب بتصديق 117 دولة. ومنذ ذلك أصبحت المنظمة النظام الوحيد الذي يحكم قواعد وإجراءات التجارة الدولية في العالم والخدمات بين الدول التي تشكل تجارتها الخارجية ما يزيد عن 90% من حجم التجارة العالمية. وهي عبارة عن مجموعة من الاتفاقيات وتسمي أخوات الجات. وتقوم المنظمة بالإدارة والاشراف على هذه الاتفاقيات بعد مزاولة نشاطها في عام 1995 وعليه أصبحت المنظمة الاطار المؤسس الموحد لجميع الاتفاقيات المبرمة في جولة أورجواي. يلاحظ أن نشاطها يعتبر أكثر شمولاً مما كانت تقوم به الجات حيث تشرف على مجالات السلع الزراعية والصناعية وتجارة الخدمات وحقوق الملكية الفكرية. أصبحت المنظمة مع صندوق النقد الدولي والبنك الدولي تشرف على الأنشطة الاقتصادية في العالم.

شملت إتفاقية منظمة التجارة العالمية الاتفاقيات التالية:

1. الاتفاقية العامة لتجارة الخدمات (جاتس GATS) ومن أهمها الخدمات المالية وفي مقدمتها الخدمات المصرفية[1].

[1] General Agreement on Trade in Service

2. الاتفاقية التجارية لحقوق الملكية الفكرية (TRIPS) حقـوق بـراءات الاقتـراع، والعلامات التجارية حقوق التأليف والنشر وحقوق الخدمات الفنية).

3. الاتفاقية المتعلقة بإنشاء آلية تسوية المنازعـــات (DSB) Disputes Settlement Body وهي الاتفاقية على أهمية المشاورات لفض المنازعات وفي حالة عدم تسوية المنازعات طريق التشاور يتم تكوين هيئة المحلفين.

4. مراجعة السياسات التجارية (TPRM) Trade Policy Review Mechanism المراجعة بصورة دورية(2-4) سنوات للدول المتقدمة وكل (4-6) سنوات للـدول النامية.

أهداف المنظمة

1. تقوية الاقتصاد العالمي من خلال عولمة وتحرير التجارة الدولية من كافة القيود.

2. رفع مستوى الدخل الحقيقي للأعضاء ورفع مستوى المعيشة.

3. زيادة الطلب على الموارد الاقتصادية والاستخدام الامثل لها مع المحافظة على البيئة وحمايتها.

4. توسيع وتسهيل الوصول إلي الأسواق من أجل توسـيع نطـاق التجـارة العالميـة واشراك الدول النامية والأقل نمواً في التجارة الدولية بصورة افضل.

5. المساعدة في حل المنازعات بين الدول الأعضاء.

وظائف المنظمة:

من واقع وطبيعة الاتفاقيات المشار إليها أعلاه تتلخص مهام ووظائف المنظمـــة علـــى النحو التالي:

1. الاشراف على إدارة وتفيذ الاتفاقيات التجارية المتعددة الأطراف.

2. إدارة الية مراجعة السياسات التجارية للدول الأعضاء.

3. إدارة القواعد والإجراءات التي تحكم وتنظم تسوية المنازعات بين الدول الأعضاء.

4. التعاون مع صندوق النقد الدولي والبنك الدولي من أجل التنسيق في مجـال رسـم السياسات الاقتصادية العالمية.

الهيكل التنظيمي للمنظمة:

تم وضع الهيكل التنظيمي للمنظمة من أجل تحقيق الأهداف والمهام التـي تقـوم بهـا.

والشكل التالي يوضح ذلك

شكل 26: الهيكل التنظيمي لمنظمة التجارة العالمية

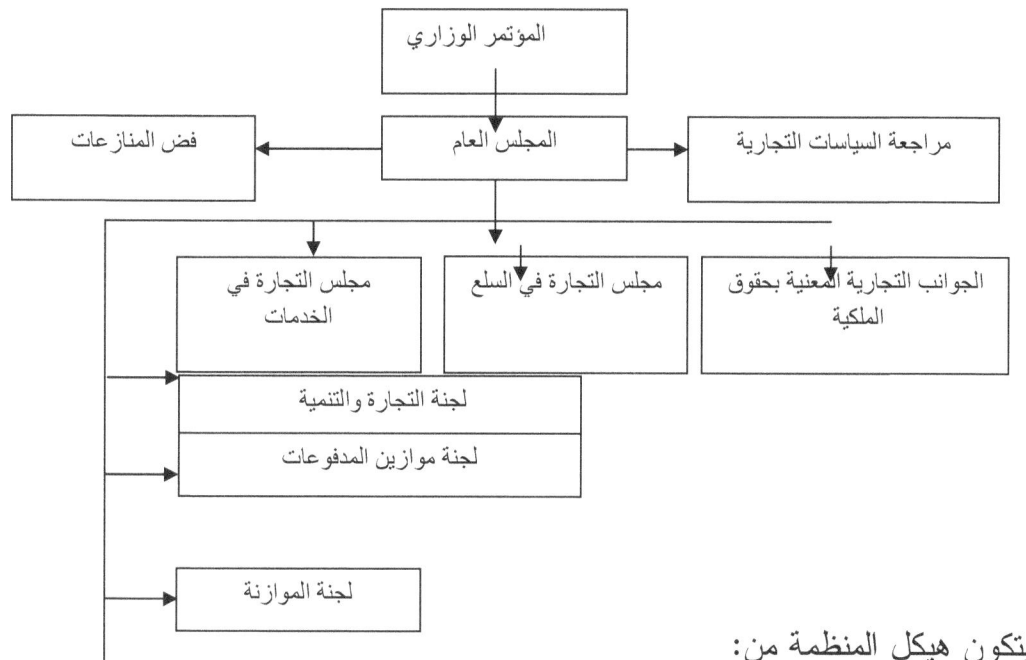

يتكون هيكل المنظمة من:

1. المؤتمر الوزاري ويتكون من ممثلي جميع الأعضاء ويجتمع كل عــامين لاتخــاذ القرارات الخاصة بمهام واختصاصات المنظمة المتعلقة بالاتفاقيات متعددة الأطراف وله الحق في انشاء لجان محددة وفي تعيين المدير العام الذي يرأس أمانة المنظمة. كما يتخذ القرارات بشأن الانضمام للمنظمة بالشروط التي يوافق عليها بأغلبية ثلثي الأعضاء.

2. المجلس العام يتكون من ممثلي كل الأعضاء ويجتمع حسبما يكون الوقت مناسباً ويقوم بإعداد التقارير للمؤتمر الوزاري كما يقوم بتنفيذ العمل بالاتفاقية والقرارات الإدارية ويعمل المجلس كذلك كجهاز لفض المنازعات ومراجعة السياسات التجارية. ويحق للمجلس أن ينشئ أجهزة فرعية مساعدة مثل مجلس التجارة في السلع ومجلس التجارة في الخدمات، ومجلس حقوق الملكية الفكرية، كما تتبع له لجان فرعية، لجنة التجارة والتنمية ولجنة موازين المدفوعات ولجنة الموازنة.

3. بعد التوقيع على اتفاقية قيام منظمة التجارة العالمية وبداية العمل في 1995م تم عقد عدد من المؤتمرات الوزارية لبحث القضايا المطروحة من قبل الدول المتقدمة

والدول النامية كان أولها في سنغافورة في آخر عام 1996م، جنيف 1998م، سياتل 1999م، والدوحة 2001م وأخيراً في المكسيك 2003م وقد تناولت هذه المؤتمرات العدد من المواضيع في مجالات منها التجارة والبيئة، التجارة والاستثمار، الصحة العامة، معايير العمل وحقوق الملكية الفكرية.

تباينت مواقف الدول المتقدمة والدول النامية حول أجندة الموضوعات المطروحة للتداول ولمعرفة ما تم عليه الاتفاق وما تم تأجيل النظر فيه يمكن الرجوع إلي الاعلان أو البيان الختامي عقب كل مؤتمر.

الآثار الايجابية

يمكن تقرير الآثار الايجابية والآثار السلبية لاتفاقيات منظمة التجارة العالمية (النظام الجديد للتجارة العالمية) بالنسبة للدول النامية على الوجه التالي:

1. إن زيادة حجم التبادل التجاري الدولي الناتج عن سعي المنظمة لتخفيض الحواجز (جمركية وغير جمركية) سوف يؤدي إلي زيادة الإنتاج في معظم دول العالم مما يؤدي بدوره إلي زيادة الطلب على صادرات الدول النامية وتنشيط اقتصادياتها.

2. خلق فرص أوسع لصادرات الدول النامية في السواق العالمية بالنسبة للسلع التي تملك في إنتاجها مزايا نسبية نتيجة للإلغاء التدريجي للدعم المقدم من الدول الصناعية المتقدمة للمنتجين الزراعيين في تلك الدول ولحصص وارداتها من المنسوجات والملابس الجاهزة.

3. المنافسة العالمية وارتفاع السلع الزراعية المستوردة نتيجة لإلغاء الدعم التدريجي للمنتجات الزراعية في الدول المتقدمة يشكلان حافزاً للدول النامية على إنتاج بعض المحاصيل الزراعية الهامة بدلاً من استيرادها مثل الحبوب، اللحوم ومنتجات الألبان مما يؤدي إلي تنشيط قطاعت الإنتاج وزيادة الكفاءة الإنتاجية في الدول النامية. وتخفيض الرسوم الجمركية على واردات الدول النامية من مستلزمات الإنتاج الأساسية سوف يؤدي إلي خفض تكاليف الإنتاج وزيادة الإنتاج مع تحسين جودة ونوعية المنتجات لكي تقوى على المناقشة في الأسواق العالمية.

4. تحرير التجارة في الخدمات سوف يتيح للدول النامية إمكانية الحصول على التقنية الحديثة واستخدامها في مختلف المجالات.

5. تكفل الاتفاقيات معاملة تمييزية للدول النامية مثل حماية الصناعة الوطنية بالإضافة إلي التنفيذ التدريجي للالتزامات التي تفرضها الاتفاقيات.

الآثار السلبية:

1. رفع الدعم عن المنتجات الزراعية في الدول المتقدمة سوف يؤدي إلي ارتفاع أسعار الاستيراد المواد الغذائية التي تحتاج إليها الدول النامية مما يترتب عليه تأثير كبير على موازين مدفوعاتها وعلى معدلات التضخم.

2. المنافسة غير المتكافئة بين الدول المتقدمة والدول النامية في بعض أوجه النشاط الاقتصادي حيث ان السلع الأجنبية تتمتع بتكلفة أقل وجودة أفضل مما يضعف وضع الصناعة المحلية وقدرتها على توسيع نشاطها وتقديم فرص استيعاب عمالة أكثر ونفس الشئ ينطبق على تجارة الخدمات التي لا تقوى على المنافسة العالمية.

3. ارتفاع تكلفة استيراد التقانة نتيجة لتطبيق الاتفاقية الخاصة بحقوق الملكية الفكرية المتمثلة في دفع الأتاوات والمصروفات المرتبطة باستخدام العلامات التجارية وحقوق الطبع والنشر وما إلي ذلك مما يؤدي إلي ارتفاع تكلفة برامج التنمية وارتفاع تكاليف الإنتاج.

4. خفض الرسوم الجمركية التدريجي سوف يؤدي إلي ضعف موارد الإيرادات العامة وبالتالي عجز الموازنة في الدول النامية وقد تلجأ الحكومات في الدول النامية إلي فرض ضرائب أو رسوم جديدة على القطاع العائلي وقطاع رجال الأعمال من أجل تغطية العجز مما ينتج عن هذا الإجراء آثار سالبة على الإنفاق الاستهلاكي ومستوى المعيشة والاستثمار في الاقتصاد القومي.

5. الحد من قدرة الدول النامية على تصميم سياساتها التنموية وفقاً لظروفها الخاصة وأهدافها الوطنية وذلك لان اتفاقية منظمة التجارة العالمية تنطوي على تحويل قدر من صلاحيات اتخاذ القرارات الوطنية في عدد من المجالات إلي المنظمة أو التشاور معها قبل اتخاذ العديد من القارات المتعلقة بالتجارة.

بالنظر إلي طبيعة كل من الآثار السالبة والآثار الإيجابية الموضحة يلاحظ أن الآثار السلبية مؤكدة الحدوث بينما الآثار الايجابية تعتبر مجرد فرص محتملة يعتمد تحقيقها على درجة استعداد الدول المتقدمة على تطبيقها والالتزام بشروط الاتفاقيات. ونجـد أن

الولايات المتحدة الأمريكية تفرض رسوماً جمركية على استيرادها من الفولاذ من الدول الاوروبية مخالفة بذلك شروط تحرير التجارة التي تفرضها الاتفاقية.

وتحقيق أي من الآثار سواء كانت ايجابية أو سالبة يعتمد على عوامل عديدة منها حجم موارد وإمكانيات البلد ومدى الكفاءة الاقتصادية لقطاعاته الإنتاجية والبني التحتية ومدى انفتاحه على العالم الخارجي وقدرته على بناء القدرات والاستثمار. وفي مجال البحوث والتطوير (R and D) يبرز دور التكيف مع المتغيرات الاقتصادية العالمية.

32. التكامل الاقتصادي Economic Integration

لا يمنع مبدأ عدم التمييز الذي نصت عليه اتفاقية (الجات) قيام التكامل الاقتصادي فيما بين الدول والذي يعني وضع ترتيبات تتفق بمقتضاها دولتان أو أ:ثر على تقريب وتوثيق أوضاعها الاقتصادية وقد يأخذ التكامل أشكالاً وصوراً مختلفة. وقد اصبحت التكتلات الاقتصادية سمة من سمات الاقتصاد العالمي المعاصر نسبة لما تتمتع به من مزايا وخصائص تساهم في تحقيق مصالح اقتصادية مشتركة بين الدول المكونة لهذه التكتلات مثال ذلك الاتحاد الأوروبي ورابطة دول جنوب شرق اسيا ASEAN وفي عالمنا العربي مجلس التعاون الخليجي.

تعريف التكامل الاقتصادي

لم يحظ تعريف التكامل الاقتصادي باتفاق عام بين الاقتصاديين نتيجة لتباين وجها النظر حول نوع ودرجة التكامل الاقتصادي القائم والمقترح. ويعرف التكامل الاقتصادي بأنه عملية A process أو بأنه حالة تجارية. فاذا أعتبرنا التكامل الاقتصادي بأنه عملية فهو يشمل الإجراءات الرامية إلي إلغاء أو إزالة التمييز بين الوحدات الاقتصادية المتعلقة بالدول المختلفة. أما اذا اعتبرناه حالة تجارية فهذا يعني انعدام (اختفاء) كافة صور أو أشكال التمييز بين اقتصاديات الدول.

على ضوء هذا التعريف يمكن التفريق بين التكامل والتعاون، والتعاون الاقتصادي يشمل الإجراءات الهادفة إلي تقليل التمييز بين الوحدات الاقتصادية المختلفة بمعني تنظيم عمليات التبادل الدولي. هذا في حين أن عملية التكامل الاقتصادي تذهب إلي أبعد من حيث يتضمن الإجراءات التي تفضي إلي إزالة بعض أشكال التمييز مما يزيد من قوة العلاقات الاقتصادية بين الدول. وتأسيساً على ذلك فان الاتفاقيات الدولية حول

المبادلات التجارية تقع في دائرة التعاون الاقتصادية في حين أن إزالة الحواجز التجارية يكون متعلقاً بالتكامل الاقتصادي. ونتيجة لذلك يتضح أن السمة الأساسية للتكامل هي إزالة الحواجز القائمة بين الدول الأعضاء في منطقة معينة.

بالإضافة إلي ذلك نجد أن الإطار التكاملي لا يشمل فقط حرية التجارة، بل يشمل أيضاً الترتيبات الخاصة بإزالة القيود التي تعوق انسياب رؤوس الأموال في العمل بين الدول الداخلية في هذا التنظيم التكاملي. والتكامل الاقتصادي بصفة عامة هو اصطلاح يغطي عدة ترتيبات ترفع بها الحواجز الاصطناعية بين الاقتصاديات المتكاملة.

33. صور وأشكال التكامل الاقتصادي

فيما يلي نتطرق لصور وأشكال التكامل الاقتصادي بدرجاته المختلفة حسب التدرج:

1. النظام التفضيلي (منطقة التفضيل الجزئي) The Preferential Trading System: وهو عبارة عن إجراءات تتخذها مجموعة من الدول فيما بينها بقصد تخفيف قيود تبادل المنتجات أي أنها معاملة تفضيلية على تجارتها البينية. وهذه التدابير تتعلق بالتبادل السلعي للتجارة الإقليمية ولا يشمل الشق النقدي أي خدمات رأس المال)، ويعتبر التبادل الجزئي أقل صور التكامل الاقتصادي مثال ذلك دول الكومنولث.

2. تجارة حرة Free Trade Area: وهي عبارة عن اتفاق بين دولتين أو أكثر يتم بموجبه الغاء جميع القيود على التجارة بين الدول الأعضاء في حين تحتفظ كل دولة بحريتها في تحديد سياستها التجارية دور خارج منطقة التجارة الحرة. مثال ذلك منطقة التجارة الحرة لشمال أمريكا أي الولايات المتحدة وكندا والمكسيك NAFTA ومنطقة التجارة الحرة لأمريكا اللاتينية ومنطقة التجارة العربية الحرة الكبرى المقترحة.

3. الاتحاد الجمركي The Customs Union: وهو اتحاد بين دولتين أو مجموعة من الدول لا يقتصر العمل فيه على إزالة جميع القيود على التجارة فيما بين الدول الأعضاء بل يشمل أيضاً وضع سياسة موحدة تجاه الدول غير الأعضاء في الاتحاد. مثال ذلك الاتحاد الجمركي الذي يضم كل من بلجيكا وهولندا ولوكسمبيرج. وهو

اتحاد جمركي ومنطقة تجارة حرة بالإضافة إلي وجود تعريفة جمركية مشتركة لمجابهة دول العالم الخارجي.

4. السوق المشتركة The Common Market: هي خطوة تفوق الاتحاد الجمركي حيث لا تنطوي السوق المشتركة فقط على إلغاء كافة الرسوم الجمركية بين الدول الأعضاء والالتزام بسياسة موحدة في مواجهة الدول خارج السوق بل يسمح بانتقال عناصر الإنتاج (العمل ورأس المال) بحرية تامة داخل السوق. هذا مثل السوق الاوربية المشتركة والسوق المشتركة لشرق وجنوب أفريقيا (الكوميسا) أي أن هناك سوق مشتركة لها اتحاد الجمركي مع تحرير انتقال عناصر الإنتاج.

5. الاتحاد الاقتصادي The Economic Union: وهذه خطوة أكثر تقدماً في مجال التكامل الاقتصادي فبالإضافة إلي الشروط الخاصة بالسوق المشتركة والاتحاد الجمركي. فالاتحاد الاقتصادي يتحقق فيه قدر من التنسيق بين السياسات الاقتصادية والمالية والنقدية والضريبية وتشريعات العمل بين الدول الأعضاء. وذلك من خلال أجهزة عليا تكون مسئولة عن تنفيذ هذه السياسات مثال ذلك الاتحاد الاوربي الذي أنشئ بموجب معاهدة ماسترخت Mastricht عام 1991م. وتحول الاتحاد الاقتصادي إلي اتحاد نقدي Monetary Union. وينطبق هذا على الاتحاد الأوربي بموجب بنود اتفاقية ماسترخت حيث تم إنشاء بنك مركزي تولى إصدار عملة أوربية موحدة هي اليورو تم التعامل بها منذ يوليو 2002م. وقد توسع نطاق الاتحاد الاوربي بعد انضمام عشر دول من شرق ووسط أوروبا في مايو 2004 ليرتفع عدد الدول إلي 25 دولة.

بجانب إقامة اتحاد نقدي هدفت اتفاقية ماسترخت إلي تحقيق وحدة اقتصادية وسياسية وعسكرية تتمثل في اقامة اتحاد سياسة يقوم بصياغة سياسة خارجية وعسكرية مشتركة وإقامة اتحاد سياسي يقوم بصياغة سياسة خارجية وعسكرية مشتركة واتحاد برلماني يقدم استشارات مختلفة في مجالات الصحة والبيئة والتعليم. كما تتضمن الاتفاقية سياسة استثمارية موحدة لانسياب رؤوس الأموال. وأخيراً تم الاتفاق على صياغة دستور موحد للاتحاد في يونيو 2004م. هذا وقد جاء في وثيقة الدستور الموحد في روما في 2004م تمهيداً المصادقة دستور بواسطة الدول الأعضاء. وبذلك أصبح الاتحاد

الأوربي قوة دولية لها دورها في العلاقات الاقتصادية الدولية.

34. تمويل عمليات التبادل التجاري

التمويل هو جزء من الأنشطة الاقتصادية الهامة ولذلك يتم التعرف عليه وعلى وسائل سداد الالتزامات المترتبة عن ذلك تمويل الاحتياجات المالية لأي منشاة تجارية يتم توفيره عن طريق المصدر التالية:

1. الأموال المملوكة وهي عبارة عن الأموال الخاصة بمالك أو ملاك المنشأة الناتجة من مدخراتهم الشخصية في حالة المؤسسات الخاصة والتي يتم توظيفها طوال حياة المنشأة. أما في حالة شركات المساهمة العامة فإن التمويل يتم عن طريق طرح الأسهم للاكتتاب العام وتوظيف الاحتياطيات والأرباح غير الموزعة.

2. الاقتراض، حيث أنه في حالة عدم كفاية المصدر أعلاه يلجأ أصحاب المشروع إلي الاقتراض من البنوك التجارية والمؤسسات المالية لسد الفجوة التمويلية. علماً بأن الحصول على قروض ليس بالأمر السهل إذ قد تواجهه بعض الصعوبات كما أن القروض التي تمنح هي قروض متوسطة وقصيرة الأجل وبشروط غير ميسرة في معظم الأحيان مما يترتب عليه ارتفاع أسعار السلع.

من وسائل تمويل التبادل التجاري الدولي:

1. تسهيلات الموردين Suppliers Credits: يتم تقديم التسهيلات بأسعار الفائدة السائدة في السوق وقد لا تغطي قيمة السلع المستوردة بالكامل وعلى المستورد أن يعمل على تغطية المتبقي من القيمة وهذه التسهيلات تكون مضمونة بكمبيالات من قبل المستورد ومضمونة من بنك في بلدة.

2. التسهيلات المقدمة من المؤسسات المالية الخارجية: وهي عبارة عن تسهيلات تقدمها مؤسسات مالية بطريقة مباشرة إلي المستوردين حتي يتمكنوا من شراء السلع من المنتجين داخل البلد التي توجد فيها هذه المؤسسات المالية لتقديم التسهيلات بهذه الصورة يساعد على فتح أسواق جديدة للمنتجات وتكون هذه التسهيلات مضمونة السداد من قبل الحكومة التي تتبع لها هذه المؤسسات أو بها منشأ السلعة. ويعرف هذا النوع بائتمان الصادرات توفر بموجبه الشركات المصدرة وبنوكها ائتمانا تصديرياً للدول المستوردة في فترة ما قبل دفع ثمن الواردات.

3. الاتفاقيات التجارية الثنائية وهي عبارة عن اتفاقيات تتم بين حكومتين لتنظيم وتطوير التجارة البينية بينهما خلال فترة زمنية محددة وتتضمن الاتفاقية الثنائية حجم التبادل التجاري أي السلع المصدرة والمستوردة لكل جانب. هذا في شكل قوائم للسلع تلحق بالاتفاقية ويعد التصديق على الاتفاقية من الجهات المعنية يتم تشكيل لجان مشتركة لمتابعة تنفيذ الاتفاقية كما يتم أيضاً تقييم الأداء. هذا لمعرفة ما قام به كل جانب فيما يتعلق بالوفاء بالتزاماته والعمل على تذليل العقبات لتصحيح المسار مستقبلاً. ومن مزايا الاتفاقيات التجارية الثنائية أنها تساعد على توسيع التبادل التجاري بين الدول عن طريق فتح أسواق جديدة وبالتالي الحصول على بعض السلع الضرورية وحل مشكلة ندرة العملات الأجنبية التي تعاني منها غالبية الدول النامية. وإذا التزمت الدول بمبدأ الشفافية يمكن تفادي أي مآخذ قد تنتج من ممارسات غير صحيحة.

4. الاعتمادات المستندية Documentary Credits

a. تعريف الاعتماد المستندي: الاعتمادات هي جمع اعتماد وهو مأخوذ من اعتمد الشئ بمعني اتكأ ويقال أعتمد الأمر أي وافق عليه. وهو اعتماد يستعمل بمعني الائتمان أو التسهيل أو الضمان، والمستند مأخوذ من السند فيقل سند إليه سنوداً ركن إليه واعتمد عليه واتكأ.

b. الاعتماد المستندي في القانون التجاري هو التسهيل المالي الذي تمنحه المصارف لعملائها المستوردين حيث تمكنهم من فتح اعتمادات لحساب المصدرين في الخارج حيث بإمكان هؤلاء الحصول على ثقة المصارف وقد يطلق عليه خطاب اعتماد.

c. يعتبر الاعتماد المستندي أحدى وسائل الدفع الهامة التي يمكن من خلالها تمويل المعاملات المتعلقة بالتجارة الخارجية وهو عبارة عن ترتيبات دفع خاصة يقوم بها أحد البنوك بالتصدير بتمويل صفقات تبادل تجاري دولي وفقاً لشروط وضوابط معينة وبما يضمن المحافظة على حقوق أطراف التعاقد.

d. الاعتماد المستندي هو طريقة يتوسط فيها البنك بين المشترى والبائع يزيل الشكوك التي قد تنشأ بين طرفي التعاقد، فالمشتري قد لا يرغب في دفع قيمة

بضاعة لم يستلمها وأن يكون الدفع مقدماً. هذا لأن في ذلك تجميد لأموال من ناحية فضلاً عما قد يحدث من نزاع لاختلاف مواصفات السلعة أو ميعاد شحنها من ناحية أخرى. والبائع قد لا يرغب في إن يقوم بشحن بضاعة لم يقبض ثمنها، أي التخلي عن ملكيته للبضاعة. وليس هناك ما يضمن له التزام المشترى بسداد قيمة البضاعة في المواعيد المتفق عليها وبالعملة المحددة في عقد البيع أي المستندات رهن القبول.

e. فتح خطاب الاعتماد المستندي: يقوم أحد البنوك بفتح خطاب الاعتماد المستندي بناءً على طلب احد العملاء يلتزم بموجبه البنك بسداد القمة لصالح طرف آخر هو المستفيد وفقاً لشروط معينة يتضمنها خطاب الاعتماد المستندي مراعياً في ذلك الشروط العامة الموحدة التي تصدرها غرفة التجارة الدولية (ICC).

f. يسمي البنك الذي يصدر خطاب الاعتماد المستندي بالبنك المصدر Issuing Bank الشخص الذي يرغب في فتح الاعتماد يسمي الأمر أو المشتري Buyer أو المستورد Importer، أما الشخص الذي يصدر لصالحه الاعتماد فيعرف بالمستفيد Beneficiary وهو المصدر Exporter أو البائع Seller. وبهذا المعني فالاعتماد المستندي يمثل أداة ضمان البنك لخدمة عملائه إذ يتعهد للبائع أي المصدر بدفع قيمة بضاعته المحددة بمواصفات معينة بعد فحص مستنداتها وشحنها ويضمن للمشترى عدم قيامه بالدفع إلا بعد استلام مستندات الشحن والتأكد من مطابقتها للمواصفات المتفق عليها.

35.أنواع الاعتمادات المستندية

يمكن تقسيم الاعتمادات المستندية إلي عدد من الأنواع وفقاً للشروط التي تتضمنها كالآتي:

1. الاعتماد المستندي غير القابل للفسخ (Irrevocable D.C). ويعرف بأنه وعد محدد وقطعي من قبل بنك تصدير الاعتماد Issuing Bank أ، يدفع يقبل الدفع بقيمة الحوالات أو الكمبيالات أو المستندات التي يقدمها المستفيد Beneficiary ويتميز هذا النوع بأنه غير قابل للإلغاء Cancelling وأنه غير قابل للتعديل مما يجعل تفضيل استخدامه في النطاق الدولي.

2. الاعتماد المستندي المعزز (المؤيد)/غير المعزز: Confirmed and Unconfirmed DC وينقسم وفقاً للشروط الواردة في الاعتماد المستندي إلي:

a. اعتماد مستندي معزز Confirmed حيث أنه بناء على اتفاق مبدئي بين البائع والمشترى يقوم البنك فاتح الاعتماد بتفويض أو الطلب من بنك آخر في بلد المستفيد بإضافة تعزيزه على خطاب الاعتماد المستندي ويسمي البنك الآخر البنك المعزز Confirming Bank.

b. الاعتماد المستندي غير المعزز Unconfirmed، وفي في هذا النوع يقوم البنك فاتح الاعتماد بابلاغ (إخطار) المستفيد بفتح الاعتماد الصالح بواسطة بنك آخر في بلد المستفيد Advising Bank ويعتبر هذا البنك وكيلاً للبنك فاتح الاعتماد ويقوم بأخطار المستفيد بقيام بنك الإصدار بفتح الاعتماد المستندي لصالح ولا يترتب على ذلك تحمل أي إلزامات أمام المستفيد.

3. الاعتماد المستندي القابل للتجزئة Divisible DC، في بعض الحالات قد يتطلب تنفيذ العقد بين البائع والمشتري أن لا يتم شحن لبضاعة مرة واحدة بل على فترات زمنية متتالية لأسباب عددية منها ضيق السوق، ضعف إمكانيات التخزين وفي هذه الحالة يقوم المشتري بفتح اعتماد قابل للتجزئة وفقاً لظروفه وحسب بالشروط المتفق عليها.

4. الاعتماد المستندي القابل للتجديد / التدوير Revolving DC، يتم تجديد هذا النوع تلقائياً وبنفس الشروط السابقة لعدد من المرات (الدورات) ولا يتطلب ذلك تعديل الاعتماد المستندي القائم قد يكون التجديد محدداً بالزمن أو القيمة أو الاثنين معاً.

5. الاعتماد المستندي القابل للتحويل Transferable Assignable DC من حيث انتقال الملكية. وهو عبارة عن اعتماد مستندي يعطي المستفيد الأول First Beneficiary الحق في أن يطلب من البنك المحول إليه أن يجعل الاعتماد متاحاً للاستفادة منه من قبل مستفيد ثاني Second Beneficiary أو مستفيد آخرين على أن يتم النص عليه صراحة في الاعتماد المستندي.

6. الاعتماد المغطي Covered DC، عادة لا يقبل البنك القيام بفتح الاعتماد إلا إذا كان له غطاء نقدي أو جزء من قيمة البضاعة أو عيني كضمان وإذا كان البنك مستوثقاً من قوة مركز العميل المالي فانه لا يطلب الغطاء النقدي.

36. الصيغ الإسلامية في التمويل التجاري

نتاول بعض من أساليب التمويل في المصارف الإسلامية على النحو التالي:

37.المشاركة

هي لغة تعني الاختلاط، خلط مال بالآخر حتي لا يتميزا واصطلاحاً هي إحدى وسائل توظيف الأموال بالمصارف الإسلامية، وهي عقد بين أثنين فأكثر على أن يتاجروا في رأس المال مشترك بينهم، ويكون الربح بينهم حسب الاتفاق وتكون الخسارة بنسبة مساهمة كل شريك في رأس المال.

صيغة المشاركة من أكثر الصيغ مرونة وشمولاً في المصارف الإسلامية حيث يقوم المصرف بمشاركة عملائه في العمليات التجارية المتعلقة بالتجارة المحلية أو التصدير والاستيراد.

من أدلة جواز المشاركة شرعاً قوله تعالى: (قرآن) (سورة النساء الاية 12) وقوله سبحانه وتعالى:(قرآن) الخلطاء هم الشركاء (سورة ص الآية 24) وقول الرسول صلى الله عليه وسلم في الحديث القديس الذي رواه أبو هريرة: (إن الله عز وجل يقول أنا ثالث الشريكين ما لم يخن أ؛دهما صابحه، فان خانه خرجت من بينهما) سنن أبي داؤود.

شركة العقد هي التي تنشأ بين إثنين أو أكثر بعقد يتفقان فيه على القيام بنشاط اقتصادي معين بقصد تحقيق الأرباح.

من شروط المشاركة أن يكون رأس المال معلوماً وقسط كل واحد من الشركاء معلوماً وأن يكون المال حاضراً حتي يمكن استعماله في عمل الشركة.

ومن الشروط أن يكون رأس المال من النقود أو مما في حكم النقود كالاموال غير المنقولة مثل الاراضي والعقارات والاموال املنقولة مثل السلع على أن يتم تقييمها نقداً بسعرها السائد يوم عقد الاتفاق(1).

---

(1) نوال حسين عباس – المؤسسات المالية – شركة مطابع السودان للعملة المحدودة 2003م ص 98.

يتم تنظيم العلاقة بين الشركاء بموجب عقود توضح كل التفاصيل الخاصة بعملية المشاركة من حيث تحديد الأنصبة في المشاركة والإدارة ونسبة الأرباح، ولتنظيم ومراقبة عمل يتم فتح حساب مشترك باسم المشاركة بالبنك يتم السحب منه حسب متطلبات تنفيذ العملية المتفق عليها.

يمكن تقسيم المشاركة من حيث استمرارية وأجل المشاركة الي:

1. المشاركة الثابتة: وهي المشاركة التي يقوم بها المصرف الإسلامي بتمويل جزء من رأس مال لمشروع معين ذلك يكون شريكاً في ملكية المشروع ومن ثم في الإدارة والإشراف عليه ويتقاضي حصة في الأرباح نظير إدارته. في هذا النوع يكون لكل طرف من الأطراف حصص ثابتة إلي اثنين، مدة المشروع أو المشاركة أو المدة التي حددت في الاتفاق. وتقسم المشاركة الثابتة إلي:
   1. مشاركة ثابتة مستمرة وهي المشاركة التي ترتبط بالمشروع الممول نفسه. فالمصرف شريك طالما أن المشروع يعمل. وهذا النوع يجب أن يوضع في الإطار القانوني الذي يكفل له الاستمرار.
   2. المشاركة الثابتة المنتهية وهي ملكية ثابتة في ملكية المشروع والحقوق المترتبة على ذلك إلا أن الاتفاق بين الصرف والشريك تضمن توقيتاً معيناً للتمويل مثل دورة نشاط تجاري أو توريد صفقة بالمشاركة وتسمي منتهية لان الشركاء حددوا للعلاقة بينهم أجلاً محدداً.
2. المشاركة المتناقصة، وفي هذا النوع من المشاركة يكون من حق الشريك أن يحل محل المصرف في ملكية المشروع إما دفعة واحدة أو على دفعات حسبما تقتضيه الشروط المتفق عليها وطبيعة العملية على أساس إجراء ترتيب منظم لتجنيب جزء من الدخل المتحصل كقسط لاسترداد كامل الحصة.

ومثال علي التعاقد بين المصرف والعميل هو شكل العقد التالي:

بنك الشمال الإسلامي

تم ابرام عقد المشاركة هذا بين كل من:

أولاً: بنك الشمال الإسلامي ويشار إليه فيما بعد لأغراض هذا العقد بالطرف الاول.

ثانياً:................. ويشار اليه فيما بعد لأغراض هذا العقد بالطرف الثاني.

طلب الطرف افلثاني من البنك أن يشاركه في....................وقبل البنك هذا الطلب وعليه تم الاتفاق والتراضي على عقد المشاركة هذا وفقاً لأحكام الشريعة الإسلامية وبشروط العقد التالي:

1. اتفق الطرفان على الدخول في مشاركة هي..

2. يساهم البنك في المشاركة بدفع مبلغ وقدره...

3. يساهم الطرف الثاني في المشاركة بدفع مبلغ وقدره..

4. يفتح حساب مشاركة خاص بهذه العملية لدي بنك الشمال الإسلامي يودع فيه كل طرف مساهمته في المشاركة بعد التوقيع على هذا العقد مباشرة وتورد في هذا الحساب إيرادات البيع أولاً بأول.

5. تخزن البضاعة موضوع التعاقد تحت الاشراف المشترك للطفين ولا يسحب أي جزء منها الا بعد توريد ثمنه في حساب المشاركة.

6. يقوم الطرف الثاني بإدارة المشاركة وبيع البضاعة بأفضل الشروط المتاحة مع مراعاة العرف التجاري وشروط هذا العقد بصفة خاصة.

7. يتم بيع البضاعة نقداً وبالسعر الذي يوافق عليه الطرفان.

8. يحفظ الطرف الثاني حسابات منظمة ومنفصلة خاصة بالمشاركة تكون مدعومة بالمستندات والفواتير اللازمة ويكون للبنك الحق في مراجعة هذه الحسابات في أي وقت يراه بواسطة موظفين أو بواسطة مراجع قانوني يختاره لهذه الغرض.

9. يقدم الطرف الثاني بيانات شهرية منظمة للبنك توضح سير المشاركة وموقف البيع والمخزون ويكون للبنك الحق في طلب هذه البيانات في أي وقت يراه.

10. تصفي هذه المشاركة بيع كل البضاعة أو بمرور (مدة زمنية) على تاريخ استلامها بالمخازن أيهما كان أولاً فاذا مضت المدة من غير بيع كل البضاعة يتم بيع ما تبقى منها بالسعر المتاح في السوق.

11. توزع الأرباح التي تنتج عن هذه المشاركة على النحو التالي:

a. ....للطرف الثاني مقابل الإدارة.

b. ....للطرفين كل بنسبة مساهمته المالية الفعلية في المشاركة.

113

12.في حالة حدوث خسارة يتحملها الطرفان كل بنسبة مساهمته المالية الفعلية في المشاركة.

اذا نشأ نزاع حول تفسير أو تنفيذ هذا العقد يحال ذلك النزاع إلي لجنة تحكيم تتكون من ثلاثة أعضاء يختار كل طرف عضواً واحداً منهم ويجتمع العضوان لاختيار الشخص الثالث ليكون رئيساً للجنة التحكيم وفي حالة فشلهما في الاتفاق على شخص الرئيس أو عدم قيام أحد طرفي العقد باختيار محكمة في ظرف سبعة ايام من تاريخ أخطاره يحال للمحكمة المختصة لتعيين الشخص أو الأشخاص المطلوب تعيينهم على أن تعمل اللجنة وتحكم وفقاً لأحكام الشريعة الإسلامية ونصوص هذا العقد وتكون قراراتها سواء اتخذت بالإجماع أو بالأغلبية نهائية وملزمة للطرفين.

38. المرابحة

المرابحة لغة من الربح وهو النماء والزيادة الحاصلة في المبايعة، يقال رابحته على سلعته مرابحة أي أعطيته ربحاً.

المرابحة في اصطلاح الفقهاء هي البيع بزيادة على الثمن الاول. وبيع المرابحة هو بيع يمثل رأس مال البيع مع زيادة ربح معلوم. أي هو البيع الذي يدفع فيه المشترى مبلغاً زائداً على ما قامت به السلعة أي كلفته. ذهب جمهور الفقهاء على جواز بيع المرابحة تأتي مشروعية بيع المرابحة عموم قوله تعالى: (قران) سورة البقرة الاية (275) وفي السنة قيل يا رسول الله أي الكسب أحب؟ قال عمل الرجل بيده وكل بيع مبرور" أي البيع الذي لا غش فيه ولا خداع (سنن الترمزي).

المرابحة للآمر بالشراء: هي طلب العميل من البنك أن يشترى له سلعة معينة من السوق المحلي أو من الخارج وبمواصفات محددة وذلك على أساس وعد منه بشراء تلك السلعة، وعلى ضوء ذلك يقوم البنك بشراء السلعة ثم يعرضها على طالبها بتكلفتها وربح مسمي (متفق عليه مسبقاً) ويوقع المشترى عقد بيع مرابحة مع البنك على شراء السلعة ودع ثمنها حسب الاتفاق ويستلم البضاعة.

إن بيع المرابحة في حقيقته يتكون من ثلاثة أطراف:

1. الامر بالشراء وهو المشترى الثاني الذي يرغب في شراء السلعة.

2. المأمور بالشراء وهو المشترى الأول أي البنك وهو أيضاً البائع الثاني.
3. البائع الأول وهو الذي يمتلك السلعة ويريد بيعها.

يشترط في بيع المرابحة معرفة مقدار رأس المال السلعة (ثمن الشراء مضافاً اليه مصاريف النقل والترحيل والتخزين) ومقدار الربح.

الخطوات العملية للمرابحة للآمر بالشراء:

فيما يلي بيان للخطوات الواجب توفرها في بيع المرابحة للآمر بالشراء:

1. أن يحدد المشترى السلعة التي يريدها والمواصفات التي تتصف بها ويطلب من البائع (البنك) أن يحدد ثمنها.
2. البائع (صاحب السلعة) يرسل إلي البنك فاتورة عرض أسعار محددة لوقت معين.
3. المشترى يعد البنك بشراء السلعة إذا اشتراها وعداً ملزماً[1].
4. البنك يقوم بشراء السلعة من البائع بعد دراسة الطلب (العرض) وتحديد الشروط ودفع ثمنها نقداً ويقوم باستلام السلعة وبذلك تدخل في ملكيته.
5. المشترك يوقع عقد بيع مرابحة مع البنك على شراء السلعة ودفع ثمنها حسب الاتفاق ويستلم السلعة.

نسبة الربح التي يتقاضها البنك الإسلامي عن بيع المرابحة تختلف من قطاع إلي اخر وتحدد هذه النسبة السلطات النقدية في البلد. وقد حددت السياسة النقدية والتمويلية لبنك السودان للعام 2004م تطبيق هامش مرابحة بنسبة 10% كحد أقصى في العام.

39. المضاربة

المضاربة على وزن المفاعلة من الضرب أي السعي في الأرض لطلب الرزق، والمضاربة في اللغة اتجار الانسان بمال غيره أو اصطلاحاً بمعني ان يدفع رب المال إلي المضارب مالاً يتجر فيه. أي بمعني أن يكون رأس المال من شخص والعمل من شخص اخر ويكون الربح مشتركاً بينهما حسبما يشترطان على ان تكون الخسارة على رأس المال ولا يتحمل المضارب شيئاً من الخسارة الا إذا ثبت أنه قد تعدى على رأس المال أو قصر أو أهمل في استخدامه.

هذا يؤدي لاستنتاج أنه لا نصيب للمضارب إلا من الربح فقط فلو اشترط له شئ من

---

(1) التزام المشترى بما وعد من شراء السلعة من البنك محل اختلاف بين الفقهاء.

رأس المال أو من الربح فسدت المضاربة، واشتراط الخسارة على المضارب بأقل ذلك لان الخاسر هو مالك لجزء من رأس المال فلا يجوز أن يلزم به غير مالك المال المضارب أتمن على رأس المال، ثم هو من جهة تصرفه فيه وكيل عن رب المال واذا ربحت المضاربة كان شريكاً لرب المال في الربح[1].

من أدلة جواز المضاربة قوله تعالى: (ثلاثة فيهن البركة: البيع إلي أجل والمقارضة وخلط البر السعير للبيت لا للبيع).

أنواع المضاربة:

المضاربة نوعان: مضاربة مطلقة ومضاربة مقيدة:

1. المضاربة المطلقة وهي التي لا تقيد بزمان ولا مكان ولا نوع تجارة يعطي رب المال في هذه الحالة المضارب مالاً على أن يكون الربح مشتركاً بينهما بنسبة متفق عليها وعادة ما تحجم البنك الإسلامية عن التعامل في هذا النوع من المضاربة خوفاً منها على اموالها وذلك لصعوبة متابعة هذه الأموال والتصرف فيها. (نصت السياسة النقدية والتمويلية لبنك السودان للعام 2004م على خطر التمويل بصيغة المضاربة المطلقة).
2. المضاربة المقيدة وهي التي قيدت بزمان أو مكان أو بنوع من السلع، أو الشراء من أو البيع إلي شخص أو جهة معينة أو باي شروط يراها رب المال لتقييد المضارب طالما كان ذلك في إطار الشرع. وهذه الصيغة هي السائدة في البنوك الإسلامية لانها أكثر انضباطاً من المضاربة المطلقة حيث أنها تتيح للبنوك الإسلامية الفرص لاستثمار أموالها بصورة أفضل.

هناك بعض أوجه القصور عن تطبيق صيغة المضاربة بوجه عام ومن بينها:

1. المشاكل التي قد تنشأ من عدم أمانة المضارب حيث أن نجاح العمليات التجارية يعتمد بصفة رئيسة على أمانة المضارب (العميل).
2. صعوبة تقدير معدل الربح المتوقع للسلعة موضوع المضاربة الذي تتأثر ببيعة السلعة والطلب عليها.

([1]) على عبد الرسول – المبادئ الاقتصادية في الاسلام والبناء الاقتصادي في الدول الاسلامية – دار العسكر العربي 1968.

3. عدم أخذ ضمان رأس مال المضاربة من حيث المبدأ لأن رب املال هو الذي يتحمل الخسارة الا اذا ثبت أن المضارب قد أهمل أو تعدى على رأس المال كما سبق ذكره.

من شروط المضاربة أن يكون رأس المال من النقود ولا تجوز المضاربة بالعروض (الامتعة والسلع) وان يكون معوم المقدار وان يكون عيناً حاضراً لا ديناً وأن يكون الربح معلوم القدر عند التعاقد أي نسبة كل طرف.

بسم الله الرحمن الرحيم

بنك الخرطوم

وعد بالشراء بالمرابحة

1. في اليوم..........سنة......هـ، الموافق .....شهر .....سنة..... تم الاتفاق بين بنك الخرطوم (الطرف الاول) و......... (الطرف الثاني).

2. طلب الطرف الثاني من الطرف الاول شراء البضاعة المحددة الأوصاف والكمية بطلب الشراء بالمرابحة المؤرخ....، شهر.....سنة......ولبيعها له مرابحة.

3. تم الاتفاق بين الطرفين على الاتي:

a. وعد الطرف الثاني الطرف الاول بشراء البضاعة المذكورة والمبينة بطلب الشراء بمجرد أخطار الطرف الاول الطرف الثاني بأن البضاعة جاهزة للتسليم أو وردت مستنداتها.

b. شروط مكان تسليم البضاعة.................

c. يكون البيع والشراء محل هذا الاتفاق على أساس المرابحة وبقيمة التكلفة الكلية لشراء البن كالبضاعة المشتمل على ثمن الشراء وتكاليف الشحن ورسوم الجمارك والتأمين وكافة المصاريف الأخرى بالإضافة إلي ربح البنك البالغ.............

4. وافق الطرف الثاني على أن يدفع للبنك مبلغ.......... من ثمن البيع الكلي عند توقيع الوعد والتزم بسداد باقي قيمة البيع المذكورة أعلاه على النحو التالي: ....

5. يلتزم الطرف الثاني بتقديم ضامن شخصي مقبول لدى البنك/ رهن عقاري، لضمان سداده لكل قيمة البيع الكلي في المواعيد المحددة.

6. يلتزم الطرف الثاني للبنك بتوقيع عقد الشراء والبيع بالمرابحة المتعلقة بهذا الوعد فور ابلاغ البنك له كتابة أو شفاهة بوصول مستندات السحب بأن البضاعة جاهزة للسحب في المكان وبالشروط المتفق عليها.

7. اذا فشل أي من الطرفين في تنفيذ هذا الوعد أو قدم بيانات أو معلومات أو مستندات غير صحيحة يلتزم هذا الطرف بتحمل اية اضرار أو خسائر أو فقد يلحق بالطرف الاخر نتيجة لذلك الفشل أو نتيجة لتقديمه البيانات أو المعلومات أو المستندات غير الصحيحة.

8. إذا امتنع أو فشل مصدر البضاعة أو نقلها لأي سبب في تنفيذ الصفقة أو الشحنة أو النقل أو أخرها عن الموعد المتفق عليه لا يكون الطرف الأول مسئولاً عن أي ضرر أو فقد يلحق بالطرف الثاني نتيجة لذلك. وعلى الطرف الثاني ان يدفع كافة المصروفات وأي خسائر تحملها البنك من جراء امتناع أو فشل المصدر أو النأقل.

بسم الله الرحمن الرحيم

بنك الخرطوم

عقد بيع بالمرابحة

1. تم هذا الاتفاق في اليوم..........من شهر..........سنة..............هـ الموافق اليوم..............من شهر..........سنة..............فيما بين بنك الخرطوم (الطرف الاول) و......(الطرف الثاني).

2. طلب الطرف الثاني طلب من الطرف الاول شراء..........(يشار إليها بالبضاعة) بموجب طلب الشراء الموقع بوساطته بتاريخ....... وقد قام الطرف الاول بشراء البضاعة وهي جاهزة للتسليم وتوجد مستنداتها بحيازته. وعليه اتفق الطرفان على الاتي:

a. يعتبر طلب الشراء الموقع بواسطه الطرف الثاني بتاريخ.......

118

b. وعد بالشراء بالموقع بوساطته أيضاً بتاريخ..... بكل شروطه كجزءاً لا يتجزأ من هذا العقد.

c. وافق الطرف الأول على بيع البضاعة للطرف الثاني بمبلغ....... الذي يمثل قيمة شراء البضاعة بواسطة الطرف الأول والبالغ قدره...... زائداً المصروفات وقدرها...... زائداً ربح الطرف الأول والبالغ.......

d. وافق الطرف الثاني على شراء البضاعة التي حددها الطرف الأول في الفقرة (1)

3. يتعهد الطرف الثاني بدفع ثمن البضاعة على النحو التالي.................. يقر الطرف الثاني بانه قد عاين البضاعة وأنها خالية من كل العيوب.

4. يكون هذا العقد نافذاً من تاريخ التوقيع عليه وتصبح البضاعة فور التوقيع ملكاً للطرف الثاني وتعتبر البضاعة ومستنداتها مرهونة رهناً تأمينياً لصالح الطرف الأول حتي دفع كامل الثمن المتفق عليه وله حق امتياز البائع.

5. تخزن البضاعة لدى الطرف الأول لضمان سداد كل قيمتها بواسطة الطرف الثاني ولا يتم الإفراج عن أي جزء منها إلا بموافقة الطرف الأول الكتابية وبعد سداد قيمتها النسبية من القيمة الكلية التي وافق عليها الطرف الثاني.

6. تؤمن البضاعة تأميناً شاملاً ضد كل الأخطاء بواسطة الطرف الثاني لدي شركة تأمين مقبولة للطرف الأول ولصالحه.

7. على الطرف الثاني تقديم ضمان مصرفي/ رهن عقاري/ ضامن شخصي مقبول للطرف الأول يضمن قيام الطرف الثاني بسداد كل المبالغ المستحقة عليه في مواعيدها المحددة وذلك بالإضافة لرهن البضاعة وتخزينها لدى الطرف الأول.

8. إذا فشل أو امتنع الطرف الثاني عن استلام البضاعة أو أي جزء منها أو المستندات، يحق للطرف الأول بيعها بالسعر الذي يحصل عليه وبالصورة التي يراها مناسبة لاستيفاء حقوقه بموجب هذا العقد وأي مصروفات أخرى وإن قل ثمن البيع عن مستحقات الطرف الأول يحق له أن يرجع الطرف الأول ليستوفي ما له من الطرف الثاني بما بقى له في ذمته.

عقد المضاربة:

في جهود الهيئة المتواصلة لإعداد نماذج عقود صيغ المعاملات في البنوك فقد تمت إجازة عقد المضاربة في اجتماع الهيئة رقم 2000/32 بتاريخ الاربعاء 23 جمادي الاول 1421هـ أغسطس 2000م.

نموذج

أبرم هذا العقد في:

اليوم.........من شهر.........سنة بين كل من:

1. بنك....فرع....... ويسمي لأغراض هذا العقد بالبنك طرف أول (رب المال). والسيد........ ويسمي بالطرف الثاني (المضارب) حيث أن الطرف الثاني طلب من البنك الدخول معه في عملية مضاربة................

2. وافق البنك على هذا الطلب فقد تم الاتفاق بينهما على ابرام عقد المضاربة وفقاً للشروط التالية:

a. يدفع البنك (رب المال) مبلغ....... للطرف الثاني (المضارب) كرأسمال للمضاربة.

b. يفتح حساب باسم الطرف الثاني (المضارب) لدي البنك يودع فيه رأسمال المضاربه ليتم السحب منه بواسطة الطرف الثاني وتودع فيه إيرادات المضاربة.

c. يلتزم الطرف الثاني باستعمال رأس المال فيما خصص له اعلاه.

3. مدة المضاربة (.....) تبدأ من.......... وتنتهي في....... ويجوز تمديدها كتابة باتفاق الطرفين كما يجوز تصفيتها باتفاقهما.

4. يلتزم الطرف الثاني بإدارة عملية المضاربة وبذل غاية جهده في انجاحها مراعياً في ذلك شروط عقد المضاربة والعرف السائد.

5. يلتزم الطرف الثاني (المضارب) بأن لا يخلط مال المضاربة بماله أو باي مال اخر ولا يعطيه لغيره مضاربة ولا يقرضه ولا يقترض عليه الا باذن مكتوب من البنك (رب المال).

6. يحفظ الطرف الثاني (المضارب) حسابات منتظمة خاصة بالمضاربة تكون مؤيدة بالمستندات والفواتير القانونية ويكون لرب المال الحق في مراجعة هذه الحسابات في أي وقت بواسطة موظفيه أو بواسطة مراجع قانوني يختاره.

7. الطرف الثاني (المضارب) أمين في مال المضاربة لا يضمنه إلا إذا تعدي أو قصر في حفظه.

8. يجوز أن يطلب البنك (رب المال) من الطرف الثاني (المضارب) ضماناً عينياً أو شخصياً أو مصرفياً في حالات التعدي أو التقصير أو الإخلال بالشروط.

9. يتم التأمين على كل ما يحتاج للتامين بواسطة الطرف الثاني (المضارب لدى شركة تأمين إسلامية مقبولة للبنك (رب المال).

10. يتحمل رأسمال المضاربة المصروفات الفعلية المباشرة الخاصة بالعملية.

11. يحق للبنك (رب المال) إنهاء العقد في أي من الحالات الآتية:

   a. إخلال الطرف الثاني بأي من الشروط الواردة في العقد.

   b. وفاة الطرف الثاني أو فقده لأي من شروط الأهلية اللازمة للتعاقد.

   c. إعلان إفلاسه أو البدء في إجراءات الإفلاس اختيارياً أو إجبارياً.

12. تصفي المضاربة عند انتهاء اجلها باتفاق الطرفين أو بموجب البند أعلاه ببيع جميع موجوداتها.

13. توزع الأرباح الناتجة عن المضاربة على النحو التالي:

   a. ....% للبنك (رب المال).

   b. ....% للطرف الثاني (المضارب).

14. إذا حدثت خسارة من غير تعد ولا تقصير ولا إخلال من الطرف الثاني (المضارب) يتحملها البنك (رب المال).

15. إذا نشأ نزاع حول هذا العقد يجوز برضاء الطرفين أن يحال ذلك النزاع إلي لجنة تحكيم تتكون من ثلاثة محكمين يختار كل طرف محكماً واحداً منهم ويتفق الطرفان على المحكم الثالث الذي يكون رئيساً للجنة التحكيم وفي حالة فشل الطرفين الاتفاق على المحكم الثالث أو عدم قيام أحدهما أو كليهما باختيار محكم في ظرف سبعة أيام من تاريخ إخطاره بواسطة الطرف الآخر يحال الأمر للمحكمة المختصة لتقوم

بتعيين ذلك المحكم المطلوب اختياره. تعمل لجنة التحكيم حسب أحكام الشريعة الإسلامية وتصدر قراراتها بالأغلبية العادية وتكون هذه القرارات نهائية وملزمة للطرفين.

40. الخصائص الهيكلية والمعايير الدولية للتجارة الخارجية في السودان

أصبحت الصادرات السودانية تعتمد اعتمادا كبيرا على صادرات النفط، الذي هو الخلل الهيكلي في الاقتصاد السوداني بصفة عامة وفي التجارة الخارجية. صادرات النفط في السودان لا تقل عن 95٪ من إجمالي الصادرات، وفقا للبيانات الرسمية للدولة. وبعد الدروس المستفادة من الأزمة المالية العالمية والآليات التي تم تحديدها للخروج. ومع انفصال جنوب السودان، لابد من وضع مسار جديد للصادرات السودانية يأخذ من خلال الصادرات السلعية وفق متغيرات وفرة الموارد الطبيعية والموارد البشرية في البلاد. في نفس الوقت لا يمكن أن نتجاهل الدور الكبير للنفط في إعادة تأهيل الاقتصاد السوداني والذي وصل إلى ما يشبه الانهيار التام في منتصف التسعينات من القرن الماضي. وحين بدأ إنتاج النفط كان منقذاً من الانهيار الحتمي.

هناك اختلالات كبيرة في هيكل الإنتاج تقوم أساسا على الصادرات الزراعية التي لا تزال تأتي في المرتبة الثانية في الصادرات بعد النفط. خلال السنوات 2001–2010، فتحت التدفقات النقدية بسبب عائدات النفط آفاق اقتصادية للسودان. كانت هناك الكثير من البضائع المستوردة واختل الميزان التجاري وميزان المدفوعات. تزامن ذلك مع الحاجة العالمية والناشئة عن زيادة الطلب على النفط. ومن جانب الأسواق المحلية تولدت أيضا زيادة الطلب على الاستهلاك حيث كانت الكثير من البضائع المستوردة اللازمة لإنتاج أو حياة الناس العاديين. لكن كان الثقل الأكبر في زيادة استيراد السلع الكمالية والسلع الاستهلاكية. وبدرجة أقل استيراد وإدخال السلع الاستثمارية التي تهدف إلى تحقيق التنمية الاجتماعية والاقتصادية. وقد أسفر ذلك عن الفشل في إنتاج العديد من المستلزمات الضرورية والبنية التحتية ووسائل الإنتاج والمدخلات والخدمات اللازمة للإنتاج. هذا إضافة إلي سوء توزيع عائدات النفط. وهذا يثبت بالرجوع إلى هيكل ميزانية الإنفاق العام المعمول به منذ عام 2000م وحتى ميزانية عام 2010.

يتطلب إصلاح هيكل التجارة الخارجية للسودان لمتابعة وتهدف دورة جديدة لزيادة قيم الصادرات غير النفطية من خلال رفع الجودة وإتباع المعايير المطلوبة أقليميا ودوليا لقبول الصادرات في الأسواق الخارجية واستمرارية. من ناحية أخرى يجب أن يسعى السودان لتحسين القدرة التنافسية لصادراته وخفض تكاليف الإنتاج كشرط ضروري لنجاح هذا المسار. من أول الأشياء التي تحتاج إلى مراجعة هي سياسة الحكومة لتشجيع الإنتاج المخصص للتصدير عن طريق الحد من الإفراط في فرض الرسوم والجبايات على المنتجين والمستهلكين من خلال إثقال كاهله برسوم غير قانونية وجبايات الطرق والوصول إلى الموانئ والمطار. هذا بالإضافة إلي رسوم الكهرباء والمياه والوقود بالإضافة إلى تكلفة الخدمات الاجتماعية. وبالتالي من الضروري تحديد وجهة الصادرات السودانية، ومراعاة أذواق المستهلكين في الجمهور المستهدف لتحسين صادراتنا. معظم الشركاء هم الدول العربية، خصوصا دول مجلس التعاون الخليجي ومصر، ثم دول الاتحاد الأوروبي والصين. وعليه هناك حاجة لتنويع السلع التصديرية من المواد الخام والماشية بالإضافة إلى ضرورة تصنيع جزء من تلك المنتجات التي يتم تصديرها في شكل منتجات مصنعة بدلا من المواد الخام التي تتعرض لكثير من المخاطر. وهذا يتيح البلاد تجنب صدمات غير تقليدية كما في حالة الحمى النزفية التي عطلت الصادرات من الماشية وكان من الممكن التغلب على هذه المشكلة بالتصنيع. يحتاج ذلك إلى تطوير أساليب الإنتاج ودعم القطاع الخاص وإعادة تأهيل البنية التحتية لإنتاج ومشاركة الدولة مباشرة في تلك العمليات. هذا دون السعي إلى تغيير هيكل الصادرات السودانية وإصلاح هيكلها لتطوير القطاع الصناعي الموجه إلى الخارج لكي يخرج السودان من مشاكله الاقتصادية التي تؤثر نتائجها على مستقبل الحياة الاجتماعية. تؤهل الإمكانيات المتاحة للسودان لإنتاج العديد من السلع النهائية ومدخلات الإنتاج اللازمة للعديد من الأسواق في الدول العربية والأفريقية بشرط وصولها ووجود صادراتها في أسواق العالم. هذا إضافة إلى أن واقع الأمن الغذائي يحتم أن يدخل في صناعات تجهيز الأغذية بدلا من اعتماد الأولوية الملحة على المواد الخام في الغذاء. وهناك نجاح في بعض الصناعات الغذائية في السودان مثل صناعة السكر ومنتجات الألبان ومنتجات اللحوم والزيوت هذا على الرغم من ارتفاع تكاليف الإنتاج قياسا

بالمعايير الدولية والقضايا الإقليمية. علي أن ارتفاع التكاليف وفشل البنية التحتية يشكلان عائقا حقيقيا لإصلاح هيكل التجارة الخارجية للسودان.

ولتغيير مسار الصادرات السودانية يجب تغيير استراتيجية التنمية والتوفيق بين السياسات الاقتصادية لتحقيق أهداف ذات الصلة بالتنمية والتكامل بين القطاعين الصناعي والزراعي. هذا يدعو إلى التوسع في الإنتاج لخلق فوائض التصدير وخلق بيئة استثمارية مناسبة ومكوناته، بما في ذلك توفير القدرات البشرية وتنويع هيكل الإنتاج الصادرات السلعية حتى يتمكنوا من التحقق من أن التقدم السودانية ويجد لنفسه مكانا قويا في الأسواق الخارجية. لتحقيق هذه الأهداف لا بد من اتخاذ سلسلة من التدابير والإجراءات حول سياسات التجارة الخارجية في السودان.

41. هيكل الصادرات السودانية

تتجسد خصائص هيكل الصادرات السودانية في العقد الأخير في الاختلالات الناتجة عن التبعية الكاملة والاعتماد علي صادرات البترول. هذا مع ضعف كبير في المنتجـــات الزراعية والصناعية إلي درجة تهميشها. ويعبر عنها بالصادرات غير النفطية. بلغـــت نسبة صادرات النفط من إجمالي صادرات السودان، منذ عام 2008 حوالي 95٪. كما تشير تقارير بنك السودان المركزي والــصادرات الـسودانية لعـــام 2008 أن حجـــم صادرات السودان في الأشهر التسعة الأولي بلغت 10.4 مليار دولار منها 95٪ مـــن صادرات النفط الخام ومشتقاته. أما بالنسبة للصادرات غير النفطية فقد شكلت 5٪ مـــن إجمالي الصادرات. وبلغت صادرات السمسم المرتبة الأولي من تلك الإيرادات حيـــث كانت قيمة الصادر 132,606,000 دولار، تليها الــذهب حـــوالي 98 مليـــون دولار والذرة حوالي 45,600,000$. كل هذا يشير إلى تدهور في تركيبة الصادرات التـــي تعاني منها قطاعات الاقتصاد الحقيقي في السودان. هذا يشير إلي ما ســمي بـــالمرض الهولندي The Dutch disease[1] بسبب البترول الذي يعتمد عليه الـــسودان بدرجـــة

---

[1] Definition of 'Dutch Disease Negative consequences arising from large increases in a country's income. Dutch disease is primarily associated with a natural resource discovery, but it can result from any large increase in foreign currency, including foreign direct investment, foreign aid or a substantial increase in natural resource prices. Dutch disease has two main effects:

كبيرة. القطاعات السودانية مؤهلة فعلا لجذب الاستثمارات الأجنبية لـدعم القطاعـات الإنتاجية التي تشكل الدعامة الأساسية للتنمية الشاملة والمستدامة في بلاد تذخر بالموارد الطبيعية. وحجم السكان حسب الصندوق الوطني للسكان سيصل إلـى أكثـر مــن 76 مليون نسمة في العام 2038 حسب معدلات النمو السكاني التي تتجاوز 2.53%.

هذا سيؤثر علي الأمن الغذائي والتنمية المتوازنة والاستخدام الفعال للمـوارد وتـوفير الخدمات اللازمة والتخطيط الجيد في جميع المجالات. مع ذلك، ورغـم أنــه احـتفظ الأهمية النسبية للمنتجات الزراعية في الصادرات المرتبطة بمجموعة مـن الأسـواق الهامة، والتي يسجل فيها السودان وجودا معتبرا رغم وجود انخفـاض فـي الكميـات الصادرة إليها في الآونة الأخيرة .

من السلع الهامة صادرات السمسم، والتي تأتي حاليا وفقا لبنك السودان المركزي فـي المرتبة الثانية بعد النفط. تليها خليط من صادرات الصمغ العربي والقطن، والتي تشكل ما يصل إلى سنة 1993 أكثر من 40 في المئة من الصادرات السودانية، وأخري مثل الفول السوداني والذرة والخضار والفواكه والمنتجات الحيوانيـة مـن اللحـوم الحيـة والمذبوحة والجلود.

1. A decrease in price competitiveness, thus affects exports, of the affected country's manufactured goods.
2. An increase in imports
In the long run, both these factors can contribute to manufacturing jobs being moved to lower-cost countries. The result is that non-resource industries are hurt by the increase in wealth generated by the resource-based industries. The term Dutch disease originates from a crisis in the Netherlands in the 1960s that resulted from discoveries of vast natural gas deposits in the North Sea. The newfound wealth caused the Dutch guilder to rise, making exports of all non-oil products less competitive on the world market. In 1970s, same economic condition occurred in Great Britain, when the price of oil quadrupled and became economic viable to drill for North Sea Oil off the coast of Scotland. By late 1970s, Britain had become a net exporter of oil; it had previously been a net importer. The pound soared in value, but the country fell into recession when British workers demanded higher wages and exports became uncompetitive.

شكل 27: أثر تصدير البترول علي توازن الصادرات وأسعار الصرف

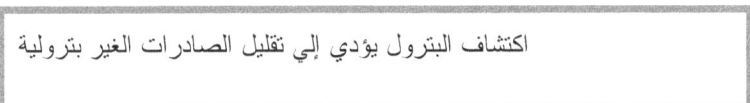

اكتشاف البترول يؤدي إلي تقليل الصادرات الغير بترولية

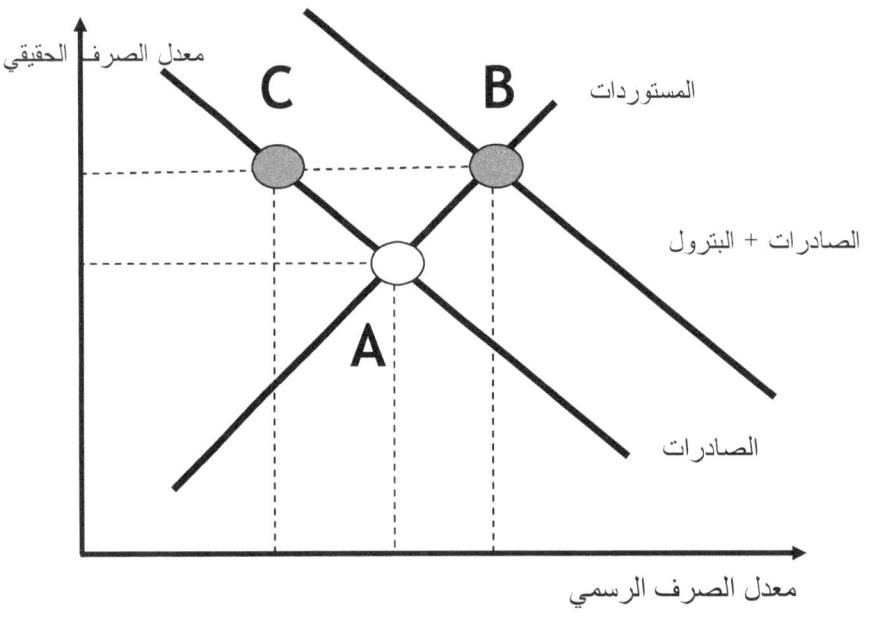

هذا بالإضافة إلى عائدات التصدير من قطاع التعدين في الذهب على وجه الخصوص، والكروم. هذا رغم عدم وجود بيانات دقيقة عن حجم الاحتياطيات أو مدي مساهمتها في الدخل أو الصادرات الوطنية حسب التقارير الإحصائية.

أما بالنسبة للصادرات الصناعية من السكر فتعود إلي مساهمة صادرات سكر كنانة كشركة منتجة بالإضافة إلى الزيوت النباتية والمنتجات الثانوية. هذا مع تناقص مساهمة الصادرات غير النفطية ولكن حدث تحسن كمي مؤخراً. وتجدر الإشارة إلى أن سيطرة صادرات النفط تأتي مع عدم وجود إنتاج النفط السوداني، الذي لا يتجاوز وفقا لبيانات حكومية رسمية 180,000 برميل يوميا، معظمها يذهب إلى كل من الصين وماليزيا. بالتالي لابد من عودة الصادرات السودانية غير النفطية التي تعاني من الضعف والتـــي

تعتمد بشكل أساسي على عائدات النفط لعدد من المشاكل والمعوقات التي تعترض الإنتاج الزراعي والصناعي هو الأكثر أهمية:

1. البنية التحتية الضعيفة لدعم الإنتاج الزراعي والصناعي، وذلك لأن الزراعة لا تزال تعتمد على القطاع التقليدي مع تدهور المشاريع الزراعية ومنها مشروع الجزيرة والرهد والسوكي ومشاريع الأمن الغذائي باستثناء مصنع سكر كنانة.

2. لم يتم ربط شبكات النقل بشبكة حديثة وهي لا تزال متخلفة في معظم أنحاء السودان، وخاصة بعد الإهمال والخراب الذي لحق السكك الحديدية. وقد وضعت منافذ لتلبية احتياجات الصادرات البترولية، إلا أنها لا تزال أقل من مستويات إقليمية. كما هو الحال بالنسبة للنقل الجوي وتخزين الطاقة والمبردات.

3. لا يزال التمويل يمثل مشكلة في جميع وظائف القائمة، ويعاني من إعاقة شديدة للقطاع الزراعي وقد أدخله في دوامة من الإعسار المزمن. وكذلك لم يتطور النظام المالي في السودان لتلبية احتياجات الإنتاج الحقيقي وتشجيع الصادرات. ونجد أن معظم البنوك السودانية ذات طابع تجاري وأن الهوامش التي تشكل صيغة المرابحة الرئيسية المالية عالية. كما لم يكن الأداء جيد لوظيفة النظام المالي لتوفير التمويل اللازم من الموارد المتاحة لتمويل مختلف القطاعات الاقتصادية.

4. لم تتطور آلية لتجنب مخاطر النظامية وغير النظامية، وبالتالي لم تسهم بشكل فعال في تحقيق الاستقرار الاقتصادي. وظلت مستويات التضخم في الارتفاع مما أعاق إمكانية النمو الحقيقي، وتوفير فرص للعمل واستقرار سعر صرف الجنيه السوداني.

5. تشكل المشاكل الإنتاجية والقدرة التنافسية المشكلة الرئيسية التي تعوق الصادرات. ونجد أن تكاليف الإنتاج مرتفعة والتقنية وأساليب الإنتاج منخفضة مقارنة بمعايير السوق التقليدية. وهي لا تخضع لمعالجة مشكلة القدرة التنافسية لمجموعة من المعايير لما يسمى تنافسية وأساليب القياس (أنواع وقياسات القدرة التنافسية). في سياق تحديد أنواع التميز التنافسي يجب أن تكون تنافسية وقدرة البلاد على الوفاء بمنتجاتها في الأسواق الدولية. أي أنه يجب تحديد أداء البلاد في التجارة الدولية بالمعنى الواسع حيث أن المنافسة تكون وفقاً لشروط الإنتاج والتجارة داخل البلاد

وبالتالي يمكن أن تصف وتحدد نطاق خصوصية هذا السوق[1]. المنافسة والقدرة التنافسية هي العناصر الأساسية لتحليل الإنتاج والتجارة الخارجية.

في سياق ما تقدم يمكن التمييز بين عدة أنواع من التنافسية:

1. كلفة تنافسية: البلد ذو التكلفة الأقل هو الذي يتمتع التنافسية العالية لصادراتها إلـى الأسواق العالمية، ويشمل ذلك سعر صرف العملة الوطنية.

2. القدرة التنافسية غير الأسعار التي تقع ضمن مفهوم التنافسية، لها عوامل غير فنيـة مثل الموقع والمناخ والعادات والتقاليد .. الخ.

3. الجودة التنافسية والتي تشمل إضافة نوعية المنتجات وعناصر القدرة على الابتكار. والبلد الذي لديه أفضل الابتكار ونوعية من الإنتاج ومراعاة لذوق المستهلك يكـون أكثر تنافسية، هذا بالإضافة إلى توفير شركات التصدير لها سمعة جيدة في الـسوق والتي يمكنها تصدير السلع التي يتم تسويقها حتى بأسعار أعلى من منافسيها.

4. التقنية التنافسية: والتي تتنافس على أساس تقنية الإنتاج العالية والأكثر تعقيدا.

5. الظرفية التنافسية: وهي مجموعة من المنتديات الاقتصادية الدوليـة، مثل منتـدى دافوس وتهدف إلى التركيز على تنافسية مناخ الأعمال والعمليات والاسـتراتيجيات وتحتوي على عناصر مثل العرض والإمدادات والتكلفة والجودة وحصة السوق.

6. القدرة التنافسية المستدامة وهنا التركيز على الابتكار ورأس المال البشري والفكري وتحتوي على عناصر رأس المال البشري ومستوى التعلـيم والتأهيـل والإنتـاج ومؤسسات البحث العلمي والتطوير والابتكار والمؤسسية والتسويق.

تشير التقارير الدولية إلي اختفاء السودان عن المحافل والمؤسسات الدولية بقياس القدرة التنافسية ويفسره غياب عدم وجود بيانات موثقة ومستوي الشفافية المطلوب بالإضافة إلى عدم وجود إمكانية لوصول المتخصصين الأجانب إلى المؤسسات السودانية المعنية. للتغلب على هذه العقبات يجب أن تكون الجهود موجهة نحو القطاعات الحقيقية للإنتاج

---

[1] The economy would stop producing some high capital-intensive commodities, and the value of parameter λ for these commodities equals zero. The value of λ for the low capital-intensive commodities increases, which in turn results in the lowering of the average value of k. The value of γ for commodities with high labor productivity, which are no longer produced will be zero, thus raising the value of γ for some commodities with low labor productivity and leading to lowering of average value.

في القطاعات الزراعية والصناعية. وتعتبر الواردات انعكاس للمشاكل التي يعاني منها الاقتصاد السوداني واعتماده على النفط والتبعية.

شكل 28: التجارة الدولية في دولة مصدرة

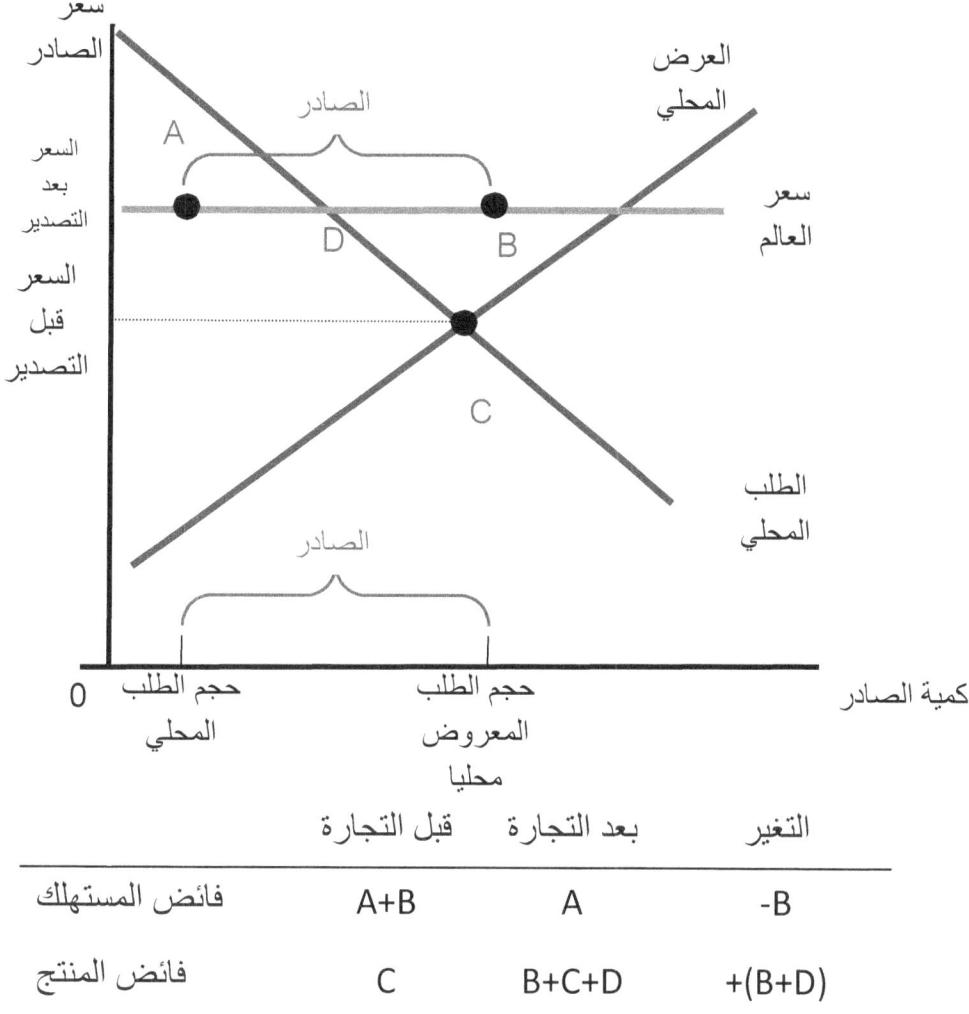

التغير	بعد التجارة	قبل التجارة	
-B	A	A+B	فائض المستهلك
+(B+D)	B+C+D	C	فائض المنتج

من أهم السمات التي طرأت علي الاقتصاد السوداني النسبة الكبيرة من واردات الغذاء التي وفقا لبنك السودان المركزي تمثل 16% من إجمالي الواردات. وقد بلغت 2 مليار دولار في النصف الأول فقط للعام الحالي 2010. الطحين أهم الواردات الغذائية والقمح والسكر والزيوت النباتية والحليب ومنتجات الألبان واللحوم والخضروات. ويلاحظ أن معظم تلك المواد يمكن إنتاجها محليا. ولكن هناك كميات مصدرة كبيرة تذهب في شكل مواد خام ونصف مصنعة. ويعود التضخم في فاتورة الواردات الغذائية إلى الخلل

الهيكلي الذي يعاني من الاقتصاد السوداني. علي سبيل المثال نجد أن المعدات والسلع الرأسمالية وأدوات الإنتاج تشكل 26٪ فقط من الواردات رغم أن السودان يفتقر إلى قاعدة صناعية ذات كفاءة. ويدل هذا الرقم على التواضع من الطاقة الإنتاجية للاقتصاد السوداني. وارتفاع واردات وسائل الإنتاج هو دليل على ارتفاع معدلات النمو وإمكانية زيادة الصادرات حيث أن هذه المواد تستخدم في الإنتاج الزراعي والصناعي أو في البنية التحتية والنقل والتخزين وغيرها من البنى التحتية اللازمة لرفع معدلات نمو الناتج المحلي الإجمالي والقدرة على التصدير.

جدول 19: التغير في الإنتاج وأسعار المنتجات

القطاع	الإنتاج			قيمة المنتج		
	5%	10%	15%	5%	10%	15%
الزراعة	-0.25	-0.32	-0.76	-2.77	-3.58	-8.37
البترول والغاز	0.10	0.13	0.27	3.92	5.04	11.29
الصناعة والتعدين	-0.86	-1.11	-2.58	0.72	0.93	2.28
صناعة البناء	1.55	2.01	4.61	5.72	7.68	20.80
الخدمات	-0.58	-0.78	-2.16	-1.48	-1.89	-4.14

تتكون سياسات الاقتصاد الكلي الموجهة نحو الإنتاج الحقيقي من سياسات صناعية وزراعية ومجموعة من الآليات ذات الصلة لتوجيه السياسة المالية والنقدية مثل التعريفات الجمركية وغير الجمركية، وسياسات سعر الصرف والتمويل الزراعي والصناعي ومختلف أشكال الدعم. والهدف من ذلك هو التأثير على قرارات وسلوك الصناعية والزراعية وحماية الصناعات الناشئة. وغالبا ما تهدف هذه السياسات إلى اعتماد بديل الواردات أو تشجيع الصادرات. ويتم ربطها بسياسات التجارة لحماية الصناعات الناشئة في جميع البلدان النامية بما فيها الدول الافريقية.

السبب تلك السياسات هو عدم قدرة البلدان النامية علي تطوير الإنتاج علي أساس من الكفاءة وتجربتها مع الأسواق. بالتالي يؤثر ذلك علي القدرة التنافسية لصادراتها التي تكون ضعيفة بالمقارنة مع الواردات من البلدان الصناعية. وينطبق هذا المنطق إلى حد كبير عن السودان الذي لا يملك التقنية المتاحة في البلدان المتقدمة مثل مهارات العاملين. والقدرات الإدارية الضعيفة وليست مماثلة لتلك السائدة في البلدان الصناعية

المتقدمة. في ضوء التفاوت في القدرات مقارنة مع الدول الصناعية المتقدمة، تتصاعد الضغوط على الصناعات الناشئة من المنافسة مع المنتجات المماثلة من الدول المتقدمة سواء في الأسواق المحلية أو الخارجية. هذا يخلق خسائر كبيرة عند تصدير السلع ويؤدي إلى إخراجها من السوق. تحت تأثير هذا الواقع، بدأت معظم البلدان النامية لمتابعة العديد من أدوات السياسة لحماية صناعتها الناشئة. لكن نلاحظ أن السودان الذي اعتمد سياسة الاحلال ليس له نشاط صناعي فعال أو يمكنه تحقيق أسعار للمنتجات الصناعية لتغطية التكاليف وتحقيق مستوى الأرباح على مستوى تنافسي جيد. وفي الوقت الحالي تخلي السودان تماما عن سياسة حماية المنتجات الوطنية وهذا أنتج عجزا في الميزانيات العامة وأدي إلي تفاقم حجم الديون الخارجية.

جدول 20: %التغير في تركيبة السلع وأثمانها

ثمن البضائع			التركيبة السلعية			القطاع
15%	10%	5%	15%	10%	5%	
-8.59	-3.71	-2.87	-1.44	-0.60	-0.46	الزراعة
26.56	11.95	9.29	2.88	1.41	1.12	البترول والغاز
2.12	0.86	0.67	-2.37	-1.02	-0.79	الصناعة والتعدين
20.80	7.68	5.73	4.61	2.01	1.55	صناعة البناء
-4.32	-1.97	-1.54	-2.46	-0.92	-0.68	الخدمات

جدول 21: %التغير في مبيعات السلع المحلية

التغير في قيمة المبيعات الوطنية			التغير في المبيعات الوطنية			القطاع
15%	10%	5%	15%	10%	5%	
-8.96	-3.87	-2.99	-1.36	-0.57	-0.43	الزراعة
26.56	11.95	9.29	2.89	1.41	1.12	البترول والغاز
2.54	1.04	0.80	-2.53	-1.09	-0.85	الصناعة والتعدين
20.80	7.68	5.72	4.61	2.01	1.55	صناعة البناء
-4.45	-2.03	-1.59	-2.41	-0.89	-0.66	الخدمات

مع التدهور في الأداء الاقتصادي بصورة عامة، ظهرت الحاجة إلى مراجعة سياسات الاقتصاد الكلي التي تهدف إلى تنمية التجارة الخارجية للسودان بما يتماشى مع الحاجة لتطوير قطاعات الإنتاج الحقيقي. ومن المفترض ألا تتعارض تلك السياسات مع الأوضاع الدولي السائدة التي تدعو إلى تحرير التجارة الخارجية وفقا لمتطلبات العضوية في منظمة التجارة العالمية (WTO) وتحقق المصالح الاقتصادية للبلد. لتحقيق الأهداف المذكورة تنشأ الحاجة لتوظيف السياسات الاقتصادية لتشجيع مختلف القطاعات

الصناعية وفقا لاستراتيجية محددة للتصنيع في عدد من المجالات. وهذا من خلال دعم الصناعات الناشئة. ولكن تتعرض سياسات رفع حماية الصناعات لآراء بـين التأييــد والمعارضة من جهة النظر الاقتصادية. يؤيد ذلك أنصار رأي سياسات إحلال الواردات بسبب أنها تساعد في تحفيز الصناعة الوطنية ورفع مستوى الرفاهية العامة من خــلال رفع مستوى الدخل الحقيقي في المستقبل. ويعتقدون أن المكاسب التي يمكن تحقيقها في رفع مستوى المعيشة تعوض الخسائــر في الإنتاج والاستهلاك الناجمــة عــن سياســة الحماية. ويرى المعارضون أن هناك آثار سلبية ناجمة عن ما يسمى تكلفــة الحمايــة والتي تظهر في شكلين:

1. ترتبط مع خسائر تكلفة الإنتاج أو المعبر عنها في التكلفة المرتبطة بإنتاج كميــات إضافية من السلع المعنية بالحماية.

2. ترتبط بتكلفة الاستهلاك أو الخسارة الناتجة عن ارتفاع أسعار السلع المحمية مع ما يترتب من انخفاض في مستوى الاستهلاك.

29: التجارة الدولة في دولة مستوردة

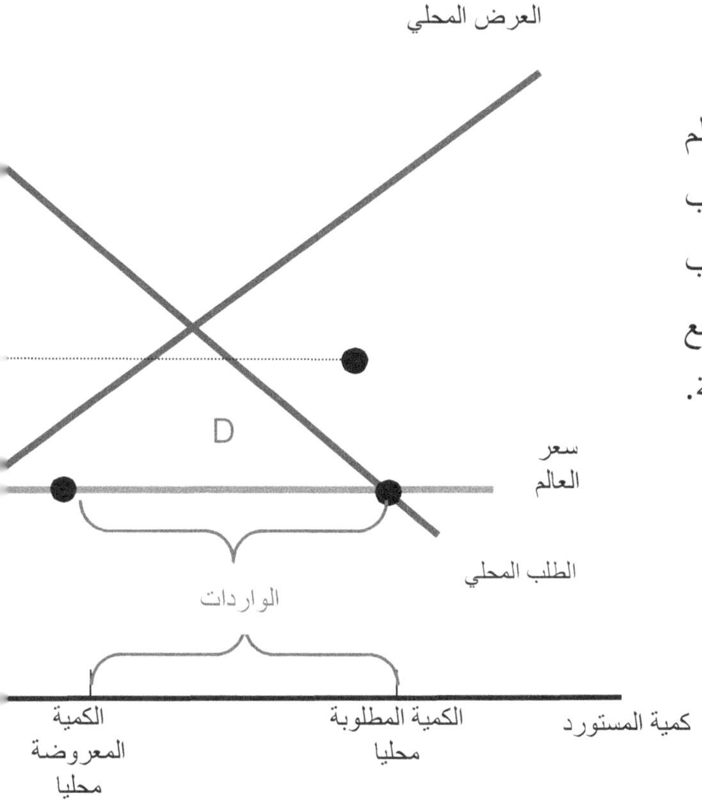

العرض المحلي

مع فتح التجارة الحارجية تتساوي الأسعار المحلية مع اسعار العالم
ـكس ذلك علي الكميات المنتجة وطنيا.وكذلك علي منحني الطلب
ـي. وتعادل المستوردات الفرق بين الكميات المنتجة محليا والطلب
ـ السعار العالمية. لذلك يكون المستهلكين أفضل حالا وترتفع
مستويات الرفاهية.

D

سعر
العالم

الطلب المحلي

الواردات

الكمية المعروضة
محليا

الكمية المطلوبة
محليا

كمية المستورد

الفائض Dتظهر المنطقة
الكلي والذي يعبر عن العائد
من التجارة

Before trade	After trade	Change
A	A+B+D	+(B+D)
B+C	C	-B
A+B+C	A+B+C+D	+D

133

$$K_i = K_i/Y_i, \, l_i = L_i/Y_i$$

كل من الرأيين أعلاه يهدفان إلى وضع سياسة لدعم هيكل الصناعة الناشئة وتحسين ظروف وخفض تكاليف الإنتاج ومراعاة وفورات الحجم الحيوي أي الديناميكية الاقتصادية على نطاق واسع. ذلك يتم بالوصول إلي أفضل طريقة لتطبيق آليات العمل في الصناعات الناشئة ليتم وضع أسس نظرية حول التكلفة الحدية العالية وانخفاض معدلات الإنتاج وكيفية تطوير التطبيقات المناسبة لمختلف الصناعات.

هذا بالإضافة إلي الشروط التي يجب أن تتوفر لجعل حماية الحكومة لها ما يبررها من ناحية الكفاءة الاقتصادية والوقت اللازم للحماية وكيفية تحقيق ربح للصناعات الناشئة في المستقبل ثم الاستغناء عن الحماية. هذا استنادا إلى سياسات غير مناسبة للحماية على أساس عدد من المعايير المتفق عليها.

42. سياسة إحلال الواردات

تهدف هذه السياسة إلى إقامة صناعة محلية لإنتاج السلع التي يتم استيرادها من الخارج من خلال حماية الجمركية وغير الجمركية على السلع المستوردة المماثلة وتستهدف صناعة السلع الاستهلاكية أساساً. ذلك لسهولة الحصول على التقنية وتقدم إنتاجها لإنتاج السلع الوسيطة والرأسمالية في المستقبل. تصطدم هذه السياسة بعدد من العقبات التي حدت من فعاليتها أهمها:

1. أكبر المستفيدين من هذه السياسات هي الشركات الأجنبية التي دخلت في شراكة مع الصناعيين المحليين أو مع الجهات الحكومية واستفادت من حوافز الاستثمار لتحويل نسبة كبيرة من الفوائد والأرباح والخارج. وهناك العديد من الأمثلة في السودان فيما يتعلق المشاريع الممولة من الخارج مثل الخطوط الجوية السودانية والقطاع المصرفي والبناء والاتصالات والمشروبات الغازية وعدد من المشاريع الزراعية.

2. صعوبة الاستمرار في سياسة من دون الدعم الحكومي للواردات من السلع الوسيطة والرأسمالية المستخدمة في تلك الصناعات، الأمر الذي يؤدي إلى تدهور ميزان المدفوعات ويؤدي إلى التركيز على الصناعات التي تركز على كثافة رأس المال[1].

K_i تمثل كثافة رأس المال و l_i في إنتاج السلعة i في المعادلات التالية:

L_i = عدد العمال العاملين في إنتاج السلعة i

K_i = رأس المال المستخدم في إنتاج السلعة i

Y_i =عدد الوحدات المنتجة من السلعة i وقيمتها

وهذا يعني بالتحديد أنه يختص بإنتاجية العمالة في العملية الإنتاجية a_i الخاصة بسلعة معينة i الذي يكون مماثل لكثافة استخدام العمالة لنفس السلعة i[2]. وإذا كانت هناك مجموعة سلع منتجة j فيكون متوسط استخدام رأس المال k: الإنتاج هو[3]:

$$k = (K_1 + K_2 + \dots K_j) / (Y_1 + Y_2 + \dots Y_j)$$
$$k = k_1\lambda_1 + k_2\lambda_2 + .. + k_j\lambda_j$$

حيث أن λ_I هي متوسط نصيب السلعة I من الإنتاج الكلي:

$$a_i \equiv Y_i/L_i$$

$$(\lambda i \equiv Y_i / Y;\ Y \equiv Y_1 + Y2 + \dots + Yj)$$

ونجد أن متوسط إنتاج العمالة يساوي:

$$a = a_1\gamma_1 + a_2\gamma_2 + \dots + a_j\gamma_j$$

3. سياسة لتحديد سعر الصرف وقيود على التعامل بالعملات الأجنبية وعدم وجود احتياطيات مما يؤدي إلى نتائج سلبية ممثلة في ارتفاع أسعار سلع التصدير الأولية الأمر الذي أدى إلى فقدان القدرة التنافسية.

4. سياسات تشجيع الصناعة تتميز بتكثيف رأس المال، مما يؤدى إلى فقدان قطاعات الصادرات التقليدية لمزايا نسبية في الأسواق الخارجية بسبب ارتفاع الأسعار. وهو

---

[1] The definitions are capital and labor intensities. Capital intensity will be understood as equivalent to the capital-output ratio, i.e., the amount of fixed capital utilized in the production of one unit of a given commodity; and the same goes for labor intensity.

[2] By definition, labor productivity in the production of commodity i, denoted by a_i, is identically equal to the inverse of the labor intensity of production of commodity i.

[3] If j commodities are produced, the average capital-output ratio, k, turns out to be

يؤدى إلى تشويه مستويات توزيع الدخل بين المنتجين المحليين والمستثمرين الأجانب من جهة وبين المنتجين الزراعيين من جهة أخرى.

5. على الرغم من عدم اتباع هذه السياسات لم تكن هناك الروابط المطلوبة بين مختلف الصناعات المحلية بسبب ارتفاع تكلفة مدخلات الإنتاج ومشكلة استمرار المدخلات المستوردة في الصناعة والزراعة معا والتي تضر بالمنتجين المحليين.

6. تسببت سياسة تشجيع الصادرات والناجمة عن سياسات إحلال الواردات في أحداث عدد من التشوهات الاقتصادية وخاصة فيما يتعلق بالعضوية في المنظمات الدولية والتكتلات الأقليمية. لذلك لجأت كثير من البلدان النامية بما في ذلك عدد من البلدان الأفريقية مثل مصر والمغرب وتونس والجزائر لتطبيق سياسة تهدف إلى الانفتاح علي الأسواق الخارجية وتزامن ذلك مع اتباع برامج الإصلاح الاقتصادي.

في هذا الصدد تم استخدام العديد من الأدوات السياسية من الحزم المالية والنقدية الممثلة في العمل يتلخص أهم نتائجها فيما يلي:

1. انعكس ذلك علي استخدام الإعفاءات الضريبية وتخفيض فئات الضرائب والأرباح التجارية، كما حدث في السودان، ومنها القيم الصفرية للصادرات والاستثناءات الضريبية وتخفيض الضرائب على دخل الشركات.

2. انخفاض قيمة الإعفاء الصناعي علي رأس المال والإعفاء الكامل للصادرات من الضرائب غير المباشرة بالإضافة إلى الإعفاء من الرسوم الجمركية المفروضة على السلع الرأسمالية المستخدمة في إنتاج السلع المصدرة.

3. لتحقيق هذا الهدف طبقت ضريبة القيمة المضافة (VAT) في السودان، ولكن لم يرافق ذلك حلول لمشاكل قابلت تحقيق الهدف الاقتصادي. وكان تطبيق الضريبة من أهم المشاكل التي تواجه الإنتاج، وكذلك إلغاء الرسوم والضرائب على الاستهلاك والحد من التعريفات الجمركية إلى أقصى حد ممكن.

4. أعقب سياسة تمويل الصادرات والتأمين عن طريق تمويل نفقات ما قبل الشحن للسلع المصدرة وإصدار الاعتمادات المستندية.

5. انخفاض سعر الفائدة على القروض الصناعية وقروض بدون فوائد للاستثمار في السلع التصديرية بالإضافة إلى تمويل نفقات ما بعد الشحن.

6. إعانات في أسعار الكهرباء والطاقة والمياه وتوفير مناطق خاصة للبضائع.

7. اعتماد سياسات لتسهيل الجمارك والدعم المؤسسي والتي تشمل تسهيل إجراءات التخليص الجمركي وتحديد المنشأ وإنشاء أجهزة متخصصة ذات صلاحيات واسعة لاستكمال إجراءات التصدير بكفاءة مناسبة.

كان الهدف في سياق التحليل الاقتصادي تشجيع الصادرات باعتبارها أكثر جدوى في ضوء التغيرات الدولية المعنية بتحرير التجارة الخارجية والعولمة الاقتصادية والمعايير من أجل توفير هذه السياسة إلى عدد من المزايا منها:

1. تحقيق نمو أفضل في الاقتصاد مقارنة مع سياسة إحلال الواردات من أجل توفير حوافز مماثلة للمبيعات المحلية والصناعية للتصدير، وتؤدي إلى نتائج أفضل في تخصيص الموارد على أساس الميزة النسبية.

2. أدت هذه السياسة إلى زيادة استخدام الطاقة الإنتاجية وسمح لوفورات الحجم وساهمت في دفع التطور التكنولوجي ردا على التنافسية الخارجية. يساعد ذلك أيضا في توفير فرص العمل في الاقتصاديات المتميزة بكثافة العمالة[1].

3. يضع العائد الاجتماعي لسياسة تشجيع الصادرات هذا النوع من السياسة في مكان أفضل بالمقارنة مع سياسة إحلال الواردات. علي أن هذه السياسة تحتاج إلى إصلاح سياسات الاقتصاد الكلي في السودان وتمكينها من الاتساق في الجوانب المالية والنقدية واتباع سياسة تشجيع الصادرات.

4. يتوافق ذلك مع السياسة الصناعية ومتطلبات منظمة التجارة العالمية، حيث أن عدة دول من بينها السودان يمكنها اكتساب عضوية منظمة التجارة العالمية (WTO) بالتخلي التدريجي عن السياسة الاقتصادية ذات الطابع التقليدي.

---

[1] If the intensity of labor and capital in producing each product remains constant, it is obvious that an increase in the share on production of labor-intensive commodities, which have low capital intensity, will lead to an increase in average labor intensity and a reduction in the capital-output ratio and average labor productivity.

أثر الرسوم والجمارك علي الواردات في أسواق العالم

أثر الرسوم علي الواردات

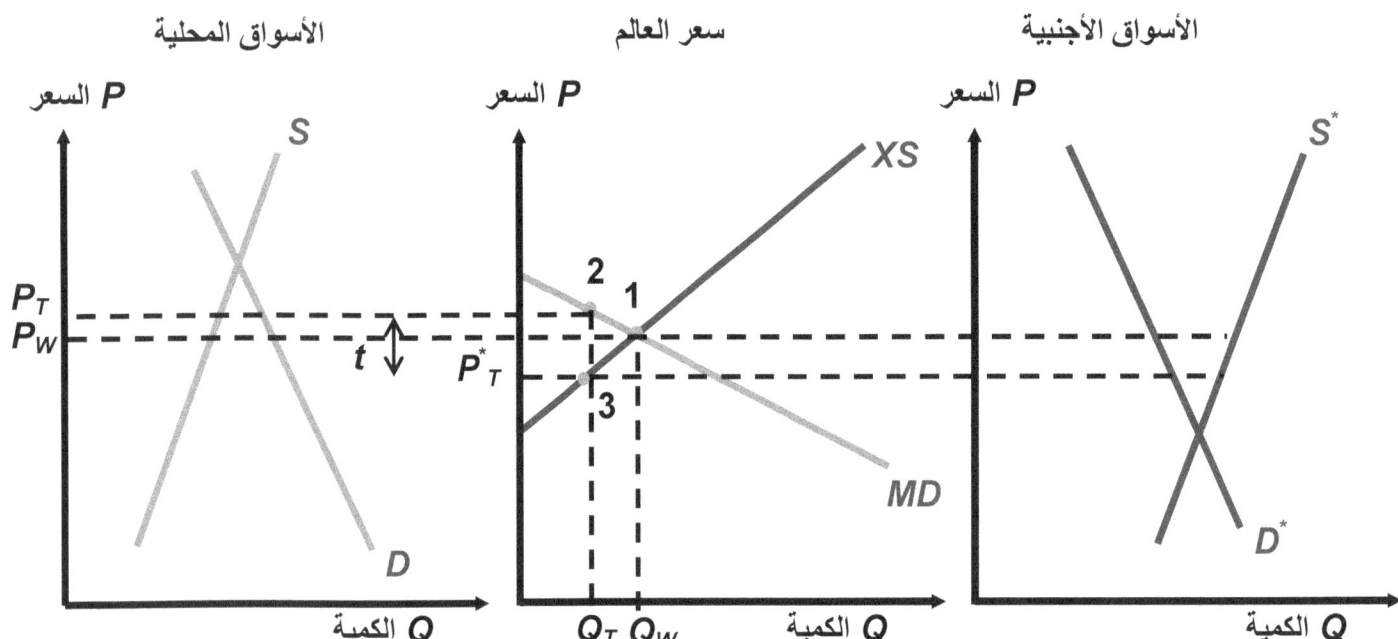

في ظل هذه الظروف لم يعد من الممكن تطبيق نظام الحصص وأنظمة الحماية الجمركية والدعم للقطاع الخاص حسب قواعد ومعايير اتفاقيات منظمة التجارة العالمية. ولابد من تحقيق التوازن بين متطلبات تعزيز الصناعة الوطنية والأخذ في الاعتبار الالتزام بهذه الاتفاقيات. ذلك يعني إعادة هيكلة السياسات الاقتصادية والاقتصاد بشكل عام والسياسة الصناعية على وجه الخصوص وذلك تمشيا مع تحقيق هذه المعادلة.

واحدة من اتفاقيات منظمة التجارة العالمية الرئيسية التي تؤثر على السياسة الصناعية من خلال تأثيره على المنتجات الصناعية هي الاتفاق العام للتجارة في الخدمات (GATS)والجوانب المتصلة بالتجارة من اتفاقية حقوق الملكية الفكرية (تريبس). إضافة إلى أن هناك عددا من الإجراءات والقواعد التي تؤثر على أداء الواردات والصادرات الصناعية والإجراءات المتصلة بتلك الترتيبات للتعريفة على السلع المصنفة (السعر) وغير الجمركية (غير السعر). هذا بالإضافة إلى الاتفاقيات التي تنظم المحافظة على البيئة والصحة والصحة النباتية واتفاقية تدابير الاستثمار المتصلة بالتجارة. والاتفاقيتين هما في اطار تغيير القيود الجمركية. وكل هذه الاتفاقيات تتدرج ضمن حزم من السياسات الاقتصادية التي تؤثر بشكل مباشر على السياسة الصناعية. وهنا تلعب الدولة دورا حاسما في امتصاص شروط هذه الاتفاقات والتفاوض على تحسين تلك الظروف لخدمة المصالح الحيوية للسودان. هذا له تأثير إيجابي على مستوى معيشة السكان التي يتوقف عليها حل المشاكل الاقتصادية والاجتماعية المعقدة التي تواجهها البلاد وخاصة في مرحلة ما بعد الاستفتاء. ويسهم أيضاً في تحديث المجتمع ويوفر طريقا على اطلاع التطورات الدولية في مجال التجارة الخارجية.

من أهم نماذج من تلك الاتفاقيات، عدم امكانية مراجعة الاتفاق بشأن المنسوجات والملابس، وأن تلتزم الدول الأعضاء بالتخلص من كل القيود التجارية مثل نظام الحصص. وقد حدد مدى زمني يتوافق مع شروط الاتفاقية حتي عام 2005. وهناك أيضا حزم معقدة من المعايير المتعلقة التعريفات والرسوم الجمركية والحواجز غير الجمركية، بما في ذلك عددا من التدابير مثل التالي:

1. الحواجز التقنية أمام التجارة كانت الاتفاقية تعني التأكد من أنه لا توجد مزايا نسبية في بعض البلدان نتيجة التلاعب في أنظمة ومعايير الجودة والإجراءات الفنية الأخرى.

2. قيود تدابير الحماية الصحية والإجراءات المتعلقة بالبيئة والصحة العامة ويحكمها اتفاق SPS.[18]

3. عدم اللجوء إلى إجراءات الجمارك الإدارية للمزايا النسبية، مثل التلاعب في القيم وإجراءات التفتيش الجمركية للبضائع والشحن.

4. اتفاقية حقوق الملكية الفكرية (TRIPS) من الاتفاقيات التي تؤثر على المنتجات الصناعية في البلدان النامية من خلال التراخيص الإجبارية للحصول على براءات الاختراع وضمان احترام حقوق الملكية الفردية لها أينما كانت.

هذا يضيف أعباء مالية إضافية على المنتجين الصناعيين في البلدان النامية ولذلك تم التعرف علي ظروف البلدان النامية واعطائها فترة سماح لتنفيذ القواعد الخاصة بها من حيث الحصول على التراخيص ودفع الرسوم اللازمة. وقد تم تمديد هذه الفترة إلى 11 سنوات بدلا من 5 سنوات لأقل البلدان نموا، والتي يجب أن يراعيه السودان للاستفادة من ذلك لتوفيق اوضاعه مع متطلبات منظمة التجارة العالمية.

43. الأثر الدولي للتجارة الخارجية

تستند معايير على التجارة الخارجية على أساس الاقتصاد والتجارة الخارجية قوية تمكن القوى الكبرى لربط اقتصادات البلدان النامية والتجارة الخارجية التي تحكم، وتعمل القوى الكبرى في وقت واحد لإزالة القيود وأنظمة التحكم التي تقدمها أقل البلدان نموا لحماية منتجي الوطنية وحظر الاستثمارات الأجنبية في المجالات الاستراتيجية واشتراط الحصول على موافقة رسمية لإنشاء والقيود المفروضة على الحصول على هذه الموافقة، وفرض الضرائب الباهظة وفرض قيود على أسهم الشركات الأجنبية في

---

[18] Sanitary and phytosanitary measures, it is, how do you ensure that your country's consumers are being supplied with food that is safe to eat "safe" by the standards you consider appropriate? And at the same time, how can you ensure that strict health and safety regulations are not being used as an excuse for protecting domestic producers? In conclusion, it is an agreement on how governments can apply food safety and animal and plant health measures (sanitary and phytosanitary or SPS measures) sets out the basic rules in the WTO.

المشروعات القومية الكبرى وقيود أخرى.

كل هذه القيود والإجراءات شكلت محور الخلاف في جولات منظمة التجارة العالمية حيث ترى الدول المتقدمة اقتصاديا ومنها مجموعة العشرين أن الاستثمارات المتعلقة بالتجارة متشابهة للدعم الذي تقدمه الدول لصادراتها، ودعت بالتالي إلى القضاء على هذه الإجراءات نتيجة لتغيير مسار التجارة العالمية وتشجيع الإنتاج غير الكفء. ويعتبر ذلك أداة خطيرة وفعالة من أمثلة التدخل الأجنبي وشملت أثر إجراءات الاستثمار المتعلقة بالتجارة. تم التوصل لذلك في جولة أوروغواي وبشأن القيود التي تضعها الحكومات على الاستثمار الأجنبي والتي من شأنها تقييد أو تشويه التجارة العالمية.

كان الهدف هو اتفاق لإزالة القيود المفروضة على التجارة الخارجية بالنسبة للبلدان المتقدمة خلال عامين، وخمس سنوات للبلدان النامية وسبع سنوات لأقل البلدان نمواً. وقد نظرت في منظمة التجارة العالمية في اجتماع الدوحة في عام 2001 بناء على طلب من بعض أقل البلدان نموا تجديد فترة السماح المحددة وفقا لاتفاق بالتجارة. ولكن الصراع لا يزال محتدما حول هذا الموضوع في أروقة منظمة التجارة العالمية، وخاصة بعد الأزمة المالية العالمية واتخاذ القرارات بشأن توسيع التجارة الدولية لكي تكون في أيدي مجموعة بدلا من مجموعة الثمانية والعشرين.

النتيجة الرئيسية من واقع آثار الدولية الحالية هي على النحو التالي:

1. الإسراع في تدويل الاقتصاد من خلال عمليات التجارة الخارجية والمالية والتدفقات الاستثمارية تحت سهولة نقل السلع والخدمات والحصول على معلومات عن الأسواق العالمية.

2. تغيير في السياسة الاقتصادية العالمية والتنمية، المزيد من الإسراع في اعتماد اقتصاديات العالم على التجارة الدولية واعتماد اقتصاد السوق والاستفادة القصوى من البلدان النامية يضطرون للتعامل مع الدول الرأسمالية الكبرى في عالم القطب الواحد على أساس واسع الصادرات النطاق.

3. لجأت تحرير التجارة الدولية والأسواق العالمية لتشجيع الاستثمار الأجنبي المباشر للشركات متعددة الجنسيات لنقل أنشطتها إلى المنزل من المواد الوسيطة واليد

العاملة الرخيصة، وبالتالي تصبح أكثر المنتجات العالمية التي نفذت في عدة بلدان، والمساهمة بشكل فعال في عولمة الاقتصاد.

جدول 22: ميزان المدفوعات 2005–2010 بملايين الدولارات

البند	2005	2006	2007	2008	2009	2010
(أ)الحساب الجاري	2,769.15	4,338.19	3,268.1	1,908.7	3,908.1	254.8
(1)الصادرات فوب	4.824.28	5,656.56	8,879.2	11,670.5	7,833.7	11,404.3
بترول	4,187.36	5,087.20	8,418.5	11,094,1	7,131.2	9,695.2
أخرى	636.92	569.36	460.7	576,4	702.5	691.1
(2)الواردات فوب	5,945.99	7,104.69	7,722.4	8,2299.4	8,528.0	8,839.4
مشتريات الحكومة	646.66	1,142.78	1,372.8	1,062.3	408.7	178.0
مشتريات القطاع الخاص	5,299.33	5,961.91	6,349.8	7,167.1	8,119.3	8,661.4
الميزان التجارى	1,121.71	1,448.13	1,156.8	3,441.1	694.3	2,564.9
حساب الخدمات والدخل والتحويلات	1,647.44	2,890.06	4,424.9	5,016.8	3,213.8	2,407.7
متحصلات	2,082.49	2,598.90	3,068.4	4,559.9	3,870.1	3,751.9
مدفوعات	3,729.93	5,488.96	7,493.4	9,576.7	7,083.9	6,159.6
(ب)الحساب الراسمإلي والمإلي	2,427.22	4,482.69	2,925.0	1,218.5	4,663.3	661.1
إستثمارات مباشرة (صافي)	2,304.63	532.57	2,425.6	2,600.5	2,922.8	2,063.7
حافظة إستثمارات (صافي)	11,09	26.32	30.0	33.4	7.4	6.1
(1)القروض الرسمية	10.37	100,18	453.6	152.0	320.0	67.3
السحوبا ت	222,35	276.69	592.4	436.9	507.6	570.8
السدادات	211.98	176.51	138.8	284.9	187.6	638.1
(2)تسهيلات تجارية (صافي)	676.71	742.30	503.5	495.1	1,191.6	59.8
(3)الأرصدة الخارجية للبنوك التجارية	173.14	36.39	64.8	242.7	375.5	328.1
(4)أصول بنك السودان(غير الاحتياطية)	293.14	174.30	121.5	104.9	73.0	294.2

(5)مديونيـــة بنـــك الـــسودان الخارجيـــة قصيرة الاجل	19.78	159.50	12.0	246.4	96.5	29.3
(6)صافي أصول بنك السودان الأخرى	85.00	233.50	53.5	1,894.6	177.5	21.0
العجز وألفا ئض فـــي الحـــساب الجـــاري والراسمإلي والمإلي	341.93	144.50	343.1	357.2	755.2	818.3
الأخطاء والمحذوفات	872.45	353.10	61.1	378.3	1,257.2	872.5
الأصول الاحتياطيـــة الرسمية من العمـــلات القابلة للتحويل	530.53	208,53	282.0	21.1	502.0	54.2
الميزان الكلى	530.53	208,53	282.0	21.1	502.0	54.2

يقع السودان في قلب هذه الآثار، وخاصة في ظل مناخ سياسي مضطرب يمر به منذ أكثر من عقدين من الزمن، والتعرض لعقوبات وتشديد المقاطعة الاقتصادية من وصوله إلى الأسواق العالمية سواء للتمويل أو لتسويق صادراتها. وهناك جوانب هامة نذكرها في التالي:

1. الانتباه إلى مؤشر الميزة النسبية الذي يدل علي النشاط الاقتصادي باعتباره أكثر أو أقل إنتاجية، أو قد يكون أيضا بمعدل إنتاجية أسرع أو أبطأ. هذا يؤثر علي تكلفة عوامل الإنتاج والأسواق والقدرة علي الترحيل للموانئ والصادرات. ويمكن أن تدعم الميزة النسبية من خلال اكتساب المهارات والمعارف الناتجة عن المشاريع التي تحتاج إلى التقنية المتكاملة. كل ذلك يحتاج إلى دعم الحكومة حتى تصل إلى السودان لتحقيق مزايا من الذهاب من خلال الوصول إلى الابتكارات التي من شأنها أن تساعد على تحسين الإنتاجية وتحقيق المستوى المطلوب في نقل وتحميل المنتجات، التي من شأنها دعم المزايا المرتبطة بالوصول إلى الأسواق العالمية.

2. قياس معيار التنافسية على المستوى الوطني من القضايا التي تستدعي الحـذر وأن العديد من التعقيدات المحيطة بها نسبة الاختلاف الــشاسع فـي مـستوى التنميـة الاقتصادية والنمو والأهداف الاجتماعية. ويندرج ذلك في قياس عدد من المعـايير مثل العمل، الادخار والاستثمار في المحور الرأسي. بينما توضع مـصفوفة أفقيـة تتكون من استراتيجيات التوزيع مثل الأمن الاقتصادي وإعادة توزيع الدخل وفوائـد استهلاك على المدى القصير. نجد أن البلدان تختلف في قـدرتها التنافسية وفقـا للمعايير المستخدمة في القياس، والتركيز على نمو الدخل الحقيقي على أنه المستوى المشترك بين معظم البلدان لأنه يعطي نتائج جيدة للنشاط التجاري والإنتـاج إلـى الخارج.

3. يرتبط تحقيق نمو حقيقي في نصيب الفرد من الدخل في نمو مستوى الدخل الحقيقي للفرد الواحد من الإنتاجية، وله نصيب الفرد الحقيقي يعتمد على إنتاجيـة إجمـالي عوامل الإنتاج والموارد المتاحة من رأس المــال والمـوارد الطبيعيـة والنـشاط التجاري. ومن العوامل التي تزيد من دخل الفرد مثل ما يحدث عند زيـادة ثـروة البلاد من الموارد الطبيعية ورأس المال وعندما يتحسن مستوى النشاط التجـاري هناك يحدث تحسن في التجارة في ارتفاع قيمة العملة المحلية بالتزامن مع ارتفــاع قيمة صادرات البلاد النسبي لأسعار الواردات.

4. عندما يكون النشاط التجاري مزدهر للدولة، فإنه يمكن أن تزيد من وارداتها الممولة من عائدات صادراتها، أو الحد من الصادرات لتمويـل الـواردات مـن أهميـة استراتيجية، وأن تكون محافظة على توازن الميزان التجاري. هذا المؤشـر مهــم لتنمية الصادرات، كما يوفر ارتفاع دخل الفرد فرصا حقيقية لتـراكم رأس المــال، الذي هو شرط أساسي لتمويل التجارة الخارجية. كل هذه الظروف تعتبــر حيويــة للتوفيق بين النشاط الاقتصادي وطبيعة المشاريع مع معايير تشجيع الصادرات.

جدول 23: الأداء الفعلي للإيرادات العامة الذاتية 2007–2010 مليار جنيه

بيان	2007		2008		2009		2010	
	الربط	الأداء	الربط	الأداء	الربط	الأداء	الربط	الأداء
إجمالي الإيرادات العامة	18	17	22	25	19	17	24	21

11	10	87	81	17	14	7	7	الإيـــرادات الضريبية
111	110	52	49	9	9	1	1	الـــضـــرائب المباشرة
61	52	17	56	67	31	6	6	الضرائب الغيـر مباشرة
21	26	26	22	21	22	21	32	الرسوم الجمركية
1	1	**1**	1	2	2	1	1	رسوم الإنتاج
4	4	3	3	3	3	2,0	2	ضـرائب القيمـة المضافة
10	12	27	62	17	16	11	11	الإيـرادات غيـر الضريبية
5	7	1	1	3	7	3	7	أربـــاح وفوائـــد المؤســـسات والهيئات
2	2	10	8	3	4	2	2	الاســـتثمارات الحكومية
9	11	7	8	16	11	83	60	عائـد البتـرول السوداني
16	27	**10**	9	4	8	5	6	أخرى

علي أنه يجب أولاً إصلاح التشريعات والهياكل المؤسسية وفي هذا المجـال يجـب أن تتعرض مشاريع سن التشريعات والقوانين لما يلي:

1. قوانين تحرير السوق والقوى التنافسية لدعم ما يسمى قوانين المنافسة.

2. إنشاء الأجهزة المختصة من السياسات لتشجيع المنافسة أو مـا يـسمى بـسلطات المنافسة.

3. إنشاء مجلس للتنافسية في السودان مهتم بتنمية القدرة التنافسية للقطـاع الخـاص السوداني ورفع طاقته.

4. تطوير البنية التحتية لتنفيذ سياسات تنمية التجارة الخارجية وهذا هو شرط أساسـي للتحضير لتطبيق البنية التحتية المادية والقانونية لتطوير التجارة الخارجية والقـدرة التنافسية للقطاع الخاص الوطني.

كل هذه الاصلاحات المنشودة تتم من خلال عدد من التدابير بما في ذلك:

1. تحديد إجراءات الترخيص والموافقات اللازمة من قبل الحكومة لممارسة النشاط الاقتصادي وتوضيح الخطوات التي يجب اتباعها والوثائق اللازمة لمزاولة النشاط وتحديد الفترة الزمنية اللازمة لذلك والرسوم المطلوبة وتقييم الدعم للصادرات التنافسية.

2. إلغاء التراخيص الحكومية التي تحد من دخول شركات جديدة إلى السوق أو تلك المتعلقة بإجراءات الإفلاس والخروج من السوق.

3. التعرف على أشكال الحواجز لمكافحة القدرة التنافسية ومناخ الاستثمار في تطوير الهياكل القانونية التي تضمن حق الالتماس وذلك لاختصار الإجراءات وإجراءات لضمان أن ضمان حقوق من حيث التقاضي وحل المنازعات بين الحكومة والمؤسسات والشركات الخاصة.

4. تطوير البنية التحتية الرئيسية وخفض تكاليف الإنتاج مع العمل المؤسسي في الإجراءات المالية المتعلقة بالضرائب والرسوم والجوانب النقدية المتصلة بتمويل وسياسات النقد الأجنبي.

5. تطوير الخدمات الاجتماعية والبنى آخر الاستثمارية تشجيع التجارة الخارجية والسياحة.

6. دعم قدرة القطاع العام وتطوير سياسات لضمان القدرة على المنافسة وتنفيذها على نحو فعال.

ويجب تعزيز قدرة القطاع العام الإدارية والعلمية التي تمكنه من اتخاذ القرارات اللازمة التي تحقق الأهداف التالية:

1. الشفافية والوضوح في قرارات القطاع العام على التجارة الخارجية.

2. التطبيق التدريجي للقوانين والتشريعات التنافسية

3. تقديم الدعم لمناخ التنافسية والقدرة على تقييم الأضرار الناجمة عن الممارسات الاحتكارية سواء احتكار القطاع العام أو الخاص.

4. أن يكون النظام والقوانين المناسبة وجاهزة للتنفيذ والقرارات القضائية مصنوعة من قبل المنظمين والسرعة والدقة القضائية اللازمة.

وهناك شروط معينة لنجاح قوانين الـصـادرات التنافـسية وخلـق المنــاخ المناسـب لاستمرارية وتقتصر على تلك الشروط في:

1. الاستقرار الاقتصادي وتوفير رؤية واضحة من الحكومة عن أهمية القدرة التنافسية.

2. الشفافية والمساواة بين الجميع في الممارسات التجارية والفرص التجارية والتمويــل المصرفي.

3. توفير الثقة بين القطاع العام والقطاع الخاص من خلال تبادل الآراء والحوار.

4. أن تكون السياسات الاقتصادية على أساس المزايا النسبية للاقتصاد الوطني.

5. عدم إعطاء الأولوية لمصالح خاصة وإعطائها الوزن من النفوذ السياسي كبير على قرارات وتصرفات الحكومة.

6. اصلاح السياسات الزراعية لتلبية الاحتياجات الأساسية والموارد الغذائيــة وتــوفير المواد الخام اللازمة للزراعة والتوسع في المساحات المزروعة للاستثمار في إنتاج الوقود الحيوي.

7. توسيع نطاق الشركاء الخارجيين في أسواق الاستثمار وعدم الاعتماد على التعامــل مع بلدان معينة.

8. توفير تلك المتطلبات لتلبية متطلبات المناخ المناسب لصادرات السودانية تنافسية ويفتح الباب أمام الاستثمار الأجنبي، هو أيضا حافزا أساسيا للاستثمار الوطني للتحرك نحو الجودة ورفع مستوى الإنتاجية والاتجاه نحو تعزيز البحث العلمي ومهارات الاقتراع والتطور التكنولوجي في مختلف قطاعات الاقتصاد هو الطريق المؤدي إلى توسيع فرص الصادرات السودانية والأسواق العالمية مفتوحة لهم.

44. التجارة الالكترونية

أحدثت ثورة تقنية المعلومات والاتصالات قفزة نوعية في ابتكار أنجع الأساليب والطرق في الترويج للمنتجات والخدمات، فاتحة الباب على مصراعيه للمنافسة الحرة في عالم لا تحكمه إلا سمات الثقة بالنفس أولاً وبالآخرين ثانياً، بالاعتماد على مستويات المخاطرة والمجازفة المحسوبة وغير المحسوبة. هذا التطور السريع فتح المجال أمام دول العالم في التنافس لتسويق منتجاتها وخاصة الدول النامية التي تسعى جاهدة لتحقيق التقدم في رفع معدلات النمو الاقتصادي ورفع الكفاءة الإنتاجية وذلك عن طريق خلق

فرص عمل جديدة. وتعتبر تقنية المعلومات والاتصالات من أهم القطاعات الاقتصادية الحديثة ذات المعدلات النمو المتسارعة. هذا يتطلب منا المبادرة في تهيئة هذا القطاع كما يجب في بناء القاعدة التحية اللازمة من جهة ومن جهة ثانية فلا بد من إعداد الكوادر البشرية المهيأة لاستلام زمام الأمور والانطلاق في هذا القطاع الاقتصادي الهام. هذا يعني على الحكومات أخذ هذا القطاع بالعناية كما يستحق وذلك من خلال تشجيع الدراسة وتهيئة التعليم المناسب.

جدول 24: إسهام تقنية المعلومات في نمو الناتج المحلي

الدولة	نمو GDP	الصناعات المستخدمة IT
كندا	2.1	0.6
الدنمارك	1.8	0.3
فرنسا	1.3	0.2
المانيا	1.1	0.4
ايطاليا	1.4	0.5
اليابان	1.4	0.5
هولندا	2.5	0.7
بريطانيا	2.1	0.6
الولايات المتحدة	3.2	0.9

أخذ استخدام الإنترنت فيما بين الشركات المتعددة الجنسية جدلاً واسعاً، على الصعيد المحلي وعلى الصعيد العالمي. توصلت هذه الشركات مشاوراتها ضمن منظمة التجارة العالمية (الجات) إلى حد اعتبار استخدام شبكة الإنترنت شرطاً أساسياً من شروط الانضمام إلى منظمة التجارة العالمية. ولذلك يتوجب معظم دول العالم التي تتعامل مع التجارة الإلكترونية والتي هي أعضاء في منظمة التجارة العالمية التغيير والتطور في القوانين التجارية والاقتصادية وبظروف ممارستها وبالحدود القانونية المتاحة لها.

ما زالت معظم دول العالم تختلف فيما بينها من حيث استخدام شبكة الإنترنت وذلك عائد إلى اختلاف القوانين السائدة، بالإضافة إلى العادات والتقاليد والنظام التربوي المطبق في تلك البلدان. نلاحظ الاستخدام المحدود للإنترنت في بعض البلدان أو يطبق نظام التقنين بدواعي أمنية وأخرى اجتماعية، في حين أن بلدان أخرى والتي دخلت

الإنترنت قد قطعت شوطاً كبيراً ومميزاً في محاولة التأقلم والتعايش مع هذه الظاهرة. وبإلقاء نظرة سريعة على واقع استخدام التجارة الإلكترونية في الدول العربية والبلدان التي سبقتها في توظيفاتها. واحدة من أهم مشاكل التجارة إلكترونية هي مدى سعة الخدمات المصرفية المتوفرة عبر شبكة الإنترنت ومدى الثقة بها. ومن اللافت للنظر الازدياد المطرد في السنوات الأخيرة لعدد المستخدمين العرب للإنترنت، ودخول الكثير من الدول العربية التي كانت تضع خطوطاً حمراء على مثل هذا النوع من التعامل.

45. نشأة وتطور التجارة الإلكترونية

نسعى من خلال هذه الدراسة إعطاء صورة عن خصائص وسمات التجارة الإلكترونية، التي تحتل بين قطاعات الأعمال الاقتصادية الحجم الأكبر من بين التعاملات الإلكترونية الكلية حيث وصلت نسبتها إلى حوالي 80.%. وقد مرت التجارة الإلكترونية بين قطاعات الأعمال الاقتصادية إلى أن وصلت إلى هذا الحد من التعامل بثلاث مراحل أساسية بدأت منذ بدء استخدام أجهزة الكمبيوتر في المؤسسات والمنشآت الاقتصادية:

1. المرحلة الأولي وهي تعتبر مرحلة الارتباط بين الشركات الرئيسية والموردين الفرعيينSupply Chain أي بين الشركة الأم والفروع التي تتبع لها.
2. أما المرحلة الثاني فقد بدأت بالتبادل الإلكتروني بين الشركات الرئيسية ومختلف الموردين Electronic Data Interchange وذلك من خلال استخدام شبكات القيمة المضافة Networks Value Added
3. المرحلة الثالثة وهي مرحلة التبادل الإلكتروني للوثائق وإنجاز كافة المعاملات التجارية على شبكة الإنترنتElectronic Commerce وتعتبر المرحلة الراهنة من التعامل.

في هذه المرحلة بدأ في استخدام نظام التبادل الإلكتروني للوثائق EDI حيث حققت مزايا كثيرة ومتنوعة للشركات والمؤسسات الاقتصادية على مختلف أنواعها نذكر من هذه المزايا تخفيض التكلفة في إنجاز المعاملات التجارية وتحقيق دورة تجارية في وقت قصير من خلال تطبيق النظم الخاصة بالإنتاج الموقوت، مما يسمح في زيادة كفاءة العمليات الإنتاجية والتجارية. وهذا بدوره يساعد على فتح الأسواق في سبيل استقطاب العملاء الجدد مع إمكانية الاحتفاظ بالعملاء الحاليين. وهو بدوره يعزز مكانة الشركة

في زيادة القدرة التنافسية أمام الشركات الجديدة التي دخلت السوق حديثاً. من مزايا هذه المرحلة الراهنة أيضاً نظام التبادل الإلكتروني للوثائق EDI الذي عزز إمكانية خلق تجمعات اقتصادية متكاملة تعمل على تخفيض التكاليف الثابتة والمتغيرة على السواء من قرطاسية أجور البريد ومراسلات تجارية، وبالإضافة إلى إنها عملت على الإسراع في فترة دوران المخزون والطلب عليه مما قلل من تكلفة العمليات الإجرائية المتبعة على الحاسب الآلي من إدخال وطباعة ومراجعة وغيرها من العمليات المرافقة لتنفيذ العقود وعقد الصفقات التجارية الإضافية. وكذلك عمل نظام التبادل الإلكتروني للوثائق EDI إلى تحسين التدفقات المالية والنقدية للشركة وساهم في تقليل الأخطاء وضمان وتأكيد المعاملات فيما بينها. ومن المزايا الأخرى التي يحققها نظام التبادل الإلكتروني للوثائق EDIهو تحسين صورة المؤسسة الاقتصادية وزيادة القدرة التنافسية بين الشركات، بالإضافة إلى زيادة حجم التبادل بين المؤسسات التجارية.

ويجب نطرح السؤال عن السمات الواجب توفرها في منظومة العمل التي تعتمدها التجارة الإلكترونية. فعند التحول من نظام إلى نظام جديد فلا بد من تفهم طبيعة النظام الجديد وخصائصه في التعامل والقبول من أجل المساهمة في إنجاحه.

يتصف التعامل مع نظام العمل الذي تعتمده التجارة الإلكترونية بالسمات الآتية:

1. الاعتماد الكبير على تقنية المعلومات سواء كان بالنسبة للحاسبات الإلكترونية وتطبيقاتها أو الاتصالات على مختلف أنواعها.

2. يتطلب إعادة الهيكلة الكاملة في للمؤسسات التجارية وإعادة توزيع الوظائف فيها ومع الأخذ بعين الاعتبار عوامل المهارة والكفاءة المتميزة ومع التركيز الشديد على مهارات استخدام تقنية المعلومات.

3. الأتمتة الكاملة لجميع العمليات الإدارية داخل المؤسسة أو بين المؤسسة وجميع عناصر القيمة المضافة.

4. نلاحظ الانخفاض الكبير في حجم العمالة مقارنة مع حجم العمليات التي يتم تنفيذها بل أن الاتجاه الأغلب هو التحول إلى نوع آخر من العمالة.

5. الملاحظ المنتجات التي يتم تداولها هي منتجات حسب الطلب، لذلك تمتاز هذه العمليات بالكفاءة الإنتاجية.

6. انخفاض المساحات المخصصة للمكاتب لإدارة العمليات التجارية نظراً لانحصار التعامل الورقي والاعتماد على الوسائط الإلكترونية والمغناطيسية والضوئية في تخزين وتبادل البيانات .

7. الشفافية والوضوح في كافة المعاملات التي تجريها المؤسسة التجارية مع الأخذ بعين الاعتبار ضرورة استخدام تقنيات المعلومات وإيصالها لكافة المستويات التي تطلبها وتقديمها وتعريفها للغير أثناء عملية البحث.

8. ترتكز عمليات الشركة التجارية حول كسب العميل من خلال بناء منظومة تكفل التعامل الذكي معه لتلبية متطلباته وإشباع رغباته من أجل المحافظة عليه.

46. تعريف التجارة الالكترونية

بناء على ما تقدم إذاً ما هي التجارة الإلكترونية؟ وكيف نستطيع أن نفهم هذا النوع من التعامل؟ وكيف نستطيع القيام بعملية التحول للدخول فيها؟ وأين هي في وطننا العربي؟ كل هذه الأسئلة وغيرها تطرح نفسها للإجابة.

التجارة الإلكترونية هي واحدة من أهم التعابير الجديدة التي دخلت قاموسنا الاقتصادي بقوة. وقد أصبح هذا المفهوم متداولاً في الاستخدام اليومي، وذلك للتعبير عن العديد من الأنشطة الإنسانية المرتبطة بثورة تقنية صناعة المعلومات والاتصالات. هذا المصطلح لم تتبلور صورته بالشكل القطعي فمازال محط جدل بين الباحثين الاقتصاديين إلا إننا يمكننا أن نتناوله من خلال التسمية التي تطلق عليه التجارة الإلكترونية والتي تتضمن كلمتين وهي التجارة كمصطلح للتعبير عن أي نشاط اقتصادي يقوم به الإنسان في أي مكان من العالم بغرض تحقيق الربح من خلاله، ويتم من خلاله تداول السلع والخدمات بين الأفراد والمؤسسات والحكومات. وتحكم هذا النوع من التعامل القوانين والأنظمة المشرعة منذ مئات السنين بالإضافة إلى ما يسمى العرف التجاري السائد في المجتمعات وبين الأفراد الذين يمارسون هذا النوع من النشاط.

أما الكلمة الثانية الإلكترونية وهي صفة لكلمة التجارة، أي هي نوع من التوصيف لطريقة ممارسة النشاط الاقتصادي، ويقصد به هنا أداء النشاط التجاري باستخدام الوسائط والأساليب الإلكترونية، حيث تعتبر الإنترنت والشبكات العالمية والمحلية أهم هذه الوسائط.

نظراً للتطور السريع الذي طرأ على مفهوم التجارة الإلكترونية في التطور المتسارع ظهرت العديد من التعريفات، وكل منها يتناولها من جانب معين. سنحاول سرد بعضاً من أهمها والتي تم تداولها بكثرة في الأدبيات الاقتصادية في الصحف اليومية وعلى صفحات الويب من اجل الوصول إلى تعريف عام يتفق مع دراستنا وطريقة تناولنا للموضوع ومنها نذكر:

1. التجارة الإلكترونية: هي مجموعة متكاملة من عمليات إنتاج وتوزيع وتسويق وبيع المنتجات، بوسائل إلكترونية.

2. التجارة الإلكترونية: هي وسيلة مزاولة العملية التجارية بين الشركاء التجاريين استخدام تقنية المعلومات المتطورة بغرض رفع كفاءة وفاعلية الأداء.

3. التجارة الإلكترونية: هي استخدام تقنية المعلومات لإيجاد الروابط الفعالة بين الشركاء في التجارة.

4. التجارة الإلكترونية: هي منهج حديث من أجل في عملية البحث واسترجاع للمعلومات لدعم لاتخاذ قرار الأفراد والمنظمات في الأعمال موجهة إلى التعامل مع السلع والخدمات بالسرعة الممكنة بالاعتماد شبكات الاتصالات المحلية والدولية.

5. التجارة الإلكترونية: هي شكل من أشكال التبادل التجاري باستخدام شبكة الاتصالات بين الشركات بعضها البعض من جهة وبين الشركات وعملائها أو بين الشركات وبين الحكومات.

6. التجارة الإلكترونية: هي مزيج من التقنية والخدمات للإسراع بأداء التبادل التجاري وإيجاد آلية لتبادل المعلومات داخل الشركة وبين الشركة والشركات الأخرى المماثلة من جهة وبين الشركة والعملاء من جهة ثانية.

7. التجارة الإلكترونية: هي عمليات التبادل باستخدام التبادل الإلكتروني للمستندات Electronic Data Interchange (EDI)، أو من خلال البريد الإلكتروني E.mail النشرات الإلكترونية، والفاكس، وباستخدام التحويلات الإلكترونية للأموال Electronic Funds Transfer وكذلك كل الوسائل الإلكترونية المشابهة لهذه النشاطات.

8. التجارة الإلكترونية: هي نوع من عمليات البيع والشراء التي تتم ما بين المستهلكين والمنتجين أو بين الشركات بعضهم ببعض باستخدام تقنية المعلومات والاتصالات.

9. التجارة الإلكترونية :وهي عبارة عن تجارة الأعمال ما يطلق عليه باللغة الإنكليزية (B2B-business to business)، حيث يتم التعامل مع الشركة ضمن عناوين ويب الخاصة بالشركة والغير قابل للنشر على الجمهور، من جهة ثانية فهي تنحصر في تجارة الأعمال مع المستهلكين(B2C- business to consumer).

من خلال التعاريف أنفة الذكر والتي على الأغلب كانت تتضمن أهم الصفات والخصائص التي تتمتع فيها التجارة الإلكترونية، يمكننا أن نلخصها بالآتي:

1. استخدام تقنية المعلومات وشبكة الاتصالات في إدارة أنشطة العمليات التجارية بين الشركات مع بعضها البعض من جهة وبين الشركات وعملائها أي المستهلكين.

2. استخدام تقنية المعلومات وشبكة الاتصالات في إدارة نشاط العمليات التجارية بين الشركات والحكومات الإلكترونية .

3. تعمل على رفع الكفاءة في الأداء وتحقيق الفاعلية في التعامل من استغلال تقنية المعلومات وشبكة الاتصالات بشكل مثالي.

4. تخطي الحدود الزمنية والمكانية التي تقيد حركة التعاملات التجارية.

5. تتفاعل بسرعة كبيرة لتلبية حاجة السوق من خلال الاستجابة السريعة لمتطلباته، وذلك من خلال التفاعل مع العملاء(المستهلكين) الطالبين للسلع والخدمات على شبكة الاتصالات.

6. تقوم التجارة الإلكترونية على تبسيط الإجراءات ووضوح التعامل وأداء العمليات التجارية.

بالاعتماد على ما سبق يمكننا أن نعرف التجارة الإلكترونية على النحو التالي:

التجارة الإلكترونية Electronic Commerce عبارة عن جميع العمليات والأنشطة التي لها صلة بشراء وبيع السلع والخدمات والمعلومات عبر شبكة الإنترنت أو أي شبكة أخرى مثل الشبكات التجارية العالمية أو الشبكات المحلية. ويتضمن هذا التعريف الأمور الآتية:

1. الإعلانات بجميع أنواعها عن السلع والخدمات.

2. تقديم المعلومات عن السلع والخدمات بشكل واضح وصريح.
3. يربط العملاء بعلاقات بما يخص عمليات البيع والشراء وتقديم الخدمات ما بعد عمليات البيع.
4. عملية التفاوض بين العملاء (البائع والمشترى) وتحديد أسعاراً لسلعهم وخدماتهم.
5. عقد الصفقات وإبرام العقود بعد التوصل إلى الوفاق فيما بينهم نتيجة التفاوض.
6. سداد الالتزامات المالية ودفعها وتقديم الضمانات والتسهيلات اللازمة.
7. عمليات تسليم السلع وتقديم الخدمات ومتابعة الإجراءات النهائية للصفقات المعقودة.

جدول 25: اسهام التقنية الجديدة في النمو الاقتصادي

المنتج والدولة	المـــــدة الزمنية	تكثيف رأس المال	التقدم التكنولوجي في الإنتاج	التقدم التكنولوجي في الاستخدام	المجموع
البخار/المملكة المتحدة	1780- 1860	0,19	----	0,32	0.51
السكك الحديدية/ المملكة المتحدة	1840- 1890	0,13 0,14	0.10 0,09	---- ----	0,23 0,23
السكك الحديدية/أمريكا	1839- 1890	0,12 0,32	0,09 0,24	---- ----	0,21 0,56
الكهرباء/امريكا	1899- 1929	0,34 0,23	0.07 0,05	---- 0,70	0,41 0,98
تقنية المعلومات/امريكا	74 1996- 2000	0,52 0,55 1,36	0,17 0,24 0.50	---- ---- ----	0,69 0,79 1,86

47. سمات التجارة الإلكترونية

انطلاقاً من التحديد أعلاه للتجارة الإلكترونية نجد إنها تتمتع بعدد كبير من السمات الهامة ونذكر منها:

1. عدم وجود علاقة مباشرة بين طرفي العملية التجارية حيث يتم التلاقي بينهما من خلال شبكة الاتصالات (أي التعامل بين العملاء يكون عن بعد). وبالرغم من أن

هذا النموذج ليس جديدا حيث شهدت التجارة الاستخدام المكثف لوسائل الاتصال مثل الهاتف والفاكس والمراسلات التجارية بجميع أنواعها، إلا أنه يمتاز بوجود درجة عالية من التفاعلية بغض النظر عن وجود طرفي التفاعل في الوقت نفسه على الشبكة، وهو يشبه إلى حد ما تبادل الفاكسات أو الخطابات مع الأخذ بعين الاعتبار عامل الزمن والسرعة في الاستجابة.

2. هذا النوع من التجارة يؤمن إمكانية التفاعل مع مصادر متعددة في وقت واحد، حيث يستطيع التاجر أي أحد أطراف التعامل الإلكتروني من إرسال رسالة إلكترونية إلى عدد لا نهائي بوقت واحد للمستقبلين الراغبين في ذلك ودون الحاجة لإعادة إرسالها في كل مرة. من هذه الميزة توفر شبكة الإنترنت إمكانية التفاعل الجماعي غير المحدود أي التفاعل المتوازي بين الأفراد والمجموعات. وهذه تعتبر ميزة جديدة غير مسبوق في أدوات التفاعل السابقة مثل خاصية المؤتمر على الهاتف وهي الأقرب لخاصية التفاعل الجماعي حيث تسمح لعدد محدود من المشاركين.

3. إمكانية تنفيذ وإنجاز كل المعاملات التي تخص نشاط العملية التجارية بما فيها تسليم السلع الغير مادية على الشبكة مثل البرامج والتصميم وغيرها.

4. إمكانية التبادل الإلكتروني للبيانات والوثائق Electronic Data (EDI) Interchange وهذا يحقق انسياب البيانات والمعلومات بين الجهات المشتركة في العملية التجارية دون تدخل بشري وبأقل تكلفة وأعلى كفاءة وذلك من خلال التأثير المباشر على أنظمة الحاسوب في الشركات الداخلة في عملية التعامل التجاري.

هناك مآخذ على التجارة الإلكترونية ومن العيوب التي تأخذ على التجارة الإلكترونية نذكر:

1. عدم الوثوق وخاصة في هذا النوع من التجارة ما بين الأطراف غير المعروفة بالنسبة لبعضهم البعض والتي لاتتمتع بالشهرة التجارية الكافية.

2. ليست في مأمن من اللصوصية والتطفل في الشبكات العالمية والذي يحصل في مثل هذه المواقع من أجل سرقة المعلومات والوصول للأرقام السرية للحسابات وبطاقات الائتمان.

3. وجود التجسس الدولي من قبل بعض الحكومات والشركات الكبيرة ومتعددة الجنسيات على أعمال وتجارة بعض الشركات والأفراد تحت ذريعة الأسباب الأمنية يتم الحصول على أسرار الصفقات التجارية وتمريرها للعملاء المنافسين.
4. عملية النصب والاحتيال التي يتم مزاولتها تحت أسماء معروفة وذلك بقصد الابتزاز والحصول على المال من اقصر الطرق.
5. عدم وجود الأنظمة والقوانين الملزمة لكافة الدول في العالم، وان وجدت في بعض الدول فهي تختلف في تشريعها فيما بينها، وبالتالي لا تصلح إلا في البلد المشرع. علماً أن هذا النوع من التجارة يتعدى الحدود والأقاليم الجغرافية . اختلاف الأنظمة والقوانين الدولية في القبول أو عدم القبول في المعاملات التي تجرى في شبكات الاتصال الإلكترونية.
6. عدم توفر البنية التحية التي تحتاج إليها شبكات الاتصالات والمعلومات في جميع الدول مما يجعلها مقتصر وحكراً لبعض الدول في العالم دون غيرها.
7. تحتاج إلى الكادر الفني والتقني الذي يقوم على إدارتها بالإضافة إلى الكادر المتخصص في إدارتها، مما يحملها أعباء إضافية.
8. تحتاج إلى مستوى عالي من المخاطرة، ومعروف أن رأس المال جبان بطبيعته. لذلك لم تستحوذ على رؤوس أموال كبيرة على رغم من كل هذه العيوب التي تؤخذ علي التجارة الإلكترونية.

شهد العالم تطوراً كبيراً وملحوظاً في تخطي هذا وهناك زيادة فعلية وواضحة في حجم التجارة الإلكترونية بصورة تفوق الخيال والتوقعات لكل الشركات المتخصصة في مثل هذا المجال من الدراسات والتحاليل وإعداد التنبؤات. الأمر الذي أدى إلى حدوث تفاوت كبير بين الأرقام الصادرة من المراكز البحثية المختلفة عن نفس الفترة الزمنية وللمنطقة نفسها تحت الدراسة. هذا الأمر أحدث إرباك في عمل هذه المراكز المتخصصة، والتي أصبحت في الوقت الراهن تصدر عدة تقارير للتنبؤات بشكل دوري. والمتابع لهذه الدوريات يلحظ الاختلاف الكبير في أرقام هذه الإصدارات المتتالية.

أدى هذا التضارب في الأرقام بين الشركات المتخصصة إلى عدم الاتفاق على رقم محدد للتجارة الإلكترونية سواء كان في الماضي أو الحاضر أو المستقبل ويتراوح الرقم

المحتمل الوصول إليه في عام 2002 بين 350 مليار دولار في بعض التنبؤات وبعضها الأخر وصل هذا الرقم إلى 1.2 تريليون دولار في نجد أن هذا الرقم وصل 2.3 تريليون دولار في بعض التنبؤات المتفائلة. أي أن هذا التزايد في حجم التعامل بالتجارة الإلكترونية بلغ 200% سنوياً، حيث بلغ عدد الشركات العارضة نحو 600 ألف شركة وزاد عدد المشتركين ليصبح 250 مليون مشترك. نسرد حقائق تعتبر سبباً في التفاوت الكبير لهذه الأرقام:

1. الافتقار إلى تعريف محدد ودقيق لمفهوم تكامل للتجارة الإلكترونية مثل إتمام التعاقدات التجارية من خلال البريد الإلكتروني وإجراء باقي المعاملات بالطرق التقليدية كجزء من التجارة الإلكترونية أو المعاملات التجارية العادية.

2. عدم القدرة على المتابعة الدقيقة وحصر حجم الأعمال التي تتم إنجازها في معاملات التجارة الإلكترونية.

3. تنوع واختلاف مجالات الأنشطة التي تتم عبر الشبكة والتي تخضع لمفهوم التجارة الإلكترونية الشامل كالتعاملات المالية والمضاربة في الأسهم وما إلى ذلك من أنشطة مالية.

وهي تعرف بأنها تنفيذ كل ما يتصل بعمليات شراء وبيع البضائع وخدمات ومعلومات عبر شبكة الانترنت. ويمكن تشبيه التجارة الالكترونية بسوق الكتروني يتم التعامل فيه بين البائعين المستثمرين وتقدم فيه السلع والخدمات في صيغة رقمية يدفع ثمنها بالنقود الالكترونية وهي بذلك تقدم نظماً جديدة لقطاع الأعمال تتيح لهم العرض للحصول على ما يحتاجون إليه من معلومات حسب مجال تخصصهم مما يساعد على التخطيط السليم ورفع الكفاءة الإنتاجية والتوزيع.

مجال التجارة الالكترونية مجال واسع يستوعب من وقت لآخر أنواعاً جديدة ويشمل الآتي:

1. إنشاء وتسجيل المواقع على الانترنت.

2. الدعاية والإعلان عن السلع والخدمات.

3. تبادل المراسلات الالكترونية مما يدعم علاقات العملاء.

4. تبادل المعلومات والبيانات بين أطراف التعامل عن السلع والخدمات (الكتلوجات والفواتير الالكترونية) مما يساعد في علميات البيع والشراء.
5. التفاوض على الصفقات التجارية.
6. عقد الصفقات وإبرام العقود.
7. سداد الالتزامات المالية الناجمة عن عقود البيع.

أنماط التعامل في التجارة الالكترونية تتمثل في الآتي:

1. التعامل بين منشآت الأعمال مع بعضها البعض سواء كانت (شركات أو أفراد) أي (B To B) Business To Business ويعتبر هذا النوع من التعامل من أقدم الانواع والاكثر انتشاراً ويمثل الغالبية العظمي من المعاملات الالكترونية.
2. النمط الثاني عبارة عن التعامل الذي يتم بين منشأة الأعمال (التاجر) والمستهلك Business To consumer (BTOC) وهو الأقل أهمية من الناحية الاقتصادية.
3. التعامل بين منشاة الأعمال والحكومة Business To Government(BTG) ويشمل هذا النوع المناقصات والمشتريات الحكومية.

E-Commerce Workflow Diagram

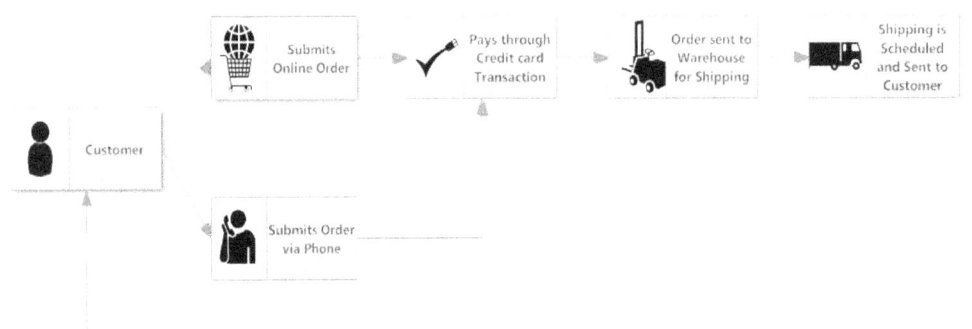

شكل 31: شكل تدفق للتجارة الالكترونية

48. أهمية ومزايا التجارة الالكترونية

يمكن ايجاز أهمية ومزايا التجارة الالكترونية في النقاط التالية:

1. تعمل على تقليل المخزون من البضائع حيث يمكن تخطيط وتنظيم عملية الإنتاج لتلائم الطلب المتوقع مما يقلل من تكاليف الإنتاج وبالتالي تكاليف أقل للمبيعات.

2. استخدام الحاسب وتخزين المعلومات يقلل من حجم الأعمال الورقية والمكتبية وبالتالي يؤدي إلي حسن استخدام العمالة.
3. تقليل الجهد والوقت نسبة لان الأسواق الالكترونية مفتوحة للمتعاملين فيها بصورة مستمرة.
4. التجارة الالكترونية من شأنها أن تؤدي إلي خفض نفقات التسويق مما يؤدي إلي خفض الأسعار للسلع والخدمات.
5. توفير حرية اوسع للاختيار حيث أنها تتيح فرصة واسعة لزيارة مختلف المواقع على الانترنت مما يساعد على مقابلة احتياجات العملاء واشباع رغباتهم بصورة أفضل وبالتالي كسب رضاهم.
6. توفير التجارة الالكترونية بما يسمي بالتغذية المرتدة (العكسية) للعميل من أجل التقييم.
7. المساعدة في فتح أسواق جديدة واتصالات مباشرة وعملاء جدد.

فضلاً عن أن التجارة الالكترونية عبر شبكة الانترنت تساعد على الربط بين فروع وأجهزة المؤسسات والهيئات المختلفة وبتكلفة أقل نسبياً مع خلق نظام فعال للاتصال مما يساعد على اتخاذ القرارات ومتابعة التنفيذ.

بالرغم من المزايا العديدة للتجارة الإلكترونية التي سبقت الإشارة إليها اعلاه الا أن هناك بعض المثالب (المآخذ) والتي يمكن إيجازها في الآتي:

1. غياب العلاقات المباشرة (الوثيقة) بين الأطراف المتعاقدة وذلك لوجود وسيط الكتروني وهذا من شانه أن يؤدي إلي عدم سهولة توليد (خلق) الثقة بين منشآت الأعمال والعملاء لعدم وجود اتصال شخصي في الدخول على مواقع الشبكة.
2. بما أن وسائل الدفع تتم الكترونياً لذلك قد لا تكون هذه الوسائل كافية لعدم وجود مستندات ورقية.
3. المخاطر الأمنية: تعتبر العائق الأكبر أمام اعتماد الانترنت لإنجاز المهام التجارية اذ تفتقر الشبكة للضمانات اللازمة فيما يختص بالحفاظ على الخصوصية التجارية والتحقق من هوية الأطراف المشتركة في المعالات التجارية.

ومن مظاهر عدم توفر الامن في هذا المجال وجود الهاكرز Hackers أو ما يسمي

بقراصنة الكمبيوتر والشبكات. وهي عبارة عن مجموعات لهم القدرة على اقتحام (اختراق) أي نظام معلومات مهما كان مؤمناً والحصول على الملفات والكتلوجات ونقل (سرقة) المعلومات مما قد يترتب عليه سوء استخدام معلومات العميل ويتنافي والخصوصية الشخصية بالإضافة إلي التسلل لتخريب الاجهزة والانظمة بزرع الفيروسات المدمرة (قاموس اكسفورد للغة الانجليزية The Oxford Paperback Dictionary Oxford University Press 1994).

نجد أن كلمة الهاكر (Hacker) تعني:

One who gains unauthorized access to a computer network

بالطبع هذه ممارسات غير سليمة (جاسوسية صناعية) قد تكون لأسباب مختلفة ربما بغرض الابتزاز أو النزعة لفعل الشر أو نتيجة صراع سياسي وغيرها. من أجل تذليل العقبات والحفاظ على سرية المعاملات على الانترنت تم استحداث بعض التقنيات لهذه الغرض مثل برتوكول الحركات المالية الآمنة.

مقومات ومتطلبات التجارة الالكترونية

إن انتشار وازدهار التجارة الالكترونية يعتمدان على عدد من المقومات من أهمها:

1. البنيات الأساسية حيث يجب ان يسند ويدعم التجارة الالكترونية قطاع صناعي فعال في مجال الحاسوب لمدها بالمدخلات حتي تتمكن من تحقيق أهدافها كما يجب أن تتوفر بعض الصناعات ذات الصلة (الصناعات المغذية) مثل شبكة التلفونات والالياف الضوئية مما يساعد على تغطية أكبر عدد ممكن من المشتركين، كما تعتمدالتجارة الإلكترونية على قاعدة اتصالات حديثة تربط مختلف الأقاليم داخل البلد وربط البلد بالعالم الخارجي. هذا فضلاً على أنها تساعد على تكوين قاعدة معلوماتية وطنية. وللآسف فان الدول النامية تفتقر لكثير من هذه العناصر الرئيسة حيث تشير احدث التقارير الصادرة من الاتحاد الدولي للمعومات إلي أن الدول المتقدمة تمتلك حوالي 95% م أجهزة الحواسيب في العالم في حين أن الدول النامية بما فيها الصين تمتلك 5% فقط. كما تشير إحصاءات مركز التجارة الدولي إلي أنه يوجد 2.5 خط هاتف لكل 100 شخص في الدول النامية مقابل 54 خطاً في الدول المتقدمة.

2. الثقة والأمان، بما أن التعامل في مجال التجارة الإلكترونية يتم أساساً عبر الوسائل الإلكترونية (خلاف التجارة التقليدية) في مراحله المتعددة فان نمو وتطور التجارة الإلكترونية ينبني على الثقة المتبادلة بين كل الأطراف وبخاصة في ظل غياب التشريعات الوطنية الحاكمة لهذا النوع الجديد من النشاط، ومن أجل بناء الثقة المتبادلة درجت بعض الدول المتقدمة على الدخول في اتفاقيات مشتركة تصدر منشورات تركز على أهمية هذه التجارة كما تبادر المنظمات الدولية في تنشيط هذه التجارة وإمكانية الاعتماد عليها في منظمة التنمية والتعاون الاقتصادي ومنظمة التجارة العالمية (WTO).

3. الإطار القانوني، لابد من وجود تنظيم قانوني ملائم يضع القواعد المنظمة لجوانب التجارة الإلكترونية في مراحلها المختلفة على المستويين الداخلي والخارجي من أجل زرع الثقة والشهور بالأمان لدى المتعاملين في هذه التجارة واضعين في الحسبان أن التجارة الالكترونية أصبحت تلعب دوراً متزايداً في ظل العولمة وتحرير التجارة الدولية إضافة إلي ان القواعد الحاكمة تساعد في حل العديد من المشاكل التي قد تنشأ عند تطبيق التجارة الالكترونية (حق الملكية الفكرية، الضرائب الجمركية..). وقد قامت لجنة الأمم المتحدة لقانون التجارة الدولية بوضع قانون نموذجي لهذا الغرض.

4. تطوير وتنويع الهيكل الاقتصادي ووضع السياسات الملائمة، حيث أن التجارة الالكترونية بمفهومها الذي سبق ذكره تستلزم وجود اقتصاد متطور ومتنوع ومرن ليكون قادراً على تلبية الطلب الفعال. وذلك من خلال إنتاج وتصدير السلع والخدمات بمختلف صورها عبر الوسائل الالكترونية (online) ويتم ذلك عن طريق تعبئة متخلف القطاعات الاقتصادية المادية والخدمات وتوظيف تقنية المعلومات في مجالات الإنتاج والتسويق والتوزيع.

يلعب القطاع الخاص دوراً كبيراً في نمو التجارة الإلكترونية مما يتطلب اتباع سياسات اقتصادية ملائمة تدعم نشاط هذا القطاع مثل عدم فرض ضرائب على الرسائل الالكترونية المتبادلة وتحرير الخدمات في مجال الاتصالات السلكية واللاسلكية. وفي هذا الصدد فقد تم اتفاق في إطار منظمة التجارة العالمية فيما يتعلق بتحرير الاتصالات.

التعليم والتدريب، حيث تمثل التجارة الالكترونية تطوراً جديداً في اقتصاديات الدول النامية يستلزم خلق اطار ثقافي وفكري يساعد على تقبل هذه الفكرة الحديثة والقدرة على التعامل معها وهنا يبرز الدور المحوري للتعليم في أداء هذه المهمة من حيث التعريف بالتجارة الالكترونية.

كما أن التدريب يلعب دوراً هاماً من ناحية الممارسة ووضع الأصول والمبادئ العامة موضوع التطبيق ويمكن التعويل في هذا الشأن على المنظمات الإقليمية والدولية والمنظمات غير الحكومية بجانب المجهودات الحكومية بالإضافة إلي الاستفادة من خبرات وامكانيات الدول الأخرى التي سبقت في هذا المجال من خلال تعاون ثنائي أو متعدد الأطراف.

49. معوقات التجارة الالكترونية

تتمثل هذه المعوقات في الآتي:

1. عدم الإلمام بالقراءة والكتابة.

2. عدم المعرفة بأساليب وطرق التعامل بأجهزة الحاسب الآلي والبرمجة.

3. عدم الإلمام باللغة الإنجليزية حيث تتم معظم أعمال التجارة الدولية وبرامج الكمبيوتر باستخدام اللغة الإنجليزية.

4. عدم الانتشار والتوسع في وسائل الاتصال عن بعد في مناطق عديدة من العالم.

5. سيطرة التعامل النقدي بالنقود التقليدية على حساب التعامل بالأدوات المالية الحديثة على أوراق الكترونية.

50. النقاط التجارية الدولية

ترجع فكرة إنشاء النقاط التجارية الدولية إلي بداية التسعينيات من القرن العشرين كنتيجة طبيعة للتقدم الكبير في مجال الاتصالات وظهور التجارة الالكترونية. من أجل تنفيذ هذه الفكرة أنشأ مؤتمر الأمم المتحدة للتجارة والتنمية (الانكتاد) النقاط التجاري الدولية، لتقوم بتسهيل تبادل المعلومات بين الدول المشاركة في شبكة التجارة الدولية النقطة التجارية عبارة عن مركز معلومات وتسهيلات تجارية يساعد على التطبيق العملي للتجارة الإلكترونية بتسخير إمكانيات التقنية الحديثة لخدمة أغراض التجارة الدولية.

تتلخص أهداف النقطة التجارية في أنها تقوم بتسهيل وصول المؤسسات الصغيرة والمتوسطة الحجم إلي الأسواق العالمية والحصول على أحدث المعلومات من خلال شبكات النقاط التجارية الدولية المرتبطة الكترونياً والمجمعة في جنيف بسويسرا. والمشاركة في الأسواق العالمية تؤدي إلي التعريف بمنتجات هذه المؤسسات مما يعمل على تخفيض تكلفة المعاملات بما فيها تكلفة الترويج.

51. نقطة التجارة السودانية Sudan Trade Point

تم إنشاء نقطة التجارة السودانية بموجب قانون نقطة التجارة السودانية لعام 2001م وذلك ضمن برنامج النقاط التجارية لمؤتمر الأمم المتحدة للتجارة والتنمية (الانكتاد) لعام 1992م [19]. وهي تمثل مركز للتسهيلات التجارية عن طريق ربط السودان بالشبكات الإلكترونية الدولية وتشرف عليه وزارة التجارة الخارجية.

تعمل نقطة التجارة السودانية وفقاً لمبادئ وأهداف برنامج النقاط التجارية الدولية يمكن إيجاز ما تقوم به نقطة التجارة السودانية من أعمال على الوجه التالي:

1. ربط السودان بالشبكات الالكترونية العالمية من خلال موقعها على الانترنت توفر نقطة التجارة المعلومات في مجالات عديدة.

2. تشمل المعلومات عن السودان في النواحي الاقتصادية والاجتماعية والسياسية بما في ذلك السجل التجاري للشركات وقوائم المصدرين والمستوردين بالإضافة إلي إحصائيات التجارة العالمية واحتياجات السوق العالمي والأسعار العالمية للسلع الرئيسة.

3. تصميم واستضافة الصفحات على الويب (WEB).

4. توفر خدمة البريد الالكتروني.

5. تقديم الخدمات الاستشارية الخاصة بقضايا التجارة الالكترونية.

6. المساعدة في إعداد دراسات الجدوى الاقتصادية وإبرام العقود التجارية.

7. العمل على تجميع كل المشاركين في العمليات التجارية تحت سقف واحد حتي يمكن تقديم الخدمات لهم في المجالات المرتبطة بأعمالهم التجارية مثل الجمارك، النقل،

---

[19] وزارة التجارة الخارجية – نقطة التجارة السودانية.

التأمين، المواصفات والخدمات المصرفية بجانب تزويدهم بنظم الدول الأخرى المتعلقة بالقوانين والإجراءات التي تحكم النشاط التجاري.

8. مراعاة المعاملة المتساوية لجميع المستفيدين من الخدمات سواء كانوا مؤسسات أو رجال أعمال أو تجارة أو صغار الحرفيين مع التقيد بسرية المعلومات المطلوبة وضمان دقة وحياد المعلومات التي تقدم للمستفيدين. ويسمح قانون نقطة التجارة السودانية بفتح نقاط فرعية في مناطق الإنتاج بالولايات وذلك بهدف توسيع نطاق الخدمات وبالفعل تم فتح عدة نقاط ببعض الولايات.

52. مجالات مزاولة نشاط التجارة الالكترونية

تنشط التجارة الإلكترونية في كثير من المجالات نذكر منها على سبيل الذكر لا الحصر: تجارة التجزئة وأعمال البنوك والتمويل والتوزيع والدراسات والتصميم الهندسي والتعاملات التجارية ولإعلان والنشر وخدمات متخصصة وأنواع أخرى من التجارة الدولية المختلفة. نحاول إلقاء الضوء على بعض من أوجه مزاولة نشاط التجارة الإلكترونية فيما يأتي:

1. تجارة التجزئةRetail وهو النشاط التجاري والاقتصادي الذي يستهدف الأفراد على شبكة الاتصالات وعادة يتناول هذا النوع من التجارة السلع والخدمات التي يطلبها الأفراد بالدرجة الأولي كعرض الرحلات السياحية أو تقديم البرمجيات المختلفة وبيع الكتب والمجلات، حيث يتم فيها البحث عن اسم الكتاب أو المحتوى ومعرفة السعر. تتم عادة عملية الدفع ثمناً لهذا السلع والخدمات بالطرق الإلكترونية، سواء بالبطاقة الائتمانية أو غيرها من طرق الدفع التي تم استحداثها لمثل هذه الغرض.
2. البنوك والتمويل Finance: كثيراً من البنوك تلجأ إلى تقديم الخدمات الإلكترونية على مختلف أنواعها، ومن أبسطها فتح الحسابات والاستعلام عنها ومتابعة أسعار الأسواق المالية والبورصات وبيع وشراء الأسهم وغيرها من الخدمات الأخرى المتاحة.
3. التوزيع :Distribution ظهرت في الآونة الأخيرة شركات على الإنترنت تقوم بوظيفة التوزيع للمنتجين مثال ذلك توزيع المنتجات الإلكترونية من برامج وأجهزة

حاسب آلي، توزيع الصور، والأفلام، والشرائط الموسيقية وذلك لحساب منتجيها مقابل خدمات العمولة التي تحصل عليها.

4. الدراسات والتصميم الهندسية Engineering design: القيام بالدراسات والأبحاث لحساب الشركات حسب الطلب وذلك بغض النظر عن مكان تواجد الشركة التي تطلب الدراسة أو التصميم الهندسي المطلوب. تصميم المواقع على الشبكة الإلكترونية وتقديم الخدمة الدائمة من صيانة وغيرها .

5. تصميم المنتجات الجديدة، من خلال مجموعات عمل متنوعة ومتوزعة في أنحاء جغرافية متباعدة وبدون التواجد في المكان نفسه، على سبيل المثال إنتاج الحاسبات الإلكترونية وتطويرها في أنحاء المتفرقة من العالم الولايات المتحدة واليابان ومجموعة دول النمور أي تصميم حاسبات يعمل أعضائه في مواقع جغرافية متباعدة.

6. التعاملات التجارية Business support: يقصد بذلك التعامل التجاري على أصوله التقليدية كالتبادل التجاري بين الشركات حيث تقوم الشركات بعرض منتجاتها من خلال الإعلانات الإلكترونية على الشبكات ومن ثم تلقي الطلبات والإجابة على الاستفسارات في طريقها لعقد الصفقات التجارية حسب المراحل عملية التبادل المختلفة. كتقديم التسهيلات التجارية ودعم نظم الدفع المختلفة وتبادل المستندات والوثائق اللازمة وتقديم التسهيلات التأمينية وتقديم خدمات ما بعد البيع للمنتجات التي تتطلب مثل هذا النوع من الخدمات.

7. تقديم الاستشارات الطبية وإجراء التحاليل اللازمة: أصبح من إحدى الأساليب الهامة التي يلجأ إليها الأطباء والمواطنين في بلدان العالم النامي الحصول على التحاليل الطبية والاستشارات الطبية اللازمة دون تحمل عناء السفر وتكبد المصاريف العالية .

8. العمليات الجراحية :في الآونة الأخيرة يشهد العالم الكثير من العمليات الجراحية المأجورة على مختلف أنواعها يتم من خلال الشبكة العالمية للاتصالات، وتعرف بما يسمى العمل الجراحي عن بعد مما يخفف عناء السفر على المرضى ويجعلهم يحصلون على العلاج في أوطنهم .

9. نظم الدفع والسداد في التجارة الالكترونية.

يتم عادة استخدام طرق كثيرة ومتنوعة لإبرام الصفقات التجارية وتنفيذ العقود ذات الطابع التجاري على الشبكات الإلكترونية، وسوف نذكر منها الأكثر استخداماً:

1. الشيكات الإلكترونية: تطوع بعض المؤسسات المالية كافة وسائل الدفع المعروفة لتتناسب مع مقتضيات التجارة الإلكترونية. وقد جرى تطوير استخدام الشيكات الورقية إلى نظام الشيكات الإلكترونية" .يعتمد تحويل الشيكات الورقية إلى شيكات رقمية على أساس الدراسات التي تمت في الولايات المتحدة والتي أوضحت أن البنوك تستخدم سنويا أكثر من 500 مليون شيك ورقي تتكلف إجراءات تشغيلها حوالي 79 سنتا لكل شيك وتتزايد أعداد الشيكات بنسبة 3% سنويا وعندما أجريت دراسة عن إمكانية استخدام الشبكات الإلكترونية أتضح أن تكلفة التشغيل للشيك يمكن أن ينخفض إلى 25 سنتا بدلا من 79 سنتا وهو ما يحقق وفرا يزيد عن 250 مليون دولار سنويا في الولايات المتحدة فقط تعتمد فكرة الشيك الإلكتروني على وجود وسيط يقوم بإجراء عملية التخليص.

2. البطاقات المصرفية: تشبه من حيث العمل البطاقات المصرفية المعروفة ولكنها تختلف هذه البطاقات عن بطاقات الائتمان في طريقة السداد حيث يتوجب على العميل تقديم المبالغ بالكامل للبنك خلال الشهر الذي تم فيه السحب. وعلى الرغم من المزايا التي تقدمها البطاقات البلاستيكية لحاملها، إلا أنها لا تزال غير منتشرة بالقدر الكافي في الوطن العربي ويمكن إرجاع ذلك لعدة أسباب من بينها انخفاض المستوى الثقافي أو مستوى الدخول أو كليهما، بالإضافة إلى عدم الثقة في الجهات التي تصدرها .

53. التجارة الإلكترونية العربية

أجرى موقع (عجيب) الذي يحظى بشعبية واسعة في الأوساط العربية عند مستخدمي الانترنيت دراسة بينت أن مستخدمي الانترنيت في العالم العربي بلغوا في بداية عام 2002 حوالي 3.54 مليون مستخدم بعد أن كانوا 1.5 مليون مستخدم في عام 2001. وتتوقع هذه الدراسة أن يرتفع عدد مستخدمي إلى 12 مليون مستخدم في نهاية عام 2002. هذا يعني أن التجارة الإلكترونية العربية في تزايد نظراً لان العرب المستخدمين

للإنترنت في تزايد. ولهذا السبب وجملة المعطيات والمتغيرات التي تسود العالم والوطن العربي بشكل خاص، نجد أن مجلس الوحدة الاقتصادية التابع للجامعة العربية اخذ هذه المتغيرات بعين الاعتبار ويعمل على تطويرها وحمايتها

يقوم مجلس الوحدة الاقتصادية بمساع حميدة من أجل تأمين الحماية اللازمة للتجارة الإلكترونية العربية بعد تزايد عمليات القرصنة والجرائم المتعلقة بالمعلوماتية في العالم. وذلك من خلال إنشاء أول شركة عربية لتأمين التجارة الإلكترونية العربية حيث تبين الأرقام الإحصائية إلى نموها المتزايد في الآونة الأخيرة. يأتي هذا المشروع العربي الجديد في على خلفية اتساع ساحة ارتكاب الجرائم ومعدلات اختراق المعلومات داخل شبكة الإنترنت وهذا يعرض المعاملات التجارة الإلكترونية العربية للقرصنة والسرقة. وخاصة نتيجة تفاقم ظاهرة تسرب البيانات والمعلومات، الأمر الذي يؤدي وضع عائق حقيقي أمام التجارة العربية، التي ما زالت في طور الولادة. "ويقدر مجلس الوحدة الاقتصادية التابع لجامعة الدول العربية معدل النمو في التجارة الإلكترونية عربيا بنحو 15% مقابل 30 %عالميا، ويبلغ حجم التجارة الإلكترونية العربية حاليا يبلغ نحو 3 مليارات دولار مقارنة بحوالي 135 مليار دولار عالميا، ويتوقع أن يبلغ حجم التجارة الإلكترونية العربية المتوقع مع نهاية العام المقبل 2003 يتجاوز 5 مليارات دولار مقابل حوالي 31 تريليون دولار عالميا .

أكد المجلس الوحدة الاقتصادية لجامعة الدول العربية على ضرورة إيجاد تشريعات قانونية لتنظم التجارة الإلكترونية عربياً من أجل المحافظة على مصالح الدول العربية للحد من عمليات القرصنة وسرقة للمعلومات، وخاصة أن كثيراً من الدول العربية أصبح يمتلك الفرص في مجال صناعة البرمجيات ونظم المعلومات وابتكار البرامج وتطويرها. ويسعى مجلس الوحدة الاقتصادية العربية لإنشاء شركه عربيه لتأمين المعلومات والاتصالات برأس مال مبدئي 5 ملايين دولار بهدف إنتاج وتسويق أجهزة وأنظمة تأمين وحماية المعلومات والاتصالات بأيد عربية. وعلي الرغم من كل هذه المساعي التي مازالت في حيز الدراسات والاجتماعات إلا إنه من الصعوبة بمكان تحديد موقع الدول العربية في التجارة الإلكترونية معلوماً لنا أن دول الخليج العربي ومصر تأتي في مقدمة الدول العربية. حيث تصدرت دول مجلس التعاون الخليجي

قائمة الدول العربية من حيث حجم هذا النوع من التجارة حيث بلغت تجارتها 1.3 مليار دولار آتت مصر بعدها بقيمة 500 مليون دولار فيما توزعت 1.2 مليون دولار بين بقية الدول العربية الأخرى. كما أشارت التوقعات حسب البنك الأهلي المصري انه بالرغم من زيادة حجم التعاملات التجارة الإلكترونية بين مصر والدول العربية رغم عدم وجود حاجز اللغة والمسافة إلا أن هذه التجارة لم تنشط وذلك بسبب عدم اعتياد مؤسسات الأعمال العربية (أي التاجر العربي) على قبول شروط الطرف الآخر في حين هو يقبل الشروط العالمية ذات المصادر الأجنبية .

تنحصر التجارة الإلكترونية العربية على الأغلب في الاستيراد للمنتجات والبضائع والسلع والخدمات من المصدرين الدوليين، أي الطرف الفعال والمؤثر في التجارة الإلكترونية هي الدول غير العربية. بالطبع هذا يجل تجارة العربية مستهلكة للسلع والمنتجات الأجنبية مما يصعب عملية اجتماعها في التعامل العربي – العربي لعدم وجود ما الأساس الذي تبنى عليه في عملية التبادل.

54. عوائق التجارة الإلكترونية العربية

يمكننا أن نجمل جملة العوائق في هذه التجارة في الوطن العربي فيما يلي:

1. افتقار المواقع العربية إلى الخصائص الفنية التي تضفي إلى المواقع الجاذبية وتجعل العملاء يقدمون على مواقعهم.

2. مشكلة اللغة العربية والافتقار لبرامج العربية ذات محركات البحث القوية القادرة على الحد من نقطة الضعف هذه. وخاصة وأن اللغة الإنكليزية هي اللغة المستخدمة في تبادل المعلومات على مستوى الشبكات العالمية.

1. الافتقار إلى النظم المصرفية في أغلب الدول العربية القادرة حل مشكلات السداد والدفع عن طريق الإنترنت وبطاقات الائتمان. وتبرز في هذا السياق مسألة استخدام بطاقة الصرف الإلكترونية، وهي الوسيلة الأولي في البيع والشراء، حيث أورد تقرير (إي ماركتر) الأمريكي أن 41 في المائة من عمليات التجارة عبر الانترنيت شهدت حالات استخدام غير مشروعة، وتم سحب أموال بطريقة غير شرعية من التجار المتعاملين بهذا النوع من التجارة. وتمثل هذه النسبة ارتفاعاً من 35% من عمليات استخدام البطاقات غير المشروع. وطبقاً لنفس التقرير فقد أفاد 57% من

التجار بأنهم يخشون أن يتعرضوا إلى الإفلاس بسبب تكرار عمليات التصرف غير المشروع ببطاقات الصرف الإلكتروني .

2. الافتقار إلى التشريع القانوني المناسب لضبط عمليات التجارة الإلكترونية فيما بين الدول العربية وحتى على مستوى الدولة العربية الواحدة.

3. الافتقار إلى البنية الأساسية للتجارة الإلكترونية في اغلب الدول العربية وهي شهادة المصدر.

4. الافتقار إلى البنية الأساسية التقنية للتجارة الإلكترونية في اغلب الدول العربية وخاصة ارتفاع ثمن التجهيزات الإلكترونية وارتفاع ثمن أجور الاتصالات وصعوبة توفرها في بعض الدول العربية.

5. الحكومات العربية بطريقة تعاملها مع التجارة الإلكترونية في ظل غياب استراتيجيات واضحة ومحددة وخاصة مع تقنية المعلومات وتشكيل الشبكات الوطنية التي توفر قاعدة البيانات الضرورية لهذا النوع من التجارة.

6. العادات والتقاليد الاجتماعية التي يؤمن بها المستهلكين تعتبر عائقاً في وجه الاستفادة القصوى من فوائد الشبكات العالمية للتجارة الإلكترونية. أي أن عامل التربية له دوراً هاماً في الإقدام على ذلك، لذا يتوجب علينا أن نحاول تجاوز العامل النفسي الذي يقف عائقاً بيننا وبين التقدم والإقدام على التعامل مع هذا النوع من التجارة. وبنفس الوقت يتوجب علينا أن نعد أبنائنا إعداداً جيداً للمستقبل لنضمن لهم التقدم والتفوق العالمي.

7. تكلفة بناء المواقع الإلكترونية في الشبكات العالمية ما تزال مكلفة لأنها تعتمد على المحترفين في إنشائها وإدارتها وصيانتها لضمان نجاحها، مما يحمل هذا النوع من التجارة نفقات إضافية.

8. الافتقار إلى مراكز البحث والتطوير من أجل تقديم الاستشارات ومساعدة المواطنين في بلدانهم في التخلص من أميتهم الإلكترونية أولاً ومن ثم بناء الإنسان المعلوماتي ثانياً.

9. لا بد من التعاون الدولي في بناء الثقة بين المتعاملين وملاحقة اللصوص والمتطفلين والمتجسسين على المعلومات.

تتوسع التجارة الإلكترونية وعلينا أن نعد لها العدة من أجل أن نكسب منها. ويجب ألا يغيب عن ذهننا إننا قوم دلهم كتابهم وحثهم على ممارسة التجارة لأنها عمل مبارك إذا اتبعنا وسائل الكسب الحلال. لذلك علينا إعداد العدة اللازمة كحكومات وهيئات ومؤسسات وأفراد والابتعاد عن شعار بضاعة تباع لا ترد ولا تبدل. فاليوم الأسواق العالمية تتقارب والحدود تتلاشى وتحرير التجارة قادم وحرية رأس المال محققة. لان الثقافة العالمية الجديدة قادمة إلينا وكل ما علينا إلا أن نتفاعل معها ونؤثر فيها ونكسب منها وألا نتركها تعبث فينا تسيرنا وترمينا قتلى في عقر دارنا. وكل هذا يحدث في التحكم عن بعد والاتصال بالشبكات العالمية. أصبحت بعض الجامعات العالمية لا تمنح دبلوماً للإدارة أو التجارة لأي طالب إلا إذا استطاع أن يفتح موقع على الشبكة العالمية ويحقق من خلاله كسباً مادياً ملموساً.

يتحول النظام العالمي الجديد تدريجياً ليصبح عالماً إلكترونياً في طريقه إلى الدولة الإلكترونية رغبنا أم لم نرغب. ولكن هناك بعض المحددات والتي تختلف من دولة إلى أخرى حسب طبيعة البلدان وموقعها من التقدم العلمي العالمي أولاً، وبحسب الإيمان في العولمة التي تجتاح العالم ثانياً. يمكننا تصنيف هذه المحددات على النحو الآتي:

1. المحددات الاقتصادية: وأهمها تحسن متوسط دخل الفرد وانخفاض متوسط التكلفة الاقتصادية للحصول على تقنية الحديثة.

2. المحددات التشريعية: عن طريق سن القوانين والتشريعات اللازمة لخلق بيئة إلكترونية مواتية. تأسيس جمعيات الخاصة بحماية المستهلك. بناء منظومة مؤسسية حكومية لحماية وإدارة المصالح العامة وبناء البنية التحتية .

3. محددات البنية التحتية: وهنا يتطلب من الحكومات والمؤسسات الدولية الاهتمام في استكمال البنية التحية لتكنولوجية الاتصالات في جميع أنحاء البلد الواحد ومن ثم العالم اجمع. ومن ثم الاهتمام في بناء الشبكات المحلية وتطويرها وربطها في الشبكات العالمية.

4. المحددات الثقافية: ازدياد الوعي عند المواطنين وتطبيق التعليمي الإلزامي، الذي يعمل على التخلص من الأمية ورفع شعار القرن الحادي والعشرين لابد من القضاء

على أمية عدم المعرفة والقدرة على استخدام الحاسب الآلي والتعامل مع التقنية الإلكترونية وأجهزة الاتصال العالمية .

5. المحددات الإعلامية: انتشار المحفزات للوصول الشبكة العالمية من اجل الحصول على البيانات والمعلومات سواء لإجراء البحوث أو لأهداف أخرى. وهنا تدخل محددات المهارة في استخدام التسويق أي يجب أن نتعامل مع شبكة الإنترنت باعتبارها كوسيلة إعلانية جديدة. هذا يتطلب مننا أن تعرف على كيفية عمل شبكة الإنترنت. لا بد من قضاء ساعات عمل طويلة أمام الشاشة ولوحة المفاتيح، حتى نتمكن من التعرف هذا العالم الإلكتروني ومن يتعايش فيه. وبدون التجربة العملية فإننا لا نستطيع أن نصل إلى عقول هؤلاء المتجولين بين مواقع الشبكة الإلكترونية. فإن الفهم الصحيح لهذه السوق تعتبر طريق النجاح للوصول إلى الزبائن وإقناعهم بأهمية البضاعة التي نروج لها. يجب أن لا ننسى أن هناك رابطة عاطفية قوية تنشأ بين المتجولين على صفحات الإنترنت وبين شبكة الإنترنت نفسها، وهذه الرابطة هي أقوى من الرابطة الكائنة بين مشاهدي التلفزيون والتلفزيون نفسه، وأكبر بكثير من الرابطة بين مستمعي الراديو والمحطات المفضلة لهم. لذلك يتوجب استخدام هذه الحقيقة لخلق نوع من الترابط بين التجارة الإلكترونية والزبائن. ومن أجل شد هذه الرابطة لا بد من قياس شعور الزبائن في مواقعنا وطريقة عرضنا لبضائعنا، وذلك خلال تخصيص زاوية للحوار والنقاش لمعرفة ردود أفعال الزوار وما هي تعليقاتهم. والأمر الأهم هو عدم محاولة فرض إعلاناتنا عليهم، ويجب أن نشعرهم بحقهم في الاختيار، حيث إن هذا الأمر سيجعلهم أكثر راحة، مما يعطينا فرصة بناء علاقة عاطفية بيننا وبين مجتمع الإنترنت.

6. المحددات النفسية: وأهمها قبول التعامل مع العالم من خلال شبكة الاتصالات أي التعامل عن بعد دون معرفة مسبقة بالجهات التي يتم الاتصال بها. وهنا تتدخل محددات المهارة في كسر الحاجز النفسي في الخوف من التعامل وذلك من خلال الصدق في المعاملة والشفافية في التعامل هذا من جهة ومن جهة ثانية يتطلب من مهارة في التسويق الشريف أي يجب أن نتعامل مع شبكة الإنترنت باعتبارها كوسيلة إعلانية جديدة، الأمر الذي يتطلب مننا أن التعرف على آلية عمل شبكة

الإنترنت في الوصول إلى الزبائن المنتظرين بعد التجاوز بهم الحاجز النفسي والسيكولوجي المناع لهم من الإقدام على هذا التعامل تحت ذرائع يبثها المغرضين في جمهور المتعاملين على شبكة الإنترنت.

هذه المحددات تقف أحياناً عائقاً في وجه بعض الدول العربية في الوصول إلى الإنترنت لمزاولة التجارة الإلكترونية حكومياً أو تقف عائقاً أمام الأفراد. لذلك ومن خلال التنسيق فيما بين الدول العربية من مؤسساتها في الجامعة العربية يتم تذليل العوائق والعمل على شد هذا النوع من التعامل فيما بين الدول العربية ومن ثم نقل هذا التنسيق إلى الهيئات والمنظمات الدولية أو إلى حكومات دول العالم من اجل حماية التجارة الإلكترونية العربية مواطنين وتجاراً .

لا بد من القول أن الحقيقة التي بدأت تتضح كواقع ملموس وحتمي في اقتصاديات بلدان العالم التي دخلت عصر التجارة الإلكترونية، وهي أن مستقبل التجارة الإلكترونية سواء في البنوك أو في التبادلات التجارية، أصبح واقعاً يتطلب مننا مناقشة مستلزمات نجاحه ومقومات ديمومته، وذلك من خلال الاستفادة من التجارب الدول التي دخلت وممارسات هذا النوع من التجارة بالإضافة إلى التخلص من المعوقات. يرى الكثير من المحللين الاقتصاديين إنه لابد من التصدي للكساد الاقتصادي العالمي، وذلك من دعم المشاريع التقنية عبر الإنترنت، وتشجيع القطاع التكنولوجي من خلال استخدام التقنيات الإلكترونية والبرمجيات المتطورة. وبغض النظر عما يشهده العالم من التدهور والانهيار وخاصة في قطاع اقتصاديات الإنترنت في السنوات الأخيرة فقد اجمع كثير من المحللين في مجال المال والأعمال على ضرورة الإقدام على خطوات عملية على أرض الواقع، حيث اجتمع بعض من هؤلاء الخبراء في منتدى فوريستر بولاية بوسطن للنظر في هذا الموضوع. أكد توماس ستيمبيرج رئيس المؤسسة إن الدراسات التسويقية على ضرورة استخدام التقنيات الحديثة والمتطورة في العمليات التجارية لأنها ستزيد من قنوات التوزيع التجاري، وتحسن فاعلية التشغيل في كافة القطاعات التجارية .

وقد آن الأوان لاستخدام التكنولوجية المتطورة في تحريك الاقتصاد العالمي وتوفير سبل حديثة ومرنة لتصميم أعمال نموذجية تحرك الأسواق الراكدة، لتخرج العالم من الضائقة التي يعيشها. ويتمثل ملامح الدعم المرتقب في الترويج لمبيعات الإنترنت وتشجيع البيع

التجزئة والجملة على الشبكات التجارية الإلكترونية. هذا يحتم ضرورة تبني المشاريع التجارية التي تستخدم الإنترنت في أعمالها، وزيادة الدعاية اللازمة للمشاريع التجارية، والتصدي ومكافحة القرصنة التي تقف حائلا أمام استخدام الإنترنت .

وقد تكمن المشكلة في عدم تزويد الشركات والمشاريع التجارية على شبكة الإنترنت ببرامج التقنية المتطورة لرفع قدرتها على مواجهة التحديات المفروضة حاليا. هذا من شأنه أن تعيق أي تطور في القطاع التجاري على مستوى العالم. غياب البحوث التقنية التي تقوم بها الشركات المتخصصة مثل مايكروسوفت لدفع العمليات التجارية على الشبكة، بالإضافة إلى غياب الدعم الحكومي للتجارة الإلكترونية في كثير من البلدان. هذا بالإضافة إلى ذلك تعتبر القرصنة من أهم عوامل تراجع الشركات التجارية عن استخدام التقنيات الحديثة. والسبب الرئيسي في تراجع عدد كبير من الشركات التجارية عن استخدام التقنيات الإلكترونية وشبكة الإنترنت في توسيع قاعدتها التجارية حول العالم هو مخاوفها من القرصنة وسرقة بطاقات الائتمان التي عادة تكبدهم الخسائر الجسيمة.

55. مصطلحات اقتصادية

1. الميزة المطلقة Absolute Advantage[20]
2. الاختيار المعاكس (العكسي) Adverse Selection[21]
3. قوانين منع الاحتكار Antitrust Laws[22]
4. الترجيح Arbitrage[23]
5. معلومات غير متسقة (غير متكاملة) Asymmetric Information[24]

---

[20] In a two-goods, two-economies, one would have absolute advantage in producing product if he could produce more in a day than the other. In graphical terms, one PPC (PPF) would have a higher intercept on axis.

[21] The tendency of people with higher risk wanting to be insured and people with lower risk wanting to opt out.

[22] Laws intended to protect consumer interests and preserve market competition.

[23] The purchase of goods at a market where prices are lower to sell at a market where the prices are higher. These markets could be separated by geography or time. More generally, it is an attempt to gain profit by exploiting differences in prices, and other market-related conditions for similar products or situations.

[24] Information that is not equally shared between parties in a transaction. For example, the seller of a used car is likely to know more about the quality of the car than an average potential buyer.

6. الموازن الذاتي (التلقائي) Automatic Stabilizer[25]

7. الصك Bond[26]

8. عجز الميزانية Budget Deficit[27]

9. فائض الميزانية Budget Surplus[28]

10. الحزم Bundling[29]

11. نسبة إهلاك (اهتلاك) رأس المال Capital Depreciation Allowances[30]

12. تدفق رأس المال Capital Flow[31]

13. احتكار أو اتحاد تجاري Cartel[32]

14. تدفق دائري Circular Flow[33]

15. اقتصاد مغلق (منغلق) Closed Economy[34]

16. نظرية كايوس Coase Theorem[35]

17. نظرية التواطؤ Theorem of Collusion[36]

---

[25] An economic program that automatically expands during recessions or contracts during booms without additional legislation.

[26] A fixed-income (coupon) debt security issued by corporate or government borrowers. At issue, the coupon interest rate varies directly with the duration (maturity) of the bond and inversely with credit-worthiness of the issuers and is tied to the face value of the bond. The market price of the bond after initial issue may change depending on supply and demand while the coupon stays the same. So the yield (coupon/market price) varies in opposite direction with the market price.

[27] An excess of expenditures over revenues.

[28] An excess of revenues over expenditures.

[29] Offering a number of different goods in a package for one single price to maximize profit where the desired components in the package might vary among customers.

[30] Non-cash accounting expenses put aside to cover depreciation of existing capital over its useful life. It offsets reported earnings and provides a cash flow for business operations.

[31] The movement of money across countries to buy foreign financial assets as well as to make direct investment in foreign plants and equipment. Money that is moved for short-term speculation is characterized as "hot" money because they can be quickly withdrawn. The movement of hot money often leads to financial asset bubbles in the destination economies and volatile fluctuations in the exchange rate of the destination currencies.

[32] Combination of sellers (usually in a generic oligopoly) to control output, price, etc. at the expense of buyers. Cartels that are not sponsored by sovereign states are subject to prosecution under U.S. antitrust laws. OPEC (Organization of Petroleum Exporting Countries) is a prime example of international cartel sponsored by sovereign countries beyond the reach of U.S. antitrust laws.

[33] A model of how different parts of the economy are connected through the flows of physical goods and services mediated by counter-flows of money payments.

[34] An economy that is closed to trade with other countries.

[35] Negative or positive spillovers will occur at the optimal level (where marginal social benefit exactly offsets marginal social cost) regardless of the initial assignment of property rights if the cost of negotiating a settlement of spillover effects (i.e., transaction cost) is zero.

18. السلع Commodities[37]

19. السلع العامة Commons Goods[38]

20. الميزة النسبية Comparative Advantage[39]

21. التعويض التفاضلي compensating differential[40]

22. Compensation Board[41]

23. السلع التكميلية Complementary Goods[42]

24. المباراة المزدحمة Congestion Game[43]

25. مؤشر أسعار المستهلك Consumer Price Index[44]

26. فائض المستهلك Consumer Surplus[45]

27. تنافسية الاستهلاك Consumption Rivalry[46]

---

[36] Attempts or agreements among cartel members to restrict output and raise prices.

[37] Goods that are so homogeneous that sellers have little or no pricing power.

[38] A commons good is one that is available to all potential users but subject to congestion.

[39] In general, a worker or a country enjoys comparative advantage in producing a good or service if it can produce the good or service at a lower relative opportunity cost than another worker or country. In a two-goods, two-countries economy, the first would have comparative advantage in producing nuts if his opportunity cost of producing in terms foregone is lower than the second.

[40] Wage premium that is paid to compensate for above-average hardship in working conditions.

[41] Compensation board is a subset of the board of directors. Members are supposedly non-executive (not employees of the company) board members who decide on the compensation for the top executives. Since board members are paid very well by the company, they may not want to offend the top executives who more or less appoint them. Additionally, the top executive of one company may serve on the compensation committee of another company and vice versa.

[42] Two goods (A and B) are complementary when an increase in quantity demanded for A due to a price decrease of A leads to an increase in demand for B and vice versa. For example, when airfare to Hawaii goes down, more tickets are sold. That is, quantity demanded increases. When more tickets are sold, more hotel rooms at Hawaii are needed even though hotel rates have not changed. That is, demand has increased.

[43] A strategic game situation where the average payoff decreases as more people choose a given option.

[44] The Consumer Price Index (CPI) is a monthly measurement of retail price changes. It reports on the price changes of 80,000 items that represent a cross-section of goods and services purchased by urban households. The index is supposed to measure how price changes affect the purchasing power of income. When the index rises, the dollar buys less of the representative basket of goods and services included in the index.

[45] Consumer surplus is the gap between what buyers are willing to pay and what they actually pay. Consumer surplus is highest when sellers' economic profit is zero and is zero when sellers can practice perfect price discrimination (i.e., selling each unit at buyer's reservation price). See also "economic surplus."

[46] The inability of a good to serve simultaneously more than one user without quality degradation. For example, there is consumption rivalry for an apple between more than one user. But there is no consumption rivalry for public radio signals among listeners. See also "private goods," "public goods," "low-congestion goods," and "commons goods."

28. مباراة التنسيق Coordination Game[47]

29. قائمة التكلفة Cost Glossary[48]

30. مقايضة الدين المتأخري Credit Default Swap (CDS)[49]

31. الكتلة المتأخرة Critical Mass[50]

32. تقاطع مرونة الطلب السعرية Cross Price Elasticity of Demand[51]

33. الأثر الازدحامي Crowding Out[52]

34. الحقوق الطبيعية De facto rights[53]

35. خسارة ثقيلة [54]Deadweight Loss

36. منحني الطلب Demand Schedule (curve)[55]

37. الطلب مقابل الكميات المطلوبة [56]Demand Vs Quantity Demanded

38. المشتقات Derivative[57]

---

[47] A strategic game situation where the average payoff increases as more people choose a given option.

[48] A glossary of terms in short-run production and cost.

[49] A credit default swap (CDS) is a swap contract in which the protection buyer of the CDS makes a series of payments to the protection seller and, in exchange, receives a payoff if a credit instrument (typically a bond or loan) goes into default. It is essentially an unregulated insurance contract without any reserve requirement on the party of the seller or insurable interest on the party of the buyer. CDS gave unwarranted assurance of credit-worthiness to subprime asset-backed debt securities and contributed to the asset bubble and subsequent credit crunch of 2007.

[50] The minimum size of subscribers needed to generate explosive growth of an activity.

[51] Percentage change in quantity demanded of good B over percentage change in the price of good A. If the resulting ratio has a positive numerical value, A and B are complements. If the resulting ratio has a negative value, A and B are substitutes.

[52] Reduction in private consumption or investment as a result of increase in government spending.

[53] De facto rights exist by custom or by default and cannot be easily taken away. But because of their uncertain legal status, they cannot be transferred or monetized. Therefore their money value is much less than their use value. The time customers can spend in a restaurant for their meals and the amount of soy sauce customers can use in a Chinese restaurant are examples of de facto rights.

[54] The loss of economic surplus due to an inefficient level of economic activities where economic surplus is defined as the difference between the reservation price (highest price one is willing to pay) and the marginal cost of a good.

[55] A set of price-quantity points that depicts how quantity demanded of a good is affected by changing prices. In graphical terms, a demand schedule is generally a downward-sloping curve with price on the vertical axis and quantity demanded on the horizontal axis. The downward-sloping curve shows the inverse relationship between price and quantity demanded. On a given demand curve, factors other than own price that might also affect quantity demanded are assumed to be unchanged.

[56] Demand generally refers to the whole demand curve while quantity demanded refers to a point on the demand curve. A movement along a demand curve in response to a change in own price is called a change in quantity demanded, while a change in demand involves a physical shift of the demand curve in response to changes in factors other than own price.

39. منتجات مميزة[58] Differentiated Products

40. المنفعة الحدية المتناقصة[59] Diminishing Marginal Utility

41. العوائد المتناقصة[60] Diminishing Returns

42. الدخل المتاح[61] Disposable Income

43. التقنية المناقضة (الممزقة)[62] Disruptive Technology

44. الاسترتيجية السائدة[63] Dominant Strategy

45. العائد الاقتصادي[64] Economic Profit

46. الايجار الاقتصادي[65] Economic Rent

47. الفائض الاقتصادي[66] Economic Surplus

48. الكفاءة[67] Efficiency

49. الطلب المرن[68] Elastic Demand

---

[57] A financial contract used to hedge risk or to speculate on the value of an underlying asset, typically stocks, bonds, commodities, currencies, interest rates and market indexes. Examples of derivatives include futures, options, and swaps. Most derivatives are highly leveraged and can lead to huge losses or gains.

[58] Mature products that are modified to gain a slight edge over similar products to escape the fate of being a commodity.

[59] When total utility increases at a decreasing rate as more of the same activity is pursued over a concentrated period of time, marginal utility is said to be diminishing.

[60] The Law of diminishing returns.

[61] Take-home pay (after taxes) that is available for spending and saving to individual earners.

[62] Game-changing technology that overthrows the dominant technology by first invading the low-end market that is ignored by the dominant technology.

[63] A strategy that has better payoffs regardless of what strategy the other players might choose. For example, in a PD game, choosing L is the dominant strategy as the L payoff curve is everywhere above the R payoff curve. But pursuing the dominant strategy does not guarantee a collectively superior solution.

[64] Total returns minus total opportunity cost. In other words, when economic profit is zero, all the opportunity costs are covered.

[65] Economic rent is a payment made to a resource in excess of what is required to elicit its supply. The payment arises from current supply scarcity or legacy benefits that are difficult to do away with. It is needed to determine the employment but not the availability of that resource.

[66] Economic surplus is the difference between the reservation price (highest price one is willing to pay) and the marginal cost of a good. Total economic surplus is the sum of total consumer surplus and total economic profit. Total economic surplus is also the difference between TWP and TC. Under perfect price discrimination, economic surplus is maximized when profit is maximized. But under single pricing, maximizing profit does not generally maximize economic surplus.

[67] A state when the marginal social benefit of an activity is equal to its marginal social cost.

[68] Demand is elastic when the percentage change in quantity demanded is larger than the percentage change in price. Total revenue would increase with price decreases and decrease with price increases.

50. معدل الفائدة السائدة Encompassing Interest[69]

51. التوازن equilibrium[70]

52. زيادة الطلب excess demand[71]

53. زيادة العرض excess supply[72]

54. القيمة التبادلية exchange value[73]

55. القيمة المتوقعة expected value[74]

56. الفوائد الخارجية external benefits[75]

57. التكلفة الخارجية external costs[76]

58. العوامل الخارجية externality[77]

59. التكاليف الثابتة fixed cost[78]

60. السعر الثابت flat-rate pricing[79]

61. التدفق flow[80]

---

[69] If an individual, or an organization is entitled to a substantial portion of any increase in the output of a society and bears a large proportion of any drop in this social output, that individual or organization has an encompassing interest in that society.

[70] A state on which the system will settle after all the necessary adjustments are made and will persist if exogenous factors stay unchanged. A market is said to be in equilibrium when the quantity supplied is equal to the quantity demanded at the market-clearing price.

[71] The excess of quantity demanded over quantity supplied at a given price. Also known as shortage.

[72] The excess of quantity supplied over quantity demanded at a given price. Also known as surplus.

[73] Value derived from selling a good for money as contrasted to using the good for self consumption. For example, full-fledged property rights have exchange value because they can be sold. On the other hand, de facto rights cannot be sold and have only use value to the current owners.

[74] The expected value of a gamble is the average value of the payoffs weighted by their probabilities.

[75] Free benefits conferred on innocent third parties due to unassigned or poorly assigned property rights or when the cost exceeds the benefit of exercising properly assigned rights. Also known as positive externality.

[76] Uncompensated cost imposed on innocent third parties due to unassigned or poorly assigned property rights or when the cost exceeds the benefit of exercising properly assigned rights. Also known as negative externality.

[77] Free benefits conferred or uncompensated cost imposed on innocent third parties due to unassigned or poorly assigned property rights or when the cost exceeds the benefit of exercising properly assigned rights.

[78] Cost that stays the same in the short run regardless of the level of output or action taken. Graphically, fixed cost is represented by a horizontal line from the cost axis in the cost-output space.

[79] Offering unlimited access to goods or services at one single price.

62. نظرية المباريات game theory[81]

63. إجمالي الناتج المحلي GDP [82]

64. معيار الذهب gold standard[83]

65. إجمالي هامش الربح gross profit margin[84]

66. الدخل income[85]

67. طلب غير مرن inelastic demand[86]

68. البضائع الدنيا inferior good[87]

69. نقطة معادل التضخم inflation breakeven rate[88]

70. نقطة التغير inflection point[89]

71. الحقن injection[90]

72. القاطع intercept[91]

---

[80] A flow is measured over a period of time. It is like an ongoing movie. A stock is measured at one point of time. It is like a snapshot photo that freezes the actions of a flow.

[81] Analysis of optimal decision in competitive situations.

[82] Gross domestic product (GDP) measures the total market value of all final goods and services produced in a country in a given year, plus exports, minus imports.

[83] A monetary standard under which the basic unit of currency was tied to a stated quantity of gold, other money could be freely converted into gold, and trade balances were settled by free export and import of gold among countries. Under this fixed exchange system, countries with trade deficits must reduce their money supply (to induce domestic price deflation) and countries with trade surpluses must increase their money supply (to induce domestic price inflation) to restore trade balances. Such monetary disciplines proved to be so onerous that the gold standard was finally abandoned for good in 1971.

[84] Gross profit margin is gross profit (gross of administrative and selling expenses) divided by net sales.

[85] Income includes wages, government transfer payments such as Social Security, dividend income from stocks. Gains on assets, such as stocks, or the increase in equity in a house are not considered as saving. Both income and saving are flows of currently produced goods and services.

[86] Demand is inelastic when the percentage change in quantity demanded is smaller than the percentage change in price. Total revenue would increase with price increases and decrease with price decreases.

[87] Goods that are purchased less with higher income: generic products or house brands.

[88] Inflation breakeven rate refers to the difference between the nominal yield on 10-year Treasury notes and the real yield on 10-year Treasury inflation-protected securities (TIPS).

[89] A transition point between the increasing-slope segment and the decreasing-slope segment of an S-shaped curve.

[90] A source of expenditure or funds. For example, a government stimulus in a recession is an extra source of expenditure. The purchase of long-term Treasury bonds by the Fed is an example of money injection into the credit market.

[91] The point at which a curve intersects the vertical or horizontal axis of a two dimensional diagram.

73. درجة الاستثمار investment grade[92]

74. اليد الخفية invisible hand[93]

75. قانون الطلب law of demand[94]

76. قانون تناقص العائدات law of diminishing returns[95]

77. التسرب leakage[96]

78. الرافعة أو الفعالية leverage[97]

79. فخ السيولة liquidity trap[98]

80. سلع ضعيفة الازدحام (قليلة الاكتظاظ) low-congestion goods[99]

81. السلع المترفة (سلع الترف) luxury good[100]

82. هامش راس المال Capital margin[101]

83. هامش الربح marginal benefit[102]

---

[92] The minimum risk rating that a bond must receive in order to be acceptable as investment by banks and other financial institutions because the default risk is considered to be low enough.

[93] The self-organizing tendency of un-coordinated and self-regarding efforts to achieve a collective good.

[94] The inverse relationship between the price and the quantity demanded of a good when all other factors are assumed to be constant.

[95] The law says that when some factors of production (inputs) are fixed in capacity in the short run, increasing the variable input working with the fixed inputs would first lead to increasing additional output per additional unit of variable input, but eventually decreasing additional output per additional unit of variable input.

[96] A diversion of income or funds from the circular flow of income. Saving and imports are considered to be leakages.

[97] The amount of debt used to finance an investment. For example, an investment valued at $10,000 but with only $1,000 equity capital is said to have a leverage ratio of 10:1 (i.e., 10,000/1000 = 10). In other words, $9,000 is financed by debt.

[98] A situation whereby the interest rates could not go any lower no matter how much the central bank tries to increase money supply and that even the very low interest rates could not stimulate any more economic activities.

[99] Goods that are not subject to consumption rivalry but can easily exclude non-payers.

[100] A luxury good offers a superior consumer experience for the few who can afford it.

[101] The percentage of investor capital required to maintain a debt incurred in an investment. The higher the margin required, the lower the loan the investor can borrow. In other words, leverage ratio = 1/margin. For example, a leverage ratio of 10:1 would lead to a margin of 1:10. That means you have to have $1 of your own money to borrow $9. A margin call is issued by the creditor when the net value (i.e., asset current price - loan value) of the loan falls below the margin requirement (i.e., asset current price*margin).

[102] Addition to total benefit arising from buying one more unit or taking one more step. It is represented by the reservation price (highest possible price) the buyer is willing to pay. It is equal to the marginal revenue received by the perfect price discriminator, but higher than the marginal revenue received by the single-price searcher and generally by the price taker except for the last unit sold.

84. هامش التكلفة marginal cost[103]

85. الميل للاستهلاك marginal propensity to consume[104]

86. الميل للادخار marginal propensity to save[105]

87. العائد الهامشي marginal revenue[106]

88. مؤشر السوق market signaling[107]

89. هيكل السوق market structure[108]

90. سعر التوازن (سعر توازن السوق) market-clearing price[109]

91. التنافس الاحتكاري monopolistic competition[110]

92. الاحتكار monopoly[111]

93. المضاعف multiplier[112]

94. موازن ناش Nash equilibrium[113]

95. الاحتكار الطبيعي natural monopoly[114]

---

[103] Addition to total cost arising from producing one more unit or taking one more step. In the short run with fixed cost, these additions consist of entirely variable costs. Under diminishing returns, marginal cost will be higher than average cost if average cost is rising and marginal cost will be lower than average cost if it is falling.

[104] Additional consumption of an increase in income expressed as a percentage. MPC.

[105] Additional saving out of an increase in income expressed as a percentage. Aka MPS. It represents a leakage in the circular flow of income.

[106] Addition to total revenue arising from producing one more unit or taking one more step. Marginal revenue (MR) is equal to price (P) for price takers who must accept the single market price and perfect price discriminators who can sell each unit at its reservation price. MR is below P under single-price searchers who must lower the price for all units just to sell one more unit.

[107] Proxy information that is sent between buyers and sellers to convey the quality of the product that is difficult to detect by visual inspection. To be convincing, the signal must be difficult to fake.

[108] Market structure depends on the uniqueness of the products, barrier to entry, and scale economy. Specifically, the more unique the product, the higher the entry barrier, and the larger the scale economy is, the greater the pricing power.

[109] The price at which the supply and demand curves intersect and the quantity supplied is just equal to the quantity demanded.

[110] An industry with many small competitors each with some price-setting power selling slightly differentiated products. Also known as price searchers.

[111] An industry with a single seller selling a unique (or patented) product and has enough market power to practice effective price discrimination.

[112] For example, the expenditure multiplier = 1/MPS where MPS is the marginal propensity to save. The money multiplier = 1/ RR where RR is the reserve ratio.

[113] A stable solution in a game situation where no parties want to change strategy given the choice of other parties. A Nash equilibrium may not be collectively superior as in the case of the Prisoner's Dilemma game.

[114] A monopoly that arises from persistently declining average total cost (ATC) over the whole span

negative feedback[115] التغذية الرجعية السالبة .96

net export[116] صافي الصادر .97

nominal interest rate[117] معدل الفائدة الاسمي .98

Economic obsolescence[118] التقادم الاقتصادي .99

oligopoly[119] احتكار القلة .100

open economy[120] الاقتصاد المفتوح .101

operating margin[121] الهامش التشغيلي .102

opportunity cost[122] تكلفة الفرصة .103

paradox of thrift[123] متناقضة الادخار .104

patent[124] براءة الاختراع .105

bargaining pattern[125] نظام المقايضة .106

payoffs matrix[126] مصفوفة الدفع .107

---

of the demand curve. As a result, marginal cost (MC) is always below the monopolist's ATC.

[115] A response in the opposite direction to the initial perturbation in a loop system. A successful negative feedback process will stabilize the system to a steady state.

[116] Exports - imports. Net export can be positive resulting in a trade surplus, or negative resulting in a trade deficit.

[117] It is the face-value interest rate before discounting for price inflation.

[118] Economic obsolescence refers to the loss of economic value in a good that is still physically viable. For example, a car that has an mpg of 5 may still be physically operable but is no longer economically viable when gasoline sells for $5 a gallon. Economic obsolescence may be "planned" by the manufacturer of the good to hasten the replacement purchase cycle of consumers. This can be accomplished by "newly improving" it.

[119] An industry dominated by a few large firms. A generic oligopoly sells homogeneous products. A differentiated oligopoly sells differentiated products.

[120] An economy that is open to trade with other countries.

[121] Operating margin is net profit divided by net sales.

[122] The cost of a resource or an action as measured by the value of the current best alternative opportunity, rather than by its committed (i.e., historical) value. As such, opportunity cost could be higher or lower than the committed (historical) cost depending on the abundance or lack of alternative uses for a given resource.

[123] An attempt for a closed economy to save more may lead to a reduction in saving if the plan to save more is not matched by the plan to invest more.

[124] A temporary but exclusive right given by the government to an inventor to profit from the invention in exchange for sharing the information with the public.

[125] A collective bargaining arrangement used by labor unions in oligopolistic industries in which contract terms in one settlement are applied to other firms within the same industry.

[126] In a two-party two-strategy game, the payoffs matrix is a 2 by 2 table with 4 cells each of which containing the cardinal payoffs to each party for adopting one of the 4 possible combinations of strategies. For example, the payoffs matrix for a Prisoner's Dilemma game for John and Mary with

108.المنافسة الكاملة[127] perfect competition

109.مميزات السعر المثالي[128] perfect price discriminators

110.المخطط مقابل الواقعي[129] planned vs realized

111.التغذية العكسية الايجابية[130] positive feedback

112.سقف السعر[131] price ceiling

113.المنافسة السعرية[132] price competition

114.التحكم في الأسعار[133] price control

115.التمييز السعري[134] price discrimination

116.تثبيت أو تركيز الأسعار[135] price fixing

117.السعر الأساسي[136] price floor

118.دعم الأسعار[137] price support

---

the L and R strategies may look like the following:

[127] A market structure where barriers to entry and exit are absent. Sellers have no individual pricing power but must sell at the prevailing market price. At equilibrium, sellers just cover all costs and earn zero economic profit.

[128] Sellers facing a downward-sloping curve whose products are unique enough to allow the sellers to charge the highest possible price that each unit can command. Total revenue (TWP) rises until price goes down to zero. On the other hand, total revenue of single-pricing sellers assumes an inverted U shape.

[129] In the real world, what is realized may not be what is planned. For example, a married couple does not imply a happily married couple. But the marriage will last only if the couple is happily married. In terms of income determination, a given level of income can be sustained only if planned investment is equal to planned saving because what is not spent on consumption must be plowed back into investment to stop the leakage from the income stream. But in terms of income accounting, realized saving must always be equal to realized investment. For example, capital goods that are not sold end up as unplanned inventory of the producer.

[130] A response in the same direction as the initial perturbation in a loop system. An unchecked positive feedback process would lead to an eventual systemic collapse.

[131] When prices are set artificially below the market-clearing level, the controlled price is a ceiling above which it is not allowed to rise. A price ceiling would result in excess demand or shortage.

[132] Competing for business on the basis of lower prices.

[133] Setting the price below the market-clearing level.

[134] Charging different customers at or close to their reservation prices for the same goods. Price discrimination is intended to increase sellers' economic profit and reduce consumer surplus.

[135] Collusion among sellers to set prices which are likely to be higher than those under unrestricted price competition. It is most common and more likely to be successful in product markets with a few dominant major players. Usually, output is restricted to support the higher fixed price. Price fixing is illegal in most countries, but domestic antitrust laws are powerless against price-fixing collusion among sovereign countries, such as OPEC.

[136] When prices are set artificially above the market-clearing level, the supported price is a floor below which it is not allowed to fall. A price floor would result in excess supply or surplus.

[137] Setting the price above the market-clearing level.

119. محنة السجين prisoner's dilemma[138]

120. السلع الخاصة private goods[139]

121. تنافس الإنتاج product competition[140]

122. منحني احتمالية الإنتاج production possibilities curve[141]

123. تعظيم الربح profit maximization[142]

124. حقوق الملكية property right[143]

125. السلع العامة public goods[144]

126. تعادل القوة الشرائية purchasing power parity[145]

127. التخفيف الكمي quantitative easing[146]

128. معدل التبادل الحقيقي real exchange rate[147]

129. معدل الفائدة الحقيقي real interest rate[148]

130. التنظيم regulation[149]

131. الاحتياطي النقدي reserve currency[150]

---

[138] A game situation where self interest conflicts with group interest.

[139] Goods that are subject to consumption rivalry but can easily exclude non-payers.

[140] Competing for business on the basis of innovative products.

[141] A convex (bowed out from the origin) curve that shows all the possible maximum (i.e., efficient) combinations of goods that could be produced with the available resources given existing technology. The convexity of the curve shows increasing opportunity cost of producing good X in terms of foregone Y as more X is produced, and vice versa.

[142] In the short run with fixed costs, a firm maximizes economic profit by equating marginal revenue (MR) with marginal variable cost (MC) when MC is increasing. Marginal revenue is lower than price (i.e., MR < P) if the firm must lower the price for all units just to sell one more unit.

[143] The control over the use or transfer of a resource. Property right is conducive to efficient use of scarce resources as owners have an incentive to maximize their long-term returns.

[144] Goods that are not subject to consumption rivalry but cannot easily exclude non-payers either by design or due to technical difficulty.

[145] A hypothetical exchange rate whereby an identical good in two different countries has the same price when expressed in either currency.

[146] A way for the central bank to increase the money supply by buying securities from the market when very low short-term interest rates are no longer sufficient to revive the weak economy.

[147] The real exchange rate tells you how much a domestic item is worth compared to a similar foreign item. Using the domestic item as the basis for comparison, if the real exchange rate is less than 1, the domestic item is less expensive. If the exchange rate is more than 1, the domestic item is more expensive.

[148] It is the difference between the nominal interest rate and the inflation rate. Real interest rate is not negative if the inflation rate is higher than the nominal interest rate.

[149] Government actions to temper the adverse effects of uncontrolled market activities.

[150] A foreign currency held by central banks and other major financial institutions to settle

132. نسبة الاحتياطي reserve ratio[151]

133. إعادة التقدير revaluation[152]

134. تفادي الخطر risk averse[153]

135. معدل الاحتياطي RR[154]

136. التوريق securitization[155]

137. المدي القصير short run[156]

138. العجز shortage[157]

139. نقطة الاغلاق shut-down point[158]

140. تأثير التدفق spillover effects[159]

141. الكفاءة الساكنة static efficiency[160]

142. التمييز الاحصائي statistical discrimination[161]

---

international debts, or to manage their exchange rates. Currently, the U.S. dollar is the primary reserve currency in which many major internationally traded commodities are quoted.

[151] The fraction of money reserve required to back up a bank loan expressed as a percentage.

[152] An upward adjustment of the foreign exchange value of a domestic currency (say Chinese yuan) vs a foreign currency (say US dollar). After the upward adjustment, one yuan will buy more US dollar making dollar-priced goods less expensive to the Chinese buyers and yuan-priced goods more expensive to American buyers.

[153] The tendency to choose a sure gain over a gamble with equal expected value.

[154] Reserve ratio. The fraction of money reserve required to back up a bank loan expressed as a percentage.

[155] The process of repackaging financial assets with regular cash flows into smaller-denominated bonds with different risk-based yields for retail investors. Mortgages, credit-card loans and auto loans have been securitized. Securitization improves liquidity in the credit market by allowing smaller investors to invest in a larger pool of financial assets.

[156] A time horizon that is too short for the fixed input to be adjusted or for all costs to be variable.

[157] The excess of quantity demanded over quantity supplied at a given price. Also known as excess demand.

[158] The point on the short-run supply curve of a price taker that intersects the minimum average variable cost. The price taker will quit producing when price is below this level because there is no point to operate when even variable cost (which does not have to be incurred otherwise) cannot be covered.

[159] Unintended positive or negative effects of an action. Spillover effects are not necessarily externalities if they have been internalized when property rights are clearly defined. Spillover effects become externalities if property rights are not clearly defined or the enforcement cost exceeds the benefit of internalizing the externalities.

[160] Efficiency resulting from doing things right rather than doing the right things. For example, a firm can try to maximize profit from selling a commodity with very low profit margin to gain static efficiency. But the firm might be better off coming up with innovative products with higher profit margin to gain dynamic efficiency.

[161] Statistical discrimination is the practice of treating all members of a stereotyped group equally due to the high cost of customized treatment for each individual. As a result, individuals in the

143. التعقيم sterilization[162]

144. المخزون stock[163]

145. التصرف الاستراتيجي strategic behavior[164]

146. البدائل substitutes[165]

147. الخسائر غير المستردة sunk cost[166]

148. منحني العرض supply curve[167]

149. الفائض surplus[168]

150. المقايضة swap[169]

151. فرض الضريبة tax incidence[170]

152. العجز التجاري trade deficit[171]

153. مأساة العامة tragedy of the commons[172]

154. تكلفة التبادل transaction cost[173]

155. مرونة عرض الوحدة unit elastic demand[174]

---

group having characteristics that are worse or better than the stereotypical average would benefit or suffer from the equal treatment.

[162] A central bank action to offset unintended changes in the domestic money base resulting from foreign exchange transactions. For example, the central bank may buy a foreign currency with domestic currency to prevent appreciation of its domestic currency and mop up the excess domestic currency by selling domestic bonds.

[163] A flow is measured over a period of time. It is like an ongoing movie. A stock is measured at one point of time. It is like a photo that freezes the actions of a flow.

[164] Behavior in a game situation that takes into account the effect of one's action on other players subsequent moves.

[165] Two goods (A and B) are substitutes when an increase in quantity demanded for A due to a price decrease of A leads to an decrease in demand for B and vice versa.

[166] Cost that cannot be recovered or diverted towards alternative uses.

[167] The short-run supply curve of a price taker is the upward-sloping segment of the MC curve above the minimum AVC point.

[168] The excess of quantity supplied over quantity demanded at a given price..

[169] Unregulated and no-reserve insurance.

[170] Who ultimately pays the tax.

[171] An excess of imports over exports.

[172] Tragedy of the commons occurs when over-exploitation of a limited-capacity resource due to unrestricted entry leads to its total collapse.

[173] The accessory cost associated with completing a market transaction other than the posted price of the traded item itself. It covers many things including information discovery cost, legal fees, negotiation cost, and even transportation cost. In general, any similar barrier or friction.

[174] Demand is unit elastic when the percentage change in quantity demanded is equal to percentage change in price. Total revenue will not change with small price changes.

156.استخدام الحصة use quota[175]

157.حق الاستخدام use right[176]

158.قيمة الاستخدام use value[177]

159.التكلفة المتغيرة variable cost[178]

160.التكامل الرأسي vertical integration[179]

161.ترجيح الأجور wage arbitrage[180]

---

[175] A right to engage in certain restricted activities which can lead to a collectively bad outcome if done in excess. These rights are assigned to current participants to limit their access to commons goods with limited renewable capacities. For example, fishing quotas and pollution quotas are example of such rights. These quotas are usually transferable so that they end up in the hands of those who can use them most profitably. Because the issued quotas are capped, they are a form of tax that would raise the marginal cost of the targeted activity.

[176] The right to derive value from using the good for self consumption as contrasted to selling it for money. For example, de facto property rights usually cannot be sold for money. In other words, these de facto rights are use rights that have only use value but not exchange value.

[177] Value derived from using the good for self consumption as contrasted to selling it for money. For example, de facto property rights usually cannot be sold for money. In other words, these de facto rights have only use value but not exchange value.

[178] Cost that varies with the level of output or action taken. Under short-run diminishing returns, variable cost will eventually increase at an increasing rate even though fixed cost stays the same.

[179] The integration of all phases of production and distribution under one big company.

[180] Migration of production from high-wage to low-wage areas to lower labor costs and increase profits by selling the outsourced output back to high-wage areas.

ABOUT THE AUTHOR

Issam AW Mohamed was born in 1955 in Kenoor, North of Sudan. He got his education in Cairo and Khartoum Universities for his university and master's degrees. He studied more in England and went to Nagoya Imperial University, Japan to study for PhD.

After he got his degree he went back to Sudan to teach. He is more known to the people in his country as Professor Bob with his critics of the regime and humanitarian acts and liberal thoughts.

Professor Dr. Issam AW Mohamed is affiliated to the department of Economics, Alneelain University, Khartoum-Sudan. He teaches econometrics, quantitative, International, micro and macroeconomics. He has hundreds of academics documents published domestically and globally in English, French and Japanese languages. Hundreds of post graduate students studied with him for their Master and Doctorate degrees. Many of them from other countries and other universities. His writings other than economics are on human welfare and economics of law which represents milestone, especially in a country that suffers from totalitarian regimes since its independence.

www.ingramcontent.com/pod-product-compliance
Lightning Source LLC
Chambersburg PA
CBHW080245180526
45167CB00006B/2416
* 9 7 8 1 4 9 7 5 9 9 7 0 3 *